DIREITOS FUNDAMENTAIS SOCIAIS
Efetivação no âmbito da democracia participativa

L475d   Ledur, José Felipe
       Direitos fundamentais sociais: efetivação no âmbito da democracia participativa / José Felipe Ledur. – Porto Alegre: Livraria do Advogado Editora, 2009.
       216 p.; 23 cm.
       ISBN 978-85-7348-594-3

       1. Direitos e garantias individuais. 2. Direitos econômicos e sociais. I. Título.

CDU – 342.7

Índices para catálogo sistemático:
Direitos e garantias individuais   342.7
Direitos econômicos e sociais   342.7

(Bibliotecária responsável: Marta Roberto, CRB-10/652)

José Felipe Ledur

DIREITOS FUNDAMENTAIS SOCIAIS
Efetivação no âmbito da democracia participativa

livraria
DO ADVOGADO
editora

Porto Alegre, 2009

© José Felipe Ledur, 2009

Capa, projeto gráfico e diagramação
Livraria do Advogado Editora

Revisão
Rosane Marques Borba

Direitos desta edição reservados por
Livraria do Advogado Editora Ltda.
Rua Riachuelo, 1338
90010-273 Porto Alegre RS
Fone/fax: 0800-51-7522
editora@livrariadoadvogado.com.br
www.doadvogado.com.br

Impresso no Brasil / Printed in Brazil

Agradecimentos

Muitas pessoas têm participação no resultado deste trabalho, inicialmente apresentado como tese de doutoramento, sendo impossível nominar a todas, até para não cometer injustiça diante da eventual falta de alguém. Começo por agradecer àquelas colegas e amigas do TRT da 4ª Região que atuaram a fim de que a licença para o estudo fosse convertida em realidade. Aos funcionários da Vara de Alvorada-RS, agradecimentos pelo incentivo, e às funcionárias da UFPR, pela solicitude. Dois agradecimentos especiais se fazem necessários: ao Prof.-Dr. Friedrich Müller, por abrir o caminho que propiciou o estudo na Westfälische Wilhelms-Universität de Münster, Alemanha; e ao Prof.-Dr. Bodo Pieroth, dessa universidade, pela paciência e orientação questionadora. Aos amigos Fabiana Kelbert e Itiberê Rodrigues, um obrigado pelo apoio e convívio nessa cidade; a Ben Behmenburg, pelos trâmites burocráticos e pela amizade; à Irma Hoffmann e ao Heinz-Josef Prinz, pela amizade e ajuda.

Aos familiares, a gratidão pela ajuda fraternal e um agradecimento especial ao irmão Bertram pela profícua interlocução e pelo preciso exame dos textos. Também à amiga Elaine Silva, a gratidão pelo exame das traduções e à Gisela Silvestrin, pela indicação de ajustes necessários. Ao Prof.-Dr. Clèmerson M. Clève, da UFPR, agradecimentos pela orientação nessa universidade. Enfim, a todos os que ajudaram para que este livro se convertesse em realidade, muito obrigado!

Prefácio

Sinto-me honrada em apresentar ao público leitor este "Direitos Fundamentais Sociais – Efetivação no âmbito da democracia participativa", de José Felipe Ledur, Doutor em Direito pela Universidade Federal do Paraná e Juiz do Trabalho da 4ª Região, já conhecido por outros instigantes trabalhos jurídicos em que toma o Direito do Trabalho – matéria de sua especialidade profissional – como objeto de análise científica, tendo em conta uma bem delimitada perspectiva: aquela proporcionada pelo filtro dos direitos, princípios e garantias constitucionais fundamentais.

Agora, o núcleo da preocupação do autor está na *efetividade dos direitos fundamentais*, ocupando-se, portanto, do problema *prático* dos direitos fundamentais, que é o da sua realização.[1] Como juiz consciente da relevância social do seu mister, sabe quão facilmente podem ser os direitos fundamentais fraudados por meio das mais grandiloqüentes afirmações acerca de sua importância. Como estudioso debruçado na minuciosa análise do sistema, sabe quão podem ser esvaziados ou desconsiderados quando não conectados à construção de uma dogmática que dê conseqüência sistemática ao que está posto na Constituição. Ciente desses dois riscos, Ledur não trilha, assim, o caminho tão sedutor quanto enganoso das asserções apodícticas. Rejeitando a atitude parafrástica ao texto normativo, busca fazer ciência, para o que, retirando as conseqüências da opção democrático-participativa feita pela Constituição de 1988, utiliza o material normativo encerrado no sistema a fim de contribuir para a construção da normatividade dos *direitos fundamentais de participação*. Esses são os que "reservam a organizações sociais e à comunidade a prerrogativa de influir diretamente no fornecimento e na qualidade das prestações materiais sociais".

Para tanto, ocupa-se, primeiramente, de situar os direitos fundamentais numa *perspectiva funcional*. Amparado em literatura de ponta e em pesquisas desenvolvidas na Universidade de Münster, na Alemanha, sob a orientação do Prof.-Dr. Bodo Pieroth ("uma orientação questionadora e ao mesmo tempo marcada pela

---
[1] V. ROBLES, Gregório. *Los derechos fundamentales y la ética en la sociedad actual*. Madrid: Cuadernos Civitas, reimpresión, 1995, p. 11

solicitude", como diz o ora prefaciado), bem como no seguro apoio da orientação do Professor-Doutor Clèmerson M. Clève – discorre com maestria sobre a questão das diferentes conseqüências jurídicas que decorrem da inscrição destes direitos no texto constitucional. Seu mote é o dever de proteção, por parte do Estado, relativamente aos direitos e bens garantidos por normas constitucionais, pois a garantia constitucional dos direitos não se encerra na *defesa perante o Estado*, mas, igualmente, pela sua *defesa, por meio do Estado, perante agressões outras*, como as advindas dos poderes privados.[2] Percebe, assim que as disposições asseguratórias de um direito fundamental podem, independentemente de sua letra, exercer paralelamente diversas funções, sendo dotadas de diferentes escalas de eficácia.

Ledur distingue e evidencia, dentre essas eficácias, *as eficácias de proteção*, aptas, em diferentes medidas de escalonamento, a constituir o Estado na obrigação de adotar medidas hábeis a assegurar a proteção ou a promoção do exercício das liberdades e dos direitos, hoje tão ou mais ameaçadas pelo Poder Econômico do que pelo Poder Político. Há uma primeira escala, a do dever de proteção como tarefa de proteção, a cargo do Estado; mais agudo é, porém, o dever de proteção como *dever de atuação*; por fim, na escala mais grave, há dever de proteção como dever de legislação.[3] Ledur se ocupa primordialmente do segundo, descrito por Canotilho como "um dever de ação para 'segurar' direitos consagrados e protegidos por normas constitucionais", inconfundível, portanto, como um mero dever de ação do Estado para proteger bens ou promover fins constitucionais".[4]

Na segunda parte do livro, o autor conecta os direitos fundamentais ao princípio do Estado Social. Imprescindível, aí, é o olhar retrospectivo, pois os dados históricos não apenas servem para desmentir algumas asserções denegatórias da fundamentalidade dos direitos sociais como para situar o contexto: vivemos, todos, em um *universo normativo* em que textos só são compreensíveis em vista do contexto de sua atuação. Toda prescrição (e assim também as dos direitos fundamentais) exige, pois, ser situada num *discurso* tecido por palavras e por signos, alguns tão persistentes quanto imperceblíveis. Ledur tem razão, assim, ao apontar aos problemas que envolvem o direito às prestações sociais no Brasil, bem como as fundas resistências à implementação – e mesmo ao conhecimento – dos direitos de participação. Já no início do séc. XX, Pontes de Miranda verberava os "restos do indiferentismo jurídico da economia escrava"[5] como traço marcante de nossa *forma mentis,* pouco antes de Oliveira Viana, em obra clássica, ter denunciado o nosso "individualismo troglodítico".[6] Hoje em dia, é o jusfilósofo Vicente de Paulo Barretto a diagnosticar, na doutrina e na jurisprudência, "uma profunda e

---

[2] V. CANOTILHO, J.J. Omissões Normativas e Deveres de Protecção. In: *Estudos em Homenagem a Cunha Rodrigues*. Vol. II. Coimbra Editora, 2001, p. 111-124.

[3] Idem, ibidem, p. 113.

[4] Idem, ibidem.

[5] PONTES DE MIRANDA. *Fontes e Evolução do Direito Civil brasileiro*. 2ª ed., Rio de Janeiro: Forense, 1981, p. 441-442.

[6] OLIVEIRA VIANNA, F. J. *Populações Meridionais do Brasil. Volume 1*, 5ª edição, 1952. p. 237.

sintomática dificuldade em lidar com a idéia e o regime jurídico dos direitos sociais" que acabam "rebaixados na hierarquia normativa, reduzidos a simples normas programáticas a espera de serem regulamentados para produzirem efeitos".[7] Conectado ao culto pós-moderno da individualidade atomizada,[8] base ideológica da globalização, o indiferentismo jurídico e o individualismo exacerbado têm astuciosas estratégias, uma das quais é a da desqualificação: os direitos sociais não seriam "verdadeiros direitos fundamentais", por carecerem de dimensão normativa, muito embora – em sã verdade – tenham sido lá postos pelo constituinte "como categoria essencial do regime que pretenderam estabelecer através da Constituição, e, portanto, pertencentes à mesma categoria dogmática dos direitos civis e políticos".[9]

Mas é justamente dessa existente e verdadeira dimensão que Ledur se ocupa ao traçar a dogmática jurídica relacionada aos direitos fundamentais sociais. Após discernir o significado e as funções do princípio do Estado Social, situando-a na Constituição brasileira, discerne entre os seus elementos, é dizer, sobre os bens jurídicos que estão em relação com aquele princípio: o mínimo existencial compatível com a dignidade humana; a igualdade social; a seguridade social e a ordem econômico-social justa. Esses bens jurídicos constituem o próprio conteúdo das normas, constitucionais ou infraconstitucionais, atinentes aos direitos de participação, dando-lhes suporte e justificativa e assegurando a sua própria congruência intra e inter-sistemática. Volta-se, então, o autor, aos seus destinatários, se, esquecer do contexto em que inseridos na Constituição, o que lhes amplia o espectro funcional.

Porém, a normatividade não decorre apenas de um ato de império, o discurso normativo, não tendo em sua base apenas imposições estatais. Também a tradição faz parte do mundo normativo – não só a tradição de um *corpus juris*, mas a da linguagem, dos mitos, dos atos coletivos, das exigências éticas e das aspirações conformadoras daquilo que se convencionou chamar de "vontade democrática". Chega assim o autor à terceira parte do seu trabalho, investigando a participação de setores sociais e da comunidade nas ações governamentais e administrativas voltadas à concreção dos direitos de participação social.

Toma como premissa – calcada na sólida fundamentação desenvolvida na primeira e na segunda parte – que os direitos de participação diretamente vinculados ao princípio democrático-participativo devem obter lugar na categorização dos direitos fundamentais. Mas não se fica pelo arrolamento, apenas, das formas dessa participação, antes buscando a sua sistematização. Então põe em evidência

---

[7] BARRETTO, Vicente de Paulo. Reflexões sobre os Direitos Sociis. In: SARLET, Ingo (org.). *Direitos Fundamentais Sociais – Estudos de Direito Constitucional, Internacional e Comparado.* Rio de Janeiro: Renovar, 2003, p. 107-108.

[8] Basta pensar no "culto do efêmero" e no elogio do luxo como expressão da "singularidade pessoal", tal qual defendido por filósofos como LIPOVETSKY, Gilles e CHARLES, Sebastien. *Os Tempos Hiper-Modernos.* Tradução de Mario Vilela. São Paulo: Barcarolla. 2004.

[9] BARRETTO, op. cit., p. 108.

"o que a Constituição reservou à Sociedade e suas organizações para que haja a efetivação dos direitos sociais, de modo a que se proporcione aos indivíduos a possibilidade de se desenvolverem com autonomia e liberdade", pois sabe ser importante detectar "quais as possibilidades que os direitos fundamentais abrem para os seus titulares". Estes se caracterizam, para o autor, como concretizações do princípio democrático-participativo, voltando-se à realização e proteção eficaz dos direitos sociais.

Toda essa construção científica está calcada na realidade – a realidade normativa e a realidade fática –, sendo essa a clivagem do trabalho doutrinário, artesões que devemos ser da fundamentação lógico-racional que integra, sistematizando, as particulares normas no tecido normativo, tecendo em trama sólida as medidas de suas eficácias. Calcado nessa perspectiva, realiza José Felipe Ledur proficiente crítica da legislação infraconstitucional detectando, outrossim, as falhas na ação do Executivo e a paralisia de parte dos setores sociais e da comunidade que, "ou desconhecem o direito de participação ou vacilam em exercê-lo". Mais uma razão, portanto, para festejar o aparecimento dessa obra que não mais permitirá que se utilize o biombo da insciência para negar a efetividade dos direitos de participação.

Canela, fevereiro de 2008.

Judith Martins-Costa
Livre-Docente e Doutora em Direito pela
Universidade de São Paulo. Professora de
Direito Civil da Faculdade de Direito da UFRGS

Sumário

Abreviaturas 17
Introdução 19
**Primeira Parte – Direitos fundamentais: funções jurídicas e garantia do exercício
por meio de conformação e limitação** 25
Capítulo I – As funções dos direitos fundamentais 25
  1. Considerações introdutórias 25
  2. Princípios e valores jurídicos 27
  3. Conteúdo subjetivo e objetivo dos direitos fundamentais 28
  4. Funções jurídico-subjetivas 31
    4.1. Função de defesa 31
    4.2. Função de prestação 33
    4.3. Função de não-discriminação 35
  5. Funções jurídico-objetivas 36
    5.1. Interpretação conforme aos direitos fundamentais e conformação do direito 37
    5.2. Eficácia irradiante dos direitos fundamentais: eficácia em face de particulares 38
    5.3. Proteção em face de riscos 42
Capítulo II – Conformação e restrições a direitos fundamentais 46
  1. A conformação dos direitos fundamentais 46
  2. Intervenção e conseqüente restrição a direitos fundamentais 48
    2.1. Proteção dos direitos fundamentais em face de intervenção 50
      2.1.1. Âmbito de proteção e intervenção 50
      2.1.2. O conceito de intervenção 52
    2.2. Justificativa jurídico-constitucional das intervenções 54
      2.2.1. Origem da reserva legal 55
      2.2.2. Da reserva legal à reserva legislativa: o princípio da proporcionalidade 56
      2.2.3. Restrição a direitos fundamentais por meio de medidas provisórias 59
      2.2.4. Normas coletivas e restrição a direitos fundamentais 60
  3. Direito constitucional colidente 62
    3.1. Generalidades 62
    3.2. Colisão de direitos fundamentais: como solucionar o problema? 64
    3.3. Regras para a solução do problema das colisões 66
    3.4. A concorrência ou concurso ideal de normas jusfundamentais 67

Segunda Parte – Os direitos fundamentais sociais e o princípio do Estado Social 69

Capítulo I – A trajetória dos direitos sociais 69
   1. Desdobramentos no plano internacional: breves notas de História 70
   2. Os direitos sociais na história constitucional brasileira 72
      2.1. Evolução sob a influência da concepção liberal de Estado 72
      2.2. Direitos sociais como categoria constitucional expressa 74
         2.2.1. Influência das constituições mexicana e de Weimar 74
         2.2.2. Os direitos sociais nas Constituições de 1934, 1937,
              1946, 1967 e na Emenda nº 1/69 76
   2.3. Direitos sociais como direitos fundamentais na Constituição de 1988 77
      2.3.1. Aspectos históricos 77
      2.3.2. Nova qualificação normativa e novos direitos sociais 78

Capítulo II – Dogmática dos Direitos Fundamentais Sociais 81
   1. Esclarecimento preliminar 81
   2. Manifestações jurídico-fundamentais dos direitos sociais 82
      2.1. Direitos fundamentais sociais como categoria geral 82
      2.2. Direitos fundamentais sociais emergentes da relação de emprego ou de trabalho 84
      2.3 Direitos sociais em relação aos direitos coletivos 84
   3. A estrutura diferenciada dos direitos fundamentais sociais 88
      3.1. Considerações prévias 88
      3.2. Direitos fundamentais sociais como direito objetivo 90
      3.3. Direitos fundamentais sociais como direito subjetivo 92
         3.3.1. Direitos prestacionais originários 92
         3.3.2. Direitos prestacionais derivados 95
   4. Condicionamento dos direitos fundamentais sociais pela "reserva do possível" 96
   5. Proibição do retrocesso social e direitos fundamentais sociais 100

Capítulo III – O princípio do Estado Social 102
   1. Apontamentos de História 102
   2. O significado e as funções do princípio do Estado Social 103
   3. O princípio do Estado Social na Constituição Brasileira 105
   4. Elementos gerais do princípio do Estado Social 108
      4.1. Um mínimo existencial compatível com a dignidade humana 109
      4.2. Igualdade social 111
      4.3. A seguridade social 112
      4.4. Ordem social justa 114
         4.4.1. A economia social de mercado 115
         4.4.2. Estado Social e *daseinsvorsorge* 116
   5. Destinatários do princípio do Estado Social 117

Terceira Parte – A formação da vontade política da Sociedade e do Estado. Sistematização dos direitos de participação dirigidos à efetividade dos direito sociais ... 119

Capítulo I – Formação da vontade política da Sociedade e do Estado 119
   1. Sociedade e Estado: considerações preliminares 119
   2. Sociedade e Estado: separação *versus* diferenciação 122
      2.1. Desdobramentos históricos 122
      2.2. Remodelando a noção de liberdade 124

2.3. Sociedade e Estado: um *modus* de interação 124
3. O processo de formação da vontade política da Sociedade 125
   3.1. Elementos do processo de formação da vontade 125
   3.2. Meios coletivos voltados à formação da vontade 129
      3.2.1. Associações 130
      3.2.2. Sindicatos 131
      3.2.3. Partidos políticos 131
   3.3. A organização do processo de formação da vontade na Sociedade 133
   3.4. A vontade política do povo orientada à formação da vontade estatal 135
4. A formação da vontade política do Estado 136
   4.1. Modelos tradicionais de formação da vontade estatal 136
      4.1.1. Democracia representativa 136
      4.1.2. Democracia semidireta 137
   4.2. Participação autônoma da Sociedade na formação da vontade do Estado 138
      4.2.1. Elementos históricos 138
      4.2.2. Vinculação entre participação autônoma, princípio democrático
            e direitos fundamentais de liberdade 138

Capítulo II – A democracia participativa na Constituição de 1988: sua instituição e suas
      manifestações constitucionais e infraconstitucionais 142
1. A origem da participação como instituto constitucional 142
   1.1. O quadro político-social entre 1964-85 142
   1.2. A iniciativa popular na Assembléia Nacional Constituinte 1987-8 143
2. Democracia representativa e democracia participativa: a busca de coordenação ... 144
   2.1. A compreensão do constituinte 145
   2.2. O entendimento da literatura jurídica 146
   2.3. A posição da jurisprudência 148
   2.4. Síntese 148
3. O exercício da participação nas ações estatais 149
   3.1. Distinções necessárias 149
   3.2. O conteúdo político-jurídico da participação 150
   3.3. Exercício do direito de participação no governo e na administração 153
      3.3.1. Diferenciação entre governo e administração 153
      3.3.2. Participação no governo e na administração 154
4. Participação como mecanismo de concretização dos direitos sociais 156

Capítulo III – O direito fundamental de participação 159
1. Considerações introdutórias 159
2. O direito de participação no catálogo dos direitos fundamentais 160
3. Direitos fundamentais fora do catálogo dos direitos fundamentais 163
4. Conexão entre os direitos sociais e os direitos de participação situados
   fora do catálogo dos direitos fundamentais 164
   4.1. Problemas de terminologia 164
   4.2. Interpretação sistemática 166
5. Direitos de participação na Constituição Brasileira: classificação
   e função jurídico-fundamental 167
   5.1. Classificação enquanto espécie 167
   5.2. Funções do direito fundamental de participação 168
      5.2.1. Esclarecimentos prévios 169

      5.2.2. Função de defesa 171
      5.2.3. Função de prestação 171
      5.2.4. Função de proteção 174
  6. Remédio constitucional assegurador do exercício do direito de participação 175
    6.1. Mandado de Injunção coletivo 175
    6.2. Legitimidade 176
  7. Renúncia ou não-exercício? 177
  8. O acesso à informação 178

Capítulo IV – Direitos fundamentais de participação específicos 181
  1. Direito de participação na educação 181
    1.1. Considerações iniciais 181
    1.2. Tratamento legislativo 182
    1.3. Objeto, exercício e destinatários 184
      1.3.1. Objeto 184
      1.3.2. Exercício 184
      1.3.3. Destinatários 185
  2. Direitos de participação vinculados ao direito ao trabalho 185
    2.1. Interesses profissionais 185
      2.1.1. Considerações gerais 185
      2.1.2. Tratamento legislativo 187
      2.1.3. Objeto, exercício e destinatários 188
        2.1.3.1. Objeto 188
        2.1.3.2. Exercício 188
        2.1.3.3. Destinatários 189
    2.2. Participação e direito ao trabalho rural 189
      2.2.1. Tratamento legislativo 190
      2.2.2. Objeto, exercício e destinatários 192
        2.2.2.1. Objeto 192
        2.2.2.2. Exercício 192
        2.2.2.3. Destinatários 192
  3. Direitos de participação relativos à seguridade social 193
    3.1. Participação e saúde 195
      3.1.1. Tratamento legislativo 196
      3.1.2. Objeto, exercício e destinatários 197
        3.1.2.1. Objeto 197
        3.1.2.2. Exercício 197
        3.1.2.3. Destinatários 197
    3.2. Participação e previdência social 198
      3.2.1. Tratamento legislativo 198
      3.2.2. Objeto, exercício e destinatários 198
        3.2.2.1. Objeto 199
        3.2.2.2. Exercício 199
        3.2.2.3 Destinatários 199
    3.3. Direito de participação e assistência social 199
      3.3.1. Tratamento legislativo 199
      3.3.2. Objeto, exercício e destinatários 200
        3.3.2.1. Objeto 200

        3.3.2.2. Exercício 201
        3.3.2.3. Destinatários 201
4. Direitos de participação e proteção da criança e do adolescente 201
    4.1. Tratamento legislativo 201
    4.2. Objeto, exercício e destinatários 203
        4.2.1. Objeto 203
        4.2.2. Exercício 203
        4.2.3. Destinatários 204
5. Direito de participação no âmbito da moradia e da segurança 204
    5.1. Moradia 204
    5.2. Segurança 205

Conclusão 207
Bibliografia 212

Abreviaturas

ADCT	Ato das Disposições Constitucionais Transitórias
AöR	Archiv des öffentlichen Rechts
art.	artigo
Art.	Artikel ou Artigo
Bage	Entscheidungen des Bundesarbeitsgerichts (decisões do Tribunal do Trabalho Federal)
BVerfG	Bundesverfassungsgericht (Tribunal Constitucional Federal)
BVerfGE	Entscheidungen des Bundesverfassungsgerichts (decisões do Tribunal Constitucional Federal)
BVerwG	Bundesverwaltungsgericht (Tribunal Administrativo Federal)
Cf.	Confrontar, conferir
d. h.	dass heisst
DRiZ	Deutsche Richterzeitung
e.g.	exempli gratia
GG	Grundgesetz (Lei Fundamental)
idR	in der Regel
iS	im Sinne
iSd	im Sinne des
Jura	Juristische Ausbildung
JZ	Juristenzeitung
KJ	Kritische Justiz
NJW	Neue Juristische Wochenschrift
NVwZ	Neue Zeitschrift für Verwaltungsrecht
p.	página(s)
Rn	Randnummer (número de margem)
RdA	Zeitschrift für die Wissenschaft und Praxis des gesamten Arbeitsrechts
RDA	Revista de Direito Administrativo
RDP	Revista de Direito Público
RIL	Revista de Informação Legislativa
RT	Revista dos Tribunais
RTDP	Revista Trimestral de Direito Público
STF	Supremo Tribunal Federal
sog.	sogenannt
ss.	seguintes
TST	Tribunal Superior do Trabalho
v.	volume
v.g.	verbi gratia
VVDStRL	Veröffentlichungen der Vereinigung der Deutschen Staatsrechtslehrer

Introdução

1. O objeto do presente estudo é a efetividade dos direitos fundamentais sociais e, com esse propósito, procura-se percorrer o caminho mais atualizado da dogmática dos direitos fundamentais, no qual vem-se renovando a preocupação com o efetivo gozo desses direitos. Entretanto, a abordagem do tema não se limita ao exame dos deveres que o Estado ou os poderes econômicos e sociais possuem nesse terreno. O objetivo final é situar juridicamente os direitos de participação, reservados à Sociedade na Constituição de 1988, em ações dos poderes públicos que se voltam à efetividade referida, restrita a análise ao nível federal.

Diante da consciência de que os direitos fundamentais para nada servem se limitados a meras declarações formais, o tema concernente à sua efetividade, à sua eficácia social, vem atraindo a atenção dos meios jurídicos e sociais. O seu tratamento jurídico não é tarefa fácil, mais ainda porque são recentes os passos que a dogmática jurídico-constitucional empreende na matéria.

Esses passos obtiveram impulso decisivo na Constituição brasileira de 1988, que se insere entre as melhores do mundo, seja por sua opção democrática, seja porque inovou no campo dos direitos fundamentais do ponto de vista formal e material, preocupando-se com a criação de instrumentos constitucionais votados a sua concreção. Naturalmente, a resistência que setores conservadores dos três poderes da República e da Sociedade brasileira opõem à Constituição material dificulta a tarefa dirigida a fazer valer os direitos fundamentais nas relações vitais de cada brasileiro.

A Constituição de 1988 constitui marco na vida política e social brasileira, uma vez que reintroduz a democracia política no lugar do regime autoritário vigente desde 1964. A literatura jurídica realça o fato de os direitos fundamentais terem adquirido posição de destaque nessa Constituição, passando a figurar já na sua abertura. Houve inovação no rol dos direitos que passaram a integrar o catálogo dos direitos fundamentais, introduzindo-se, ao lado dos direitos individuais, a categoria dos direitos coletivos e elevando-se os direitos sociais à categoria de fundamentais. Menos destaque tem merecido a opção do constituinte de 1987-88 por democracia, além de representativa, participativa e, bem assim, o fato de a feição participativa haver obtido concreção tanto constitucional quanto infraconstitucional. A participação de setores sociais e da comunidade nas ações governamentais e administrativas é tema constitucional ao qual é dispensada pouca atenção no mundo jurídico. Certamente por isso ela está sujeita a manipulações e deturpações porque pouco se fez para verificar a sua origem, o significado de seu reconhecimento como princípio constitucional, os efeitos jurídicos que sua concreção produz e a finalidade a que ela se dirige.

Com este trabalho, procuro pôr em evidência o significado da opção democrático-participativa feita pelo constituinte de 1987-88, situar os direitos de participação no quadro normativo estabelecido pela Constituição e pelas leis infraconstitucionais e definir-lhes o conteúdo enquanto direitos fundamentais dirigidos à efetividade de outros direitos fundamentais – no caso, dos direitos sociais. Para realizar esse objetivo, considerei que, antes, seria necessário examinar como a dogmática jurídico-constitucional mais atualizada vem respondendo ao recorrente tema que vem a ser o "como" efetivar e garantir o exercício dos direitos fundamentais por todos.

No direito estrangeiro, especialmente no alemão, que escolhi como suporte teórico para este estudo, a dogmática referida alcançou desenvolvimento sem par, tendo as instituições da democracia representativa como pressuposto e os direitos fundamentais clássicos e o princípio do Estado Social como objeto hermenêutico. Também no Brasil, a dogmática jurídico-constitucional tem os direitos fundamentais clássicos na base de sua reflexão. Em todas as manifestações da vida, o novo costuma deitar raízes no velho, princípio que, parece, também vale para o Direito. Diante disso, pareceu justificado dedicar uma parte deste estudo aos direitos clássicos, enquanto principal objeto da hermenêutica constitucional, e outra à dogmática dos direitos fundamentais sociais e do Estado Social de Direito. Já na 3ª Parte, mas como tema preliminar, pois antecedente lógico e necessário da participação da Sociedade em ações do governo e da administração, elegi o exame da formação da vontade da Sociedade e do Estado. E, por fim, passa a ser objeto de reflexão o direito fundamental de participação e suas especificações em níveis constitucional e infraconstitucional. Procuro demonstrar que eles constituem direitos que a Sociedade se reservou para incidir diretamente nas ações dos poderes públicos dirigidas a interesses e direitos sociais. Feitas essas colocações genéricas, passo a antecipar com mais detalhes o que analisarei em cada uma das partes do trabalho.

2. O primeiro capítulo da 1ª Parte é reservado ao estudo das funções dos direitos fundamentais, em suas dimensões jurídico-subjetivas e jurídico-objetivas. Função tem a ver com finalidade, de modo que as distintas funções que os direitos fundamentais podem assumir têm a ver com o que oferecem para a efetividade, não só dos direitos fundamentais, mas também dos direitos inseridos na ordem jurídica em geral.

A idéia de função integra concepção dinâmica, e não estática, dos direitos fundamentais. Essa concepção consolidou-se na jurisprudência do Tribunal Constitucional alemão a partir da década de 60. Os direitos fundamentais deixam de ser compreendidos unicamente como direitos subjetivos mobilizados pelo indivíduo na sua relação com o Estado, seja como defesa, seja como direitos de prestação e de não-discriminação. Para além desse interesse individual – legítimo –, nos direitos fundamentais passam a ser reconhecidas funções com dimensão jurídico-objetiva diante das quais o legislador está obrigado a editar legislação ordinária e complementar compatível com a diretriz jusfundamental. Nesse mesmo sentido, não menos importantes são as funções como a eficácia dos direitos fundamentais contra particulares ou terceiros (*Drittwirkung*) e o dever de proteção a cargo do Estado quando se trata de relações entre indivíduos e forças econômicas e sociais de poder. Ademais, dirigem-se essas funções objetivas ao intérprete e aplicador do direito, que deve ter inteligência conforme com os direitos fundamentais, especialmente quando confrontado com conceitos jurídicos indeterminados e cláusulas gerais. Daí a importância de se verificar o que as funções – subjetivas e objetivas – oferecem para a concretização dos direitos fundamentais, tanto na relação indivíduo-Estado e de grupos sociais com o Estado como nos vínculos que indivíduos mantêm entre si e com pessoas físicas ou jurídicas detentoras de poder. Para fins didáticos, vale esclarecer que quando se fala de funções jurídico-objetivas dos direitos fundamentais está se tratando de um sistema de valores ou de princípios jurídicos objetivos.

No segundo capítulo desta mesma parte, reporto o que vem a significar conformação de direito fundamental e, na seqüência, detenho-me mais longamente nas hipóteses em que o legislador está autorizado a intervir e estipular limites aos direitos fundamentais. Estes, mesmo quando respeitam aos direitos clássicos, por vezes necessitam de garantias adicionais que dêem feição e potência ao seu conteúdo. Isso costuma ser designado como o dever de conformação ou de configuração, tarefa que em princípio pertence ao legislador. De outro lado, porque o exercício de direitos fundamentais pode conduzir a conflitos entre seus titulares ou destes com a comunidade, eventual limitação pode ser necessária, contanto que estabelecida na própria Constituição ou pelo legislador que possua mandado constitucional para tal finalidade. Sem esses requisitos, só excepcionalmente o juiz poderá fixar restrições e isso se o fizer com base em adequada ponderação de bens da comunidade. Por isso justifica-se o capítulo em destaque, em que o caráter relativo dos direitos fundamentais é posto em evidência, exercendo o papel de contraponto ao anterior em que sobressai o que os direitos fundamentais oferecem para os seus titulares.

3. No Brasil, os direitos fundamentais clássicos não são o único objeto para reflexão em tema de dogmática jurídico-constitucional. É que a partir de 1988 também os direitos sociais passaram a tomar parte do rol dos direitos fundamen-

tais. Nas constituições anteriores eles figuravam no título da Ordem Econômica e Social. Hoje, os direitos sociais estão arrolados no art. 6º da Constituição, obtendo desdobramentos na Ordem Econômica e Social. Exceção parcial vem a ser o direito ao trabalho e o direito à previdência, cujos conteúdos estão desenvolvidos no art. 7º, onde discriminados direitos oriundos de relações de emprego e de trabalho.

Na 2ª Parte, cuido, de um lado, dos direitos sociais em sua evolução histórica, começando pela França, berço do movimento revolucionário do século XVIII, para, em seguida, acompanhar seus desdobramentos na Alemanha, país-referência em termos de consolidação do Estado Social de Direito e da doutrina e da jurisprudência a ele relacionadas. E quanto ao Brasil, faço levantamento da evolução desses direitos em nível constitucional, até serem reconhecidos como fundamentais pela Constituição de 1988. De outro lado, esboço a dogmática jurídica – necessária – relacionada aos direitos fundamentais sociais, procurando definir o que eles são enquanto categoria geral e em suas concreções específicas, bem como em suas conexões com os direitos coletivos. Dedico breve estudo às prestações sociais e aos problemas com que o direito se defronta em países como o Brasil, em que a precariedade dessas prestações ainda é marca predominante. Por fim, o princípio do Estado Social que sobressai de série de normas da Constituição de 1988 impõe, em regra, deveres objetivos ao Estado, voltados à instauração de ordem social justa, que naturalmente passa pelo acesso e usufruto dos direitos sociais. Assim, examino o surgimento e a consolidação do Estado Social de Direito na Alemanha, e a adoção desse princípio jurídico-constitucional no Brasil, seu significado, funções e elementos constitutivos.

4. A realização dos direitos fundamentais é tarefa que depende não só da atividade estatal, mas também da Sociedade que se organiza, que forma democraticamente sua vontade, e que assim se capacita para influir na formação da vontade do Estado. Destarte, como condição preliminar para o estudo da formação da vontade social e estatal, considerei importante destacar alguns aspectos da evolução política e social da Sociedade e do Estado brasileiros, pois formar vontade depende do grau de aprimoramento democrático e de autonomia política. Naturalmente, aquilo que se convencionou designar de cidadania ativa é essencial para o processo de formação da vontade, seja pelo exercício de direitos fundamentais clássicos, como o direito de associação, de opinião, de reunião e de manifestação, seja por meio do exercício de direito de participação clássico, que se exterioriza pelo direito de ser votado e de tomar parte das eleições voltadas à legitimação dos dirigentes políticos. Na esfera da formação da vontade do Executivo, as ações do governo e da administração são enfocadas com o objetivo de obter clareza no tocante às tarefas próprias de cada um.

A convocação da Assembléia Nacional Constituinte por meio da Emenda Constitucional nº 26/85, que visava a consolidar a ruptura com o regime militar do período 1964-85, deveu-se em grande parte à mobilização popular. Depois, as organizações sociais se fizeram presentes nos debates nessa Assembléia com o oferecimento de emendas que visavam a ampliar o rol dos direitos fundamentais sociais. Mas a atuação da Sociedade não ficou nisso. A consciência de que os poderes estatais, em sua organização e atuação clássicas, não tinham suficiente capacidade nem vontade para garantir a efetividade dos direitos fundamentais, especialmente dos sociais, fez com que se reservasse aos próprios titulares o direito de tomarem parte nas tarefas voltadas à sua concreção.

Diante dessas premissas, avanço na 3ª Parte com o exame do tema que possui centralidade no trabalho, que é a participação de setores sociais e da comunidade nas ações governamentais e administrativas voltadas à concreção dos direitos fundamentais sociais. Na tentativa de sistematizar o assunto, dedico cuidado à democracia participativa instituída pela Constituição de 1988 e sustento o caráter jusfundamental das concretizações constitucionais e infraconstitucionais em matéria de participação de setores sociais e da comunidade. Finalizo com o exame dos direitos de participação especificamente previstos na Constituição e na legislação infraconstitucional, que têm em vista a conformação e a realização dos direitos fundamentais sociais. Esse é o ponto central do desenvolvimento deste estudo: pôr em evidência o que a Constituição reservou à Sociedade e suas organizações para que haja a efetivação dos direitos sociais, de modo que se proporcione aos indivíduos a possibilidade de se desenvolverem com autonomia e liberdade.

Primeira Parte

Direitos Fundamentais: funções jurídicas e garantia do exercício por meio de conformação e limitação

Capítulo I – As funções dos direitos fundamentais

1. CONSIDERAÇÕES INTRODUTÓRIAS

Na dogmática jurídica mais recente dos direitos fundamentais[1] vêm merecendo atenção as distintas funções que esses direitos cumprem na ordem jurídica. Essas funções, que constituem desdobramentos ou complementos da função de defesa,[2] a qual ainda hoje ocupa posição de destaque na dogmática jusfundamental, são determinantes para a efetividade tanto dos direitos fundamentais quanto de direitos constitucionais e infraconstitucionais sem tal categoria. E isso vale na relação indivíduo-Estado, nas relações entre os indivíduos, e destes com as corporações, e evidentemente também no que diz respeito à efetividade dos direitos sociais. Os direitos fundamentais podem ser classificados segundo critérios diversos. Se analisados do ponto de vista da função que têm na ordem jurídica, então são seus fins, seus desígnios, que possuem significado central.[3]

No Brasil, a literatura jurídica e a jurisprudência, em especial a do responsável último pela Constituição – o Supremo Tribunal Federal (STF) –, apenas estão iniciando os passos na abordagem do tema.[4] Não obstante isso, as funções que os direitos fundamentais devem cumprir numa ordem jurídica – por certo também na

---

[1] Acerca do significado jurídico da palavra "dogmática" e da sua distinção de "dogmatismo", ver desenvolvimentos no Capítulo II, item 1, da 2ª Parte. Adianta-se que a dogmática jurídica deve visar à maior eficácia possível da norma jurídica.

[2] Conforme Hans D. Jarass, Bausteine einer umfassenden Grundrechtsdogmatik. *AöR*, Tübingen, 1995, (120): 347.

[3] Nesse sentido, Hans D. Jarass, Bausteine einer umfassenden Grundrechtsdogmatik, cit., (120): 356. Atento aos efeitos que produzem, o autor classifica os direitos fundamentais em direitos de defesa (efeito negativo), direitos a prestações (efeito positivo) e direitos de igualdade (efeito relativo). Essa categorização dos direitos fundamentais toma em consideração o seu efeito jurídico dominante, restrito à relação do titular de direitos fundamentais com o Estado. Segundo o autor, para a delimitação dessas categorias de direitos fundamentais os fins, de significado central para as funções dos direitos fundamentais, não possuem relevância. Comparando-se a distinção feita pelo autor entre "efeito dominante" e "fins", deduz-se que sob o ângulo das suas funções prevalece concepção não-estática, quer dizer, dinâmica e sistemática, dos direitos fundamentais.

[4] Na doutrina nacional, estudo dos direitos fundamentais sob o ponto de vista funcional é feito por Ingo Wolfgang Sarlet (*A Eficácia dos Direitos Fundamentais*. 5. ed., Porto Alegre: Livraria do Advogado, 2005, p. 155 e ss.).

brasileira – são de importância vital quando se raciocina em termos de sua dogmática e, em conseqüência, da sua efetivação na vida dos indivíduos em particular e da coletividade em geral. Afinal, o que importa não é só a "bela moldura" com que uma constelação de direitos fundamentais possa adornar a ordem jurídica.

Ao longo de sua consolidação nos séculos XVIII e XIX, os direitos fundamentais acabaram sendo reduzidos a direitos de defesa contra o Estado. Essa compreensão mostrou-se restritiva e insuficiente ainda no final do século XIX, quando a explosiva situação laboral e previdenciária na Europa passou a requerer ações positivas do Estado, levando, já na primeira metade do século XX, a uma crise teorética da dogmática dos direitos fundamentais.[5]

Na esfera do constitucionalismo alemão, a Constituição de Weimar, de 1919, buscara fazer com que o Estado fosse responsável pela construção cultural e social da ordem vital futura, reconhecendo direitos fundamentais sociais. É sob essa Constituição que os direitos fundamentais preponderam enquanto direitos subjetivos, status esse até então controvertido,[6] certamente em razão da precedência ainda atribuída aos poderes do Estado – e não aos direitos fundamentais dos indivíduos. Entretanto, o fracasso da República de Weimar, causado por vários fatores, acabou por levar à supressão geral dos direitos fundamentais pela ditadura nazista a partir de 1933.

Embora a Lei Fundamental de 1949, atual Constituição alemã, tenha renunciado aos deveres e programas que a Constituição de Weimar havia estabelecido para o Estado, a já referida crise não foi dominada de imediato com o Estado de Direito que ressurgia. Mas a partir de janeiro de 1957 e janeiro de 1958, o Tribunal Constitucional passou a emitir decisões sobre sistema e funções dos direitos fundamentais.[7] A assim chamada "expansão dos direitos fundamentais" desenvolveu-se em conexão com novas e variadas teorias sobre os direitos fundamentais,[8]

---

[5] Ainda sob a vigência do constitucionalismo monárquico na Alemanha, os direitos fundamentais foram classificados por Georg Jellinek (System der subjektiven öffentlichen Rechte) de acordo com diferentes status (negativo, positivo, ativo e passivo) que o indivíduo detinha na relação de direito público *subjetivo* com o Estado. Em síntese, o primeiro deles diz respeito à esfera privada do particular, na qual o Estado não podia intervir. Exige-se, aqui, a abstenção estatal. No status negativo está a origem da clássica função de defesa dos direitos fundamentais. O status positivo refere-se às prestações que o indivíduo pode exigir do Estado. Tem-se, aí, o embrião da função de prestação. O status ativo concerne ao direito de o indivíduo tomar parte na formação da vontade estatal por meio das eleições, de ser eleito, ou de ter acesso a cargos públicos. E o quarto status, de menor importância, respeita a situações em que o indivíduo está submetido a mandados ou proibições legítimos oriundos do Estado que atingem sua esfera particular. Acerca das críticas endereçadas à teoria de Jellinek, ver Konrad Hesse, *Grundzüge des Verfassungsrechts der Bundesrepublik Deutschland*. 20. ed., Heidelberg: C. F. Müller, 1999, p. 128-9, Rn 281-2. Esta obra encontra-se traduzida para o português sob o título *Elementos de Direito Constitucional da República Federal da Alemanha*. Porto Alegre: Sergio Fabris Editor, 1998. Tradutor: Luís Afonso Heck. Ver também notas 70 e 31, respectivamente nos Capítulos I e III da 3ª Parte.

[6] Klaus Stern, Idee und Elemente eines Systems der Grundrechte, in: Josef Isensee e Paul Kirchhof (Org.), *Handbuch des Staatsrechts der Bundesrepublik Deutschland*. Heidelberg: C. F. Müller, v. V, 1992, p. 69, Rn 40.

[7] Klaus Stern, Idee und Elemente eines Systems der Grundrechte, cit., p. 53, Rn 13.

[8] Klaus Stern (Idee und Elemente eines Systems der Grundrechte, cit., p. 59, Rn 23) cita essas teorias dos direitos fundamentais, subclassificadas por Ernst- W. Böckenförde em "liberal", "institucional", "axiológica", "democrático-funcional" e "social-estatal". Bodo Pieroth e Bernhard Schlink, *Grundrechte – Staatsrecht II*. 21. ed.,

que, todavia, não trouxeram clareza. Então, com um olhar retrospectivo para a República de Weimar, iniciou-se a falar nas "funções" dos direitos fundamentais e foi estabelecido que eles não podem ser compreendidos somente como direitos individuais de defesa, mas que desempenham várias funções na ordem estatal e social.[9] Os direitos fundamentais, sob desenvolvimento dinâmico,[10] ganharam novos conteúdos. Assim, a partir das formulações de Böckenförde, novos conceitos teóricos relativos aos direitos fundamentais foram desenvolvidos pela literatura jurídica, obtendo reconhecimento o conceito de inspiração anglo-saxônica de Robert Alexy, o qual compreende os direitos fundamentais como princípios.[11] Já a jurisprudência do Tribunal Constitucional passou a falar, então, em lugar de ordem de valores, de ordenação de valor jurídico-objetiva (*objektiv-rechtliche Wertentscheidung*), ou seja, de uma ordem valorativamente vinculada por princípios objetivos e conteúdos jurídico-objetivos.[12] Essa nova compreensão se difundiu e é relevante também para o direito brasileiro, sobretudo pela importância que a Constituição de 1988 atribui a princípios, valores e objetivos nela elencados. Antes de prosseguir no exame da evolução dos direitos fundamentais sob a perspectiva funcional, é importante firmar a conceituação de princípios e valores jurídicos e sua conexão com o conteúdo jurídico-objetivo dos direitos fundamentais.

2. PRINCÍPIOS E VALORES JURÍDICOS

O exame do que sejam *princípios jurídicos* tem como pressuposto a certeza de que o Direito não se esgota em bem formuladas *regras jurídicas*. O Direito é expresso tanto por regras quanto por princípios jurídicos (norma jurídica é gênero do qual princípios e regras são espécies). Segundo Klaus F. Röhl, por detrás e entre as regras jurídicas situam-se bases ou fundamentos jurídicos que são designados de "princípios jurídicos". E, diferentemente do que ocorre com as regras, não se consegue deduzir os princípios diretamente dos textos legais ou das sentenças, mas mesmo assim eles integram o direito positivo. O autor bem sintetiza o que sejam os princípios jurídicos: são normas jurídicas que formam as estruturas mais profundas do Direito que não estão manifestas no texto da lei.[13] Em razão disso,

---

Heidelberg: C. F. Müller, 2005, p. 21, Rn 79, também reportam essa classificação de Böckenförde. (Observação: nas citações seguintes dessa obra, esses dois autores serão identificados resumidamente por *Pieroth/Schlink*).

[9] Klaus Stern, Idee und Elemente eines Systems der Grundrechte, cit., p. 61-2, Rn 27.

[10] Horst Dreier, Vorbemerkung, in: Horst Dreier, *Grundgesetz. Kommentar*, Artikel 1-19, v. I. Tübingen: Mohr Siebeck, 1996, p. 58, Rn 43.

[11] Cf. Pieroth/Schlink, *Grundrechte – Staatsrecht II*, cit., p. 21, Rn 79. É na *Theorie der Grundrechte*. 2. ed., Frankfurt am Main: Suhrkamp, 1994 que Robert Alexy desenvolve sua teoria acerca dos direitos fundamentais. A obra de Alexy, bastante conhecida entre nós, encontra-se traduzida para o espanhol (*Teoria de los derechos fundamentales*, Madrid: Centro de Estudios Constitucionales, 1993). No ano de 2008 a Malheiros Editores ofereceu a tradução para o português.

[12] Horst Dreier, Vorbemerkung, cit., p. 59, Rn 43.

[13] Klaus F. Röhl, *Allgemeine Rechtslehre*, Köln: Carl Heymanns Verlag, 1995, p. 272.

princípios que ainda não tenham alcançado, na tradição jurídica, a condição de parte integrante do que se pode designar de "consciência jurídica", são produzidos ou obtidos por meio de interpretação sistemática. Há regras jurídicas que, por serem especialmente importantes para a ordem jurídica, acabam sendo elevadas à condição de princípios, como é o caso do princípio da irretroatividade da lei penal e do princípio do acesso ao Judiciário.

A tarefa de diferençar princípio e regra de direito tem sido constante objeto da literatura jurídica, de modo que não é necessário voltar ao tema.[14] Aqui cuidarei de precisar melhor as diferenças e, sobretudo, as convergências entre princípios e valores. Na linha das observações de Klaus F. Röhl, os valores possuem fundamento de validade ético ou político e, por isso, são conceitos *axiológicos*. Os princípios são resultantes de material empírico e não têm, já à partida, como é o caso dos valores, um caráter normativo, mas sim um caráter de modelo. Os princípios expressam conceitos *deontológicos*, constituídos de mandados e proibições, havendo neles um dever-ser. É relevante fixar que os valores se convertem em princípios jurídicos quando são reconhecidos pela ordem jurídica. Com isso eles perdem o caráter rigoroso, fundamentalista, na medida em que, agora, eles necessitam concorrer com outros princípios jurídicos.[15]

Em seu preâmbulo, a Constituição brasileira estabelece valores, os quais obtêm desdobramento em várias outras de suas normas, sendo certo que os direitos fundamentais se alicerçam num sistema objetivo de valores, e não num sistema abstrato ou neutral. Por isso, a série de valores reconhecidos na Constituição brasileira na realidade tem a natureza de princípios jurídicos, devendo ser ponderados entre si e frente a regras e princípios constitucionais em casos de colisão. Pode-se afirmar, portanto, que, assim como os princípios jurídicos, também os valores jurídicos têm a função de otimizar o Direito, tendo por destinatários o seu aplicador, seja ele o legislador, o administrador ou o juiz.

3. CONTEÚDO SUBJETIVO E OBJETIVO DOS DIREITOS FUNDAMENTAIS

Em suas primeiras decisões sob a Lei Fundamental de 1949, o Tribunal Constitucional alemão reconhecia o "primado do direito subjetivo", mas, na medida em

---

[14] Remeto o leitor para a citada *Teoria de los derechos fundamentales*, de Robert Alexy, e para a minha dissertação de mestrado (*A Realização do Direito ao Trabalho*, Porto Alegre: Sergio Fabris Editor, 1998, p. 45-6). Em termos de síntese, pode-se afirmar que a regra de direito expressa um tudo ou nada, e que o método utilizado é o da subsunção. Num princípio jurídico, ao contrário, não se está frente a um tudo ou nada. Ele é operado mediante *ponderação* frente a outros princípios e também frente às regras. Nessa ponderação, há uma *dimensão de peso*. Não há propriamente um método para aplicar os princípios, mas a aplicação deve levar a uma *concordância prática* (Konrad Hesse). Assim, todas as circunstâncias relevantes de um caso (processo) devem ser examinadas à luz dos princípios que eventualmente entrem em colisão entre si ou com outras regras, fazendo-se uso da interpretação sistemática.

[15] Klaus F. Röhl, *Allgemeine Rechtslehre*, cit., p. 275-6.

que essa Lei não queria ser uma ordenação de valores neutra, afirmava que nos direitos fundamentais também radica um conteúdo jurídico-objetivo (*BVerfGE* 7, 198/204-205). Agora essa face jurídico-objetiva passa a significar que os direitos fundamentais ganham novo conteúdo normativo, em sintonia com o Estado Social de Direito, ampliando as funções jurídico-subjetivas (de defesa, prestacional e de igualdade de tratamento) e dando origem a diversas espécies de funções jurídico-objetivas, também denominadas de "elementos de uma ordem objetiva".[16] Contudo, divergências remanescem quanto ao conteúdo jurídico-objetivo dos direitos fundamentais e se a esses novos conteúdos correspondem pretensões jurídico-subjetivas.[17] O certo é, entretanto, que, uma vez posta em movimento, a função jurídico-objetiva dos direitos fundamentais pode contribuir para o nascimento de novos direitos subjetivos.[18] Nesse sentido, considerem-se as prestações materiais sociais a que têm direito grupos sociais em razão da aplicação do princípio da igualdade e da não-discriminação, tema que será objeto de análise na 2ª Parte, quando serão examinados os direitos prestacionais derivados e o princípio da igualdade social. Também a título de exemplo, vale ter presente o princípio isonômico que origina direitos subjetivos no campo de aplicação do direito do trabalho.

A dupla face ou dupla dimensão dos direitos fundamentais – como direitos subjetivo e objetivo – é de domínio comum, clássico, em ciência do direito. Pode suceder que, quando se fala da dimensão jurídico-objetiva dos direitos fundamentais, logo venha à mente o que seja o direito objetivo (descrição do objeto e das condições de aplicação das normas de direito). Mas, além disso, é possível pensar-se em função jurídico-objetiva própria dos direitos fundamentais quando se cogita de direitos *subjetivos*, geralmente qualificados como os que possuem o atributo de serem exercitáveis por meio de ação. Isto ocorre, por exemplo, nos direitos fundamentais do trabalho, nos direitos coletivos e nos direitos prestacionais derivados (ver Capítulo II da 2ª Parte), em que a fonte imediata do direito subjetivo não está na vontade pessoal, mas na lei, que incide imperativamente, independente do arbítrio individual (no caso, crescem de importância os fatos sociais e coletivos para a interpretação e aplicação do Direito). Exemplo disso vem a ser o tratamento igualitário ou isonômico já referido e que constitui princípio basilar dos direitos fundamentais sociais em geral, dos direitos sociais específicos oriundos do direito do trabalho, e bem assim dos direitos coletivos. É importante fixar, então, que o

---

[16] Horst Dreier, Vorbemerkung, cit., p. 66, Rn 55.

[17] Klaus Stern, Idee und Elemente eines Systems der Grundrechte, cit., p. 68-9, Rn 38. Relativamente à segunda indagação, Horst Dreier (Vorbemerkung, cit., p. 66, Rn 56) refere que esse fenômeno foi designado como sendo uma subjetivação do que foi objetivado (*Resubjektivierung*) e que a jurisprudência não sinaliza nessa direção. Pode-se comparar, também, com Klaus Stern (*Das Staatsrecht der Bundesrepublik Deutschland*. München: C. H. Beck, v. III/1, 1988, p. 978-94), o qual faz análise mais ampliada da jurisprudência do Tribunal Constitucional relativamente às distintas funções jurídico-objetivas dos direitos fundamentais. Ver, também, José Carlos Vieira de Andrade (*Os Direitos Fundamentais na Constituição Portuguesa de 1976*, 2. ed., Coimbra: Livraria Almedina, 2001, p. 149-54).

[18] Cf. Bodo Pieroth e Bernhard Schlink, *Grundrechte – Staatsrecht II*, cit., p. 22, Rn 83. Os autores exemplificam com direitos garantidores de proteção oriundos do dever de proteção, com o direito que se origina das medidas dirigidas à conformação da participação em instituições, ao direito de ter parte em prestações e procedimentos.

termo "jurídico-*objetivo*" significa o lugar do outro, do mundo exterior, da comunidade e das coisas como são em si.

É em tal contexto que se pode falar em elementos de uma ordem objetiva, em ordenação jurídico-objetiva de valor, em ordem valorativamente vinculada por princípios e conteúdos jurídico-objetivos. Também no plano filosófico, o valor não é mera criação do sujeito ou emanação de sua liberdade, mas, além disso, decorre da realidade em si. Valor é a própria realidade, em dimensão teleológica, síntese do ser e do dever-ser.

Embora vários remédios constitucionais, como a ação de inconstitucionalidade por omissão, argüição de descumprimento de preceito fundamental, controle de constitucionalidade, ações coletivas e as próprias ações trabalhistas veiculem pretensões de destacada feição jurídico-objetiva, na interpretação constitucional brasileira as funções subjetivas e objetivas dos direitos fundamentais ainda não obtiveram a devida atenção.[19] Naturalmente, isso não significa que elas estejam ausentes dos princípios, valores e direitos reconhecidos pela Constituição brasileira. Ao contrário. Há nela expressivo número de direitos fundamentais, especialmente os direitos sociais e coletivos, cujo conteúdo e efetividade em grande parte depende da atividade conformadora do legislador, mas também da atividade interpretativa do juiz. Desse conteúdo dependerá qual dos aspectos – o subjetivo ou o objetivo – é primário ou secundário. Normalmente, o aspecto subjetivo comparece com mais intensidade. Mas isso não exclui a possibilidade de haver normas de direitos fundamentais nas quais a face jurídico-objetiva possa ganhar maior relevância.[20] Uma transição da interpretação dos direitos fundamentais nesse rumo naturalmente depende de uma compreensão mais atualizada a respeito e supõe que a criação de condições para a *liberdade real* de todos os indivíduos é tarefa imposta pela Constituição aos exercentes das funções estatais, que, todavia, não exclui, ao contrário, requer a participação da Sociedade.[21]

Muito mais do que uma classificação perfeita dos direitos fundamentais – intento, de resto, inatingível –, o que importa é que a liberdade dos indivíduos está presente em todos eles. A resposta acerca de como a liberdade pode ser garantida depende das funções dos direitos fundamentais, ou seja, do que eles podem oferecer como defesa do indivíduo frente a intervenções estatais, do seu acesso e partícipe de prestações, da garantia de sua proteção, assim como do direito de tomar parte na conformação do Estado, tudo com vista à realização desses direitos.[22]

---

[19] Nesse sentido, examine-se Ingo W. Sarlet, *A Eficácia dos Direitos Fundamentais*, cit., p. 155-6. Essa realidade torna impossível assumir a tarefa de se desenvolver a temática sem o concurso da literatura estrangeira relativa ao assunto.

[20] Klaus Stern, Idee und Elemente eines Systems der Grundrechte, cit., p. 69, Rn 39.

[21] A liberdade real, não meramente formal, exige a criação de condições reais (não só materiais) que permitam ao indivíduo desenvolver suas aptidões e se fazer responsável por sua vida. Cf. notas 3 e 51 do Capítulo III da 2ª Parte.

[22] Pieroth/Schlink, *Grundrechte – Staatsrecht II*, cit., p. 19, Rn 69.

Finalmente, o reconhecimento de função jurídico-objetiva nos direitos fundamentais e os deveres que disso promanam para os poderes do Estado, especialmente para o legislador, ressaltam o significado que os direitos sociais possuem como elemento objetivo da ordem jurídica. No caso brasileiro, as mencionadas funções têm em sua retaguarda não só os direitos fundamentais clássicos, mas também os direitos fundamentais sociais previstos no art. 6° e nos seus desdobramentos em outras normas da Constituição, especialmente na Ordem Social. O conjunto desses direitos fundamentais exerce diferentes funções na ordem jurídica como um todo. Nos itens que seguem, será feito estudo das principais funções subjetivas e objetivas dos direitos fundamentais.

4. FUNÇÕES JURÍDICO-SUBJETIVAS

4.1. Função de defesa

A função de defesa dos direitos fundamentais encontra-se no centro da dogmática jusfundamental desde que começou a se desenvolver a doutrina relativa à função dos direitos fundamentais. Sob o conceito de direito fundamental, tradicionalmente, entendeu-se o direito de defesa do indivíduo contra intervenções estatais não autorizadas. Por isso os direitos fundamentais também são designados de "direitos de liberdade". A função de defesa dos direitos fundamentais evidentemente está vinculada à existência, do final do século XVIII ao início do século XX, do Estado Liberal. Deve, entretanto, ser enfatizado que essa função defensiva não conduz ao isolamento do indivíduo em face do Estado. O que por meio dela se trouxe à realidade foi a restrição a intervenções estatais, a começar pela inserção formal dos direitos fundamentais nas constituições, com a finalidade de se defenderem os direitos de liberdade e de propriedade frente ao Estado.[23] Essa única função foi insuficiente para dar solução, de um lado, aos conflitos entre titulares de direitos fundamentais e, de outro, às demandas sociais que determinados grupos apresentavam ao Estado, somadas, hoje, às demandas coletivas.

Os direitos de defesa derivam seu efeito diretamente da Constituição e, nessa medida, a substância dos direitos fundamentais se protege a partir deles próprios,[24] sendo inexigível legislação ordinária para que o cidadão possa defender a essência de direito fundamental clássico, trate-se ou não do Estado como obrigado.[25] O direito fundamental que propicia função de defesa torna

---

[23] Horst Dreier, Subjektiv-rechtliche und objektiv-rechtliche Grundrechtsgehalte. *Jura*, Tübingen, 1994, p. 506.

[24] Josef Isensee, Das Grundrecht als Abwehrrecht und staatliche Schutzpflicht, in: Josef Isensee e Paul Kirchhof, *Handbuch des Staatsrechts der Bundesrepublik Deutschland*. Heidelberg: C. F. Müller, v. V, 1992, p. 145, Rn 1.

[25] Como será visto no capítulo seguinte, isso não exclui a possibilidade de haver legislação infraconstitucional que possa vir em reforço de posições jurídico-fundamentais, nem que haja legislação limitadora do âmbito de proteção que sirva para contornar colisões de direitos fundamentais e à realização da função social e coletiva de todo direito.

essa legislação desnecessária, destacando-se que, neste caso, o meio externo do qual o cidadão deve fazer uso para defender seu direito fundamental é uma ação a ser proposta em juízo. De outro lado, o fato de o Estado ser, eventualmente, aquele que viola o direito não exclui, ao mesmo tempo, sua responsabilidade como guardião desses direitos, devendo, nesta segunda condição, defendê-los e garanti-los. A aparente contradição se resolve na medida em que os poderes do Estado atuem separadamente.[26]

A função de defesa normalmente é associada aos direitos fundamentais de matriz liberal ou clássica. Horst Dreier esclarece que esse não é um juízo histórico exato, mas sim um juízo sistemático. O fundamento para isso – assim o autor – é que originalmente, tanto na França quanto na Alemanha, os direitos fundamentais não foram compreendidos como meros direitos de defesa. Na França e no constitucionalismo do Sul da Alemanha, eles tinham a tarefa de prestar ajuda para a transformação da ordem estatal e social, "não como armas de defesa negativas e antiestatais".[27] Não diferente foi a situação das colônias norte-americanas, nas quais os direitos fundamentais foram desde sempre "momentos constitutivos da ordem política", como *basis and foundation of government*.[28]

A Constituição brasileira de 1988 inclui série de direitos do trabalho (individuais e coletivos) entre os direitos fundamentais com função de defesa. Dentre os autores nacionais, Ingo W. Sarlet identifica como direitos de defesa vários direitos fundamentais sociais dos trabalhadores, *v. g.*, a limitação da jornada de trabalho, o reconhecimento de convenções e acordos coletivos de trabalho e as normas relativas à prescrição do art. 7º, a liberdade sindical do art. 8º e a greve do

---

[26] A solução da referida contradição, consoante fórmula mencionada, somente foi possível mais recentemente. O moderno constitucionalismo foi construído com base na idéia da separação dos poderes estatais, na existência de um governo sujeito a limites, com base no sistema de freios e contrapesos, e na existência de direitos fundamentais do indivíduo. Ainda assim essa concepção encontrou resistência. Questionava-se, por exemplo, se era possível obter proteção judicial contra atos da Administração, já que ela é regida pelo direito público; até mesmo se colocava a questão concernente a quem teria legitimidade para requerer a atuação dos tribunais. A esse propósito pode-se conferir Klaus F. Röhl, *Allgemeine Rechtslehre*, cit., p. 386.

[27] Horst Dreier, Vorbemerkung, cit., p. 60, Rn 46. Em artigo doutrinário já citado (Subjektiv-rechtliche und objektiv-rechtliche Grundrechtsgehalte, nota de rodapé 23, p. 506), o autor esclarece que "somente quando a grande obra política estava em sua maior parte concluída, o positivismo constitucional pôde, na segunda metade do século XIX, enxergar essa tarefa dos direitos fundamentais como historicamente terminada e por isso fundamentalmente esvaziada". (Texto original: "Erst als das große politische Werk weitgehend vollendet war, konnte der staatsrechtliche Positivismus in der zweiten Hälfte des 19. Jahrhunderts diese Zielsetzung der Grundrechte als historisch erledigt und daher als im Grunde leerlaufend ansehen").

[28] Horst Dreier, Vorbemerkung, cit., p. 61, Rn 47. O autor ressalta que no Estado Constitucional moderno a liberdade do indivíduo estatalmente isolada "do" Estado coloca-se ao lado da liberdade democrática "para" o Estado. Ademais, esse redirecionamento das liberdades jurídico-fundamentais não alteraria sua estrutura dogmática. Horst Dreier conclui dizendo: "Direitos fundamentais servem tanto à dimensão de defesa privada como à autodeterminação política: são direitos do *burguês* e do *cidadão*. Com isso fica à escolha dos indivíduos percebê-los mais fortemente em seu conteúdo numa ou noutra direção, aproveitando-os mesmo como proteção para o plano privado apolítico ou como base para o engajamento como cidadania ativa". (Texto original: "Grundrechte dienen in der Abwehrdimension der privaten ebenso wie der politischen Selbstbestimmung; es sind Rechte des *Bourgeois* und des *Citoyen*. Dabei steht es den Individuen frei, sie inhaltlich stärker in der einen oder anderen Richtung wahrzunehmen, sie eher als Abschirmung apolitischer Privatheit oder als Basis aktivbürgerschaftlichen Engagements zu nutzen".)

art. 9°, todos da Constituição.²⁹ Com isso, demonstra-se como a noção de direito fundamental está sujeita às injunções históricas. Mesmo na Alemanha, em que a idéia da inadequação do reconhecimento de direitos sociais na Lei Fundamental praticamente se converteu em dogma após a experiência negativa da Constituição de Weimar, atualmente cogita-se de mudanças, especialmente em razão da influência que a Carta Européia de Direitos Fundamentais, de 18-12-00, com seus respectivos direitos sociais, exerce sobre o direito dos países-membros da Comunidade Européia.³⁰

Finalmente, fala contra uma função de defesa individualista o fato de que âmbitos protegidos jurídico-fundamentalmente admitem intervenções se a Constituição abriga fundamentos formais ou materiais para tanto. Está-se fazendo referência à hipótese das limitações e colisões de direitos fundamentais, matéria a ser examinada no seguinte capítulo.

Pode-se dizer, em síntese, que a visão individualista e apolítica que sempre orientou a compreensão dos direitos fundamentais clássicos, especialmente das liberdades públicas, não mantém correspondência com a origem desses direitos. A recuperação da dimensão ativa desses direitos hoje parece um imperativo. Isso, naturalmente, pressupõe a intenção de criar uma estatalidade em que os indivíduos também façam uso dos seus direitos fundamentais para forjar a transformação social e das estruturas do Estado, de sorte que elas sirvam a toda a coletividade.

4.2. Função de prestação

Na função de prestação, em vez de uma omissão ou de um deixar de fazer, exige-se do Estado uma atividade, da qual deve resultar uma prestação positiva. A afirmação da função de prestação dos direitos fundamentais pode ser compreendida melhor dentro da transição do Estado Liberal para o Estado Social de Direito. Do Estado não se exige mais a abstenção ou a ausência, mas sim um fazer, a presença em diferentes domínios da vida para garantir prestações que a ordem jurídica considera essenciais. Nisso a função de prestação se distingue da função de defesa, a qual exige um deixar de fazer. Como é sabido, os problemas sociais do final do século XIX mostraram que os direitos de defesa não foram bastantes para evitar o abandono, a marginalização social e a pobreza de grandes massas populacionais na Europa. Situação similar naturalmente verificou-se no Brasil sob a vigência da primeira Constituição da República e seu rol de direitos fundamentais clássicos.

Compreende-se a função de prestação a partir de sua relação com o *status positivus* da teoria de Georg Jellinek, que reclama ações positivas da parte do Estado, podendo encontrar expressão isoladamente ou lado a lado com a função

---

²⁹ Ingo W. Sarlet, *A Eficácia dos Direitos Fundamentais*, cit., p. 192-3.
³⁰ A propósito dessa tendência, disserta o juiz do Tribunal Constitucional alemão Brun-Otto Bryde (Grundrechte der Arbeit und Europa. *RdA*, Sonderbeilage Heft, München, 2003, p. 5-10).

de defesa.³¹ Na vigência do Estado Liberal, constituíam prestações clássicas (insuficientes) a apreciação de pretensões jurídicas por meio do acesso aos tribunais, a garantia do juiz natural, a resposta a uma petição, o que já evidenciava a necessidade de instituições que se encarregassem de pôr as referidas prestações à disposição.

Para o implemento da função de prestação é, pois, preciso haver estruturas apropriadas, assim como os meios objetivos necessários. Quando se trata de compartilhar ou de tomar parte de instituições já existentes, está-se em face de uma "função de ter parte", a qual é entendida como um subcaso (*Unterfall*) da função de prestação.³²

A função de prestação é reconhecida sem questionamentos nos direitos prestacionais derivados, mas não nos originários,³³ e isso demonstra, desde logo, que a sua força ainda é relativamente diminuta. As circunstâncias, nas quais a criação e a preservação das condições para a existência livre do indivíduo requer medidas estatais, originalmente foram reportadas ao *status positivus* da teoria de Georg Jellinek, mas, modernamente, estão centradas na concretização do princípio do Estado Social.³⁴ Trata-se de princípio que não assegura direito subjetivo, exceto quando se trate de garantir a existência digna do indivíduo.³⁵ Isso evidencia que a função de prestação dos direitos fundamentais continua com força restrita. Além disso, faz ver que a melhora do grau de liberdade de que o indivíduo venha a desfrutar também depende de uma mudança na interpretação dos direitos fundamentais, o que significa dizer que nos direitos de defesa também devem ser assegurados direitos prestacionais e direitos garantidores de proteção ao que se encontra fragilizado (no item 5 serão examinadas diferentes funções com conteúdo marcadamente protetivo). E isso pode ser obtido com a mudança de entendimento acerca do significado dos direitos fundamentais.³⁶

Os direitos fundamentais sociais do art. 6º da Constituição brasileira, enquanto portadores de pretensão a uma prestação originária, em regra não assegu-

---

³¹ Esse seria o caso dos direitos políticos, os quais teriam simultaneamente componentes prestacionais e de defesa. Cf. Ingo Sarlet, *A Eficácia dos Direitos Fundamentais*, cit., p. 180.

³² Hans D. Jarass, Bausteine einer umfassenden Grundrechtsdogmatik, cit., (120): 350.

³³ Acerca da distinção entre direitos prestacionais originários e derivados, conferir Capítulo II da 2ª Parte. Contudo, pode-se esclarecer desde logo que as prestações originárias dizem respeito àquelas ainda não tornadas disponíveis pelo poder público, mas que em certos casos podem ser diretamente dedutíveis de norma constitucional, ao passo que as prestações derivadas respeitam àquelas que em decorrência de concretização legislativa já se encontram disponíveis e acessíveis ao indivíduo.

³⁴ Para Horst Dreier, Vorbemerkung, cit., p. 64, Rn 51, "o título correspondente às medidas voltadas à produção de liberdade real e igualdade por intermédio da promoção e asseguramento dos pressupostos materiais para o exercício de direitos fundamentais não é o capítulo dos Direitos Fundamentais da Lei Fundamental, mas sim o princípio do Estado Social". (Texto original: "Einschlägiger Titel für Maßnahmen zur Herstellung realer Freiheit und Gleichheit durch Förderung und Sicherung der materiellen Grundrechtsausübungs-voraussetzungen ist nicht der Grundrechtsteil des Grundgesetzes, sondern das Sozialstaatprinzip"). Na 2ª Parte deste trabalho é desenvolvido capítulo específico relativo ao Estado Social de Direito.

³⁵ Ver item 2 do Capítulo III da 2ª Parte, especialmente a sua nota 14.

³⁶ Pieroth/Schlink, *Grundrechte – Staatsrecht II*. 15. ed., Heidelberg: C. F. Müller, 1999, p. 18, Rn 64. Comparar com notas 27 e 28.

ram direito subjetivo,[37] circunstância jurídico-constitucional que evidentemente os debilita. Entretanto, quando obtêm concreção, a função de prestação resta evidente. Aqui devem ser destacados os direitos do trabalho do art. 7º, que são concreção do direito *ao* trabalho enunciado no art. 6º. Neste caso, o destinatário (obrigado) pela prestação é o empregador. Mesmo no tocante aos demais direitos sociais, os particulares eventualmente assumem obrigações originalmente a cargo do Estado, como ocorre com empresas que mantêm planos de saúde ou de complementação de aposentadoria para os empregados. Neste caso, a função de prestação naturalmente estará presente.

As resistências históricas ao reconhecimento dos direitos sociais,[38] e também a sua compreensão como meras normas programáticas,[39] certamente concorrem para que o Legislativo, o Executivo e o Judiciário não mostrem vontade efetiva para atuar no sentido da sua concretização. Talvez porque ciente dessa debilidade e das resistências opostas aos direitos fundamentais sociais, o constituinte de 1987-88 reconheceu nova categoria de direitos – os direitos fundamentais de participação – que reservam a organizações sociais e à comunidade a prerrogativa de influírem diretamente no fornecimento e na qualidade das prestações materiais sociais.[40] De fato, o exercício dos direitos de participação previstos na Constituição brasileira, que será tema do último capítulo da 3ª Parte deste livro, poderá contribuir para superar o enorme déficit que os direitos fundamentais sociais experimentam em sua dimensão material, dando qualidade à função de prestação. Nesse sentido, concretiza-se a redescoberta da dimensão ativa dos direitos fundamentais a que se aludiu acima.[41]

4.3. Função de não-discriminação

Os direitos de igualdade de tratamento podem veicular exclusivamente quer a função de defesa, quer a função de prestação. De acordo com a situação concreta, os direitos de igualdade de tratamento, ou seja, de não-discriminação, impõem ao Estado ou um deixar de fazer ou um fazer.[42] Há casos nos quais a face defensiva tem precedência, o que ocorre, por exemplo, quando a Administração atribui um

---

[37] Desenvolvimentos acerca desse tema são feitos no Capítulo II da 2ª Parte, no qual são reportadas exceções a essa regra geral.

[38] Ver Capítulo I da 2ª Parte.

[39] Sobre a doutrina das normas programáticas e a sua falta de sintonia com o caráter vinculativo da Constituição, escreveu-se em trabalho já citado (José Felipe Ledur, *A Realização do Direito ao Trabalho*, cit., p. 53-62). Já Paulo Bonavides (*Curso de Direito Constitucional*. 8. ed., São Paulo: Malheiros, 1999, p. 231-2), depois de ressaltar a eficácia normativa dos princípios constitucionais, define: "A inserção constitucional dos princípios ultrapassa, de último, a fase hermenêutica das chamadas normas programáticas. Eles operam nos textos constitucionais da segunda metade deste século uma revolução de juridicidade sem precedentes nos anais do constitucionalismo (...). Em verdade, fora até então a carência de normatividade o entendimento a que se abraçava a velha Hermenêutica constitucional, doravante a caminho de uma ab-rogação doutrinária irremediável".

[40] Sobre a fundamentalidade dos direitos de participação, ver Capítulo III da 3ª Parte.

[41] Ver nota 28.

[42] Jörg Lücke, Die Drittwirkung der Grundrechte an Hand des Art. 19 Abs. 3 GG. JZ, Tübingen, 1999, (8): 380.

encargo desproporcional a um indivíduo. Dito de outra forma, quando o Estado procede diferentemente num caso concreto em que a situação é igual, pode ser dele solicitado que os cidadãos sejam tratados igualmente apesar de sua diferença.[43] Aqui, diferentemente da função de defesa pura, está em evidência uma comparação entre a situação de dois ou mais titulares de direitos.

Já a face prestacional possui precedência quando alguém pretende obter uma bonificação que o Estado, na prática, não reconhece em favor de todos. Neste caso, pode ser exigido do Estado um procedimento que garanta a esse indivíduo o referido bem. Na hipótese, trata-se de procedimento que envolva direitos prestacionais derivados.[44]

A distinção entre função de não-discriminação e função de defesa pode ser identificada em uma ação judicial fundada em direitos de igualdade. Enquanto na função de defesa o que se visa é um deixar de fazer, na função de não-discriminação, a igualdade de tratamento poderá objetivar que o procedimento estatal impugnado seja modificado, sustando-lhe o efeito, ou então que seja estendido a todos.[45]

A função de não-discriminação possui significado também para direitos que não os de igualdade, como, por exemplo, para a liberdade de crença, de imprensa, de casamento e de família.

Tendo em conta que as heranças do racismo e escravismo de séculos ainda se fazem presentes na cultura brasileira, na nossa Constituição a função de não-discriminação tem papel importante a cumprir no terreno da igualdade entre homens e mulheres (art. 5°, I) e no da igualdade das raças (art. 5°, XLII). Esses dois direitos de igualdade também se encontram, ao lado de outros, nos direitos fundamentais trabalhistas (art. 7°, XXX a XXXIV). Trata-se, na hipótese, da própria concretização do princípio da igualdade previsto, em sentido geral, no art. 3°, IV, e no *caput* do art. 5° da Constituição brasileira.

5. FUNÇÕES JURÍDICO-OBJETIVAS

A literatura jurídica tem posto ênfase nos deveres de proteção do Estado em face dos direitos de proteção dos indivíduos e que estão sendo reconhecidos nas codificações mais recentes.[46] Segundo Pieroth/Schlink, mesmo naquelas funções

---
[43] Hans D. Jarass, Bausteine einer umfassenden Grundrechtsdogmatik, cit., (120): 349.

[44] Horst Dreier, Vorbemerkung, cit., p. 64, Rn 53 e 54.

[45] Hans D. Jarass, Bausteine einer umfassenden Grundrechtsdogmatik, cit., (120): 349.

[46] Judith Martins-Costa (Os direitos fundamentais e a opção culturalista do novo Código Civil. In: Ingo Wolfgang Sarlet (Org.). *Constituição, Direitos Fundamentais e Direito Privado*. Porto Alegre: Livraria do Advogado, 2003, p. 79) desenvolve reflexões acerca da implementação dos "deveres de proteção" que são requeridos pelo novo Código Civil brasileiro, dirigidos especialmente à proteção dos direitos de personalidade dos indivíduos. A autora ressalta que o ordenamento jurídico "não está cerrado na tutela de certas situações típicas, mas per-

jusfundamentais há mais tempo desenvolvidas pela dogmática jurídica (por exemplo, na interpretação conforme aos direitos fundamentais e no direito de ter parte em prestações a cargo do Estado ou em procedimentos), identifica-se o conteúdo protetivo mais recentemente atualizado com o reconhecimento da função de proteção dos direitos fundamentais, portadora de *deveres de proteção* do Estado e *direitos à proteção* dos cidadãos.[47] Sob a perspectiva dos deveres de proteção é que se examinarão nos desenvolvimentos seguintes as funções jurídico-objetivas identificáveis nos direitos fundamentais, quais sejam, a interpretação/conformação do direito em conformidade com os direitos fundamentais, a sua eficácia irradiante, especialmente em relação aos particulares ou terceiros (*Drittwirkung*), bem como a proteção contra riscos.

5.1. Interpretação conforme aos direitos fundamentais e conformação do direito

No sentido de ordenação de valor jurídico-objetiva, versado no item 1 supra, especialmente a partir da decisão do caso *Lüth*,[48] o Tribunal Constitucional alemão enxerga âmbitos objetivos de valoração em determinados direitos fundamentais e, no conjunto deles, a corporificação de uma ordem axiológica objetiva. A partir dessa nova compreensão, os direitos fundamentais desenvolveram atuação para além da clássica, com o que passaram a influir na interpretação da legislação infraconstitucional, inclusive do direito privado; na proteção que o Estado tem de garantir aos cidadãos e que estes dele podem exigir; e na abertura de espaço para ter parte em instituições estatais, procedimentos e prestações.[49]

Por meio daquilo que Pieroth/Schlink designam como o preceito da "interpretação conforme aos direitos fundamentais" (*grundrechtskonforme Auslegung*),

---

mite estender a tutela da Personalidade a situações atípicas que, no momento, talvez nem possamos imaginar, tamanha é a variedade e a grandeza das lesões à personalidade possibilitadas pelo poder econômico, pela razão instrumental e pela tecnociência".

[47] Pieroth/Schlink, *Grundrechte – Staatsrecht II*, 21. ed., Heidelberg: C. F. Müller, 2005, p. 22, Rn 82/83.

[48] Em artigo jornalístico (Die Karriere eines Boykottaufrufs. *Die Zeit*, n° 40, de 27-9-01), o ex-presidente do Tribunal Constitucional alemão, Dieter Grimm, escreveu acerca dessa decisão, a qual considera como a mais importante em toda a história do Tribunal Constitucional e que, sinteticamente, se originou do seguinte fato: Erich Lüth era, a seu tempo, presidente do Clube da Imprensa de Hamburg e ativista em prol do trabalho comum entre cristãos e judeus. Depois que Veit Harlan, um proeminente roteirista e produtor de filmes no "Terceiro Reich", tido como alinhado com os nazistas, tornou a rodar, nos anos 50, uma película (*Unsterbliche Geliebte*), Lüth exigiu dos locadores de fitas e dos donos de cinemas que não admitissem o filme em seus programas. Além disso, referiu que essa película não deveria ser vista por "alemães decentes". A convocação para esse boicote foi impugnada ante um tribunal civil sob o argumento de que feria os bons costumes, pretensão essa acolhida. Houve recurso ao Tribunal Constitucional, que reformou a decisão do tribunal civil apoiando-se no direito fundamental da liberdade de expressão. Em suma, restou firmado que um conflito jurídico entre particulares não se decide com base no direito privado se este contém preceitos que violam direito fundamental. Segundo Dieter Grimm, a partir dessa decisão paradigmática, todas as normas de direito privado tem de ser interpretadas e aplicadas, antes de tudo, segundo o espírito dos direitos fundamentais. Numa imagem plástica, passou-se a falar da *irradiação* dos direitos fundamentais. Cf. Pieroth/Schlink, *Grundrechte – Staatsrecht II*, cit., p. 46, Rn 181-2.

[49] Cf. Pieroth/Schlink, *Grundrechte – Staatsrecht II*, cit., p. 22, Rn 81. No direito brasileiro, o tema concernente à influência dos direitos fundamentais no direito privado, inclusive no direito do trabalho, vem sendo objeto de estudo por crescente número de autores, citando-se obra coletiva organizada por Ingo Wolfgang Sarlet (*Constituição, Direitos Fundamentais e Direito Privado*, Porto Alegre: Livraria do Advogado, 2003.)

os direitos fundamentais operam na interpretação e na aplicação do direito infraconstitucional por meio da jurisprudência e da atividade administrativa. Em casos nos quais aparecem cláusulas gerais e conceitos jurídicos indeterminados, amplia-se o espaço para a interpretação, a qual pode conduzir a decisões diferentes. Mas decisões nesse ou naquele sentido serão "conformes aos direitos fundamentais" se forem fiéis a suas diretrizes.[50]

Segundo Pieroth/Schlink, "essa interpretação conforme aos direitos fundamentais é um subcaso da assim designada *interpretação conforme à Constituição*, de acordo com a qual, dentre várias possíveis interpretações, merece precedência aquela que melhor corresponde à Constituição".[51] Vale, tanto para a interpretação conforme aos direitos fundamentais quanto para a interpretação conforme à Constituição, que aquilo que não pode ser transposto é a determinação que se prescreve no preceito jurídico objeto de interpretação. Quando a diretiva expressa nos direitos fundamentais pede uma nova determinação do preceito infraconstitucional sob interpretação, para que com eles possa ser afirmada sua conformidade, então se trata de hipótese de inconstitucionalidade, e não mais de interpretação.[52]

À interpretação conforme aos direitos fundamentais também deve estar atento o legislador quando ele cumpre a tarefa de lhes dar conformação,[53] de sorte que a legislação expresse o melhor possível os direitos fundamentais. Essa responsabilidade transcende amplamente os direitos de defesa e se estende, conforme visto antes, a instituições, prestações e procedimentos estatais. A função jurídico-objetiva dos direitos fundamentais postula uma ação positiva do legislador "também ali onde o indivíduo ainda não tenha correspondentes direitos subjetivos".[54] Aqui volta-se à sempre renovada questão: o legislador possui o dever de dar concreção aos valores e princípios constitucionais e bem assim aos direitos fundamentais que reclamam conformação infraconstitucional. A vinculação à Constituição lhe impõe esse dever.

5.2. Eficácia irradiante dos direitos fundamentais: eficácia em face de particulares

Os direitos fundamentais não são somente reconhecidos como normas constitucionais que vinculam os poderes estatais ou como referência para a validade

---

[50] Pieroth/Schlink, *Grundrechte – Staatsrecht II*, cit., p. 23, Rn 84.

[51] Pieroth/Schlink, *Grundrechte – Staatsrecht II*, cit., p. 23, Rn 86. (Texto original: "Diese grundrechtskonforme ist ein Unterfall der sog. *verfassungskonformen Auslegung*, nach der von mehreren möglichen Auslegungen diejenige den Vorzug verdient, die der Verfassung besser entspricht"). Acerca do significado da "interpretação conforme à Constituição", ver também Konrad Hesse, *Grundzüge des Verfassungsrechts der Bundesrepublik Deutschland*, cit., p. 30-33, Rn 79 a 85.

[52] Pieroth/Schlink, *Grundrechte – Staatsrecht II*, cit., p. 23, Rn 86.

[53] A respeito de conformação ou concretização dos direitos fundamentais, ver Capítulo II desta 1ª Parte.

[54] Nesse sentido, Pieroth/Schlink, *Grundrechte – Staatsrecht* II. 15. ed., Heidelberg: C. F. Müller, 1999, p. 21, Rn 82. (Texto original: "auch da, wo der einzelne entsprechende subjektive Rechte zunächst nicht hat"). No mesmo sentido, Konrad Hesse, Significado de los Derechos Fundamentales, in: E. Benda, W. Maihofer, H. J. Vogel, K. Hesse, W. Heyde (Org.), *Manual de Derecho Constitucional*. Madrid: Marcial Pons Ed. Jurídicas y Sociales, 1996, p. 94.

das normas jurídicas. Essa versão clássica foi superada por meio de uma mudança de significado desses direitos, na medida em que passam a influir na ordem jurídica geral, ou seja, não só o poder estatal está obrigado a respeitá-los, mas também a esfera jurídico-privada. A partir disso, na interpretação das normas, de direito público e privado, trata-se não somente de ver se elas mantêm adequação abstrata com a Constituição, mas também se, concretamente, na sua aplicação no caso particular, respondem a essa exigência, ou seja, se observam a eficácia irradiante (*Ausstrahlungswirkung*) dos direitos fundamentais.[55] Com isso, os direitos fundamentais se irradiam para as relações privadas regradas em nível infraconstitucional, nas quais as funções clássicas em nada incidiam.[56]

A eficácia irradiante dos direitos fundamentais em termos gerais é convertida em função quando o intérprete tem de dar preenchimento de conteúdo a cláusulas gerais e a conceitos jurídicos indeterminados.[57] A vinculação dos particulares aos direitos fundamentais, além de conhecida pela expressão "eficácia contra terceiros" (*Drittwirkung*), também é denominada na doutrina como "eficácia horizontal", em oposição à "eficácia vertical" que classicamente os direitos fundamentais teriam tido porque dirigidos contra o Estado. A origem dessa doutrina encontra sua fonte na Constituição de Weimar. O art. 118, alínea 1, frase 2, dessa Constituição reconheceu a livre manifestação do pensamento no quadro das relações de trabalho e econômicas, e o art. 159, frase 2, protegeu a liberdade de coalizão, também contra restrições privadas. Klaus Stern ensina que "antes de tudo, assim se argumentou, os direitos fundamentais deveriam se orientar também contra 'poderes sociais'".[58] Mas o debate somente teve início sob a Lei Fundamental, principalmente na relação de trabalho subordinado. A esfera de atuação dos direitos

---

[55] Essa mudança de significação é continuamente acentuada em decisões do Tribunal Constitucional, cujo rastreamento é feito por Klaus Schlaich e Stefan Korioth (*Das Bundesverfassungsgericht – Stellung, Verfahren, Entscheidungen*. 5. ed., München: C. H. Beck, 2001, p. 191-212, Rn 279-310). Diante dessa nova orientação, pode-se falar numa "constitucionalização da ordem jurídica".

[56] Conforme Pieroth/Schlink, *Grundrechte – Staatsrecht II*, Heidelberg: C. F. Müller, 2005, p. 23, Rn 87. É relevante observar que os autores abandonaram, na recente edição, posicionamento anterior segundo o qual a eficácia irradiante dos direitos fundamentais ofereceria menor proteção do que a função clássica de defesa. Na literatura brasileira, ver Ingo W. Sarlet, *A Eficácia dos Direitos Fundamentais*, cit., p. 371-9.

[57] Nenhuma norma é tão precisamente concebida a ponto de sempre ser uniformemente aplicável, sendo comuns os casos-limite em que permanecem as dúvidas. As cláusulas gerais e os conceitos jurídicos indeterminados distinguem-se da necessária vaguidão de todas as normas, uma vez que nelas a imprecisão ou indeterminação resulta de proposital decisão do legislador, cabendo ao intérprete e aplicador do direito precisar-lhes ou determinar-lhes o conteúdo. São exemplos de cláusulas gerais o conceito de boa-fé e o de bons costumes. Conceitos jurídicos indeterminados são a "adequação", a "proporcionalidade". Cf. Klaus F. Röhl, *Allgemeine Rechtslehre*, cit., p. 241 e Bernd Rüthers, *Rechtstheorie – Begriff, Geltung und Anwendung des Rechts*. München: C. H. Beck, 1999, p. 106-7, Rn 177.

[58] Klaus Stern, *Das Staatsrecht der Bundesrepublik Deutschland*, cit., v. III/1, p. 1586. (Texto original: "Vor allem, so wurde argumentiert, sollten diese Grundrechte sich auch gegen 'soziale Gewalten' richten"). Acerca da conversão da eficácia irradiante em função, especialmente sob a forma de "eficácia contra terceiros" (*Drittwirkung*), ver Horst Dreier, Vorbemerkung, cit., p. 68, Rn 59. Na nota de rodapé nº 246, o autor refere que o *ius primae inventionis* desse termo é atribuído a Hans Peter Ipsen. Aqui é relevante referir o ensinamento de Jörg Lücke (Die Drittwirkung der Grundrechte an Hand des Art. 19 Abs. 3 GG, cit., (8): 383), ao enfatizar que a eficácia contra terceiros não está limitada às cláusulas gerais ou conceitos jurídicos indeterminados, mas compreende o conjunto de situações de fato e conceitos do direito privado.

fundamentais se estendeu em direção a associações poderosas e empresas que dominam o mercado.[59] Na jurisprudência, a referida doutrina apareceu pela vez primeira em decisões do Tribunal Federal do Trabalho da Alemanha.[60]

A literatura jurídica alemã divide-se entre aqueles que reconhecem nos direitos fundamentais uma eficácia *direta* contra terceiros e os que a reconhecem somente de forma *indireta*. A eficácia direta contra terceiros é aceita excepcionalmente, estando-se diante dela quando a Constituição reconhece, em razão da relevância que determinado direito possui na ordem jurídico-constitucional, que esse direito, mesmo frente a terceiro, deva ter caráter de direito fundamental. E a eficácia indireta é conceituada como aquela que opera sobre a ordem jurídica infraconstitucional geral, da qual se exige sintonia com os direito fundamentais.

Na literatura referida, prevalece amplamente o entendimento de que a eficácia contra terceiros, em regra, é indireta. Nessa linha, Horst Dreier refere que, prevalente a eficácia direta, no sentido de uma completa vinculação dos sujeitos privados aos direitos fundamentais, nos moldes dos poderes estatais, então a autonomia privada, visada pela Lei Fundamental em geral e pelos direitos fundamentais em especial, "seria destruída em seu núcleo e os direitos fundamentais de liberdade seriam desnaturados em uma ampla ordem de deveres".[61] Mas sobre um ponto não há divergência: como portadores de eficácia *direta* contra terceiros, a Lei Fundamental designa os direitos fundamentais orientados aos particulares. Identifica-se como portadora dessa eficácia direta a norma do art. 9°, alínea 3, frases 1 e 2, relativas aos direitos sindicais.[62]

Em atenção à decisão do Tribunal Constitucional no caso *Lüth*, os tribunais civis alemães (que, no caso, também abrangem os trabalhistas) devem observar na interpretação e aplicação do direito privado a *eficácia irradiante* dos direitos fundamentais.[63] Apesar disso, muitas controvérsias há ao redor desse assunto. O que restou certo é que se desenvolveu um efeito protetor dos direitos fundamentais, de modo que a eficácia irradiante e o pensamento alusivo ao dever de proteção, em

---

[59] Klaus Stern, *Das Staatsrecht der Bundesrepublik Deutschland*, cit., v. III/1, p. 1587.

[60] Essas decisões encontram-se em: *BAGE* 1, 185/193 ss. e *BAGE* 48, 122/138 ss. O inspirador desse novo pensamento jurídico foi o presidente do Tribunal Federal do Trabalho, Hans Carl Nipperdey, cuja obra ainda foi objeto de recente artigo doutrinário de Klaus Adomeit (Hans Carl Nipperdey als Anreger für eine Neubegründung des juristischen Denkens, JZ, 2006, (15/16): 745-51).

[61] Horst Dreier, Vorbemerkung, cit., p. 68, Rn 59. [Texto original: "(würde) im Kern zerstören und die grundrechtlichen Freiheiten zu einer umfassenden Pflichtenordnung denaturieren lassen"]. No mesmo sentido, Pieroth/Schlink, *Grundrechte – Staatsrecht II*, cit., p. 44, Rn 175.

[62] Ver Pieroth/Schlink, *Grundrechte – Staatsrecht II*, cit., p. 185, Rn 719. O art. 9°, alínea 3, frases 1 e 2, dispõe: "O direito de constituir associações para a defesa e o fomento das condições de trabalho e das condições econômicas é garantido a cada pessoa e a todas as profissões. Acordos que tentem limitar ou impedir esse direito são nulos e as medidas nesse sentido dirigidas são ilegais". (Texto original: "Das Recht, zur Wahrung und Förderung der Arbeits- und Wirtschaftsbedingungen Vereinigungen zu bilden, ist für jedermann und für alle Berufe gewährleistet. Abreden die dieses Recht einschränken oder zu behindern suchen, sind nichtig, hierauf gerichtete Maßnahmen sind rechtswidrig"). De notar a lembrança dos autores de que esses direitos estão protegidos tanto em face de intervenções de terceiros quanto contra intervenções do Estado.

[63] Horst Dreier, Vorbemerkung, cit., p. 68-9, Rn 59.

tema de direitos fundamentais, aparecem em estreita conexão.[64] A solução seria desenvolver as eficácias direta e indireta contra terceiros ou sob a forma de direito de defesa ou como direito de proteção. Mas ainda assim o problema não estaria superado, porque uma intervenção estatal em direito fundamental e limitações da autonomia privada não se deixam nivelar num mesmo plano.[65]

Na Constituição brasileira de 1988, grande inovação se deu com o reconhecimento, no art. 7°, de série de direitos fundamentais trabalhistas que são expressão de *eficácia direta* em face de particulares ou terceiros – empregadores ou tomadores de serviços. Além de originarem prestações obrigatoriamente integrantes dos contratos de emprego, esses direitos irradiam eficácia direta. Com base nela e em conexão com princípios fundamentais em geral justifica-se, em casos nos quais a justiça contratual for violada, que os contratos de emprego tenham seu conteúdo submetido ao controle judicial.[66] Também no art. 8°, que garante a liberdade sindical, identifica-se eficácia direta contra terceiros que traduz a existência de direito subjetivo exercitável coletivamente. Além disso, outros direitos coletivos dos artigos 9° e 11 podem ser compreendidos como direitos com eficácia direta contra terceiros. Os direitos sob exame também são protegidos contra intervenções estatais não fundadas na Constituição. Se violados, seja pelo Estado, seja por particulares, esses direitos conferem ao titular um direito de defesa exercitável perante o Poder Judiciário.

Em tempos recentes, a doutrina constitucional brasileira vem reservando cuidado ao tema.[67] Também na jurisprudência do STF já se cuidou de explicitar o significado da eficácia dos direitos fundamentais nas relações privadas (Recurso Extraordinário 201.819-8/Rio de Janeiro, tendo como Relator o Ministro Gilmar Mendes). Vale a transcrição parcial da ementa, na medida em que sinaliza como o intérprete e aplicador do direito pode e deve resolver conflitos entre particulares à luz dos direitos fundamentais:

> SOCIEDADE CIVIL SEM FINS LUCRATIVOS. UNIÃO BRASILEIRA DE COMPOSITORES. EXCLUSÃO DE SÓCIO SEM GARANTIA DA AMPLA DEFESA E DO CONTRADITÓRIO. EFICÁCIA DOS DIREITOS FUNDAMENTAIS NAS RELAÇÕES PRIVADAS. RECURSO DESPROVIDO. I. EFICÁCIA DOS DIREITOS FUNDAMENTAIS NAS RELAÇÕES PRIVADAS. As violações a direitos fundamentais não ocorrem somente no âmbito das relações entre o cidadão e o Estado, mas igualmente nas relações travadas entre pessoas físicas e jurídicas de direito privado. Assim, os direitos fundamentais assegurados pela Constituição vinculam diretamente não apenas os poderes públicos, estando direcionados também

---

[64] Para comparação, ver Pieroth/Schlink, *Grundrechte – Staatsrecht II*, cit., p. 43-7, Rn 173-185.

[65] Horst Dreier, Vorbemerkung, cit., p. 70, Rn 61. Cf., também, Klaus Schlaich e Stefan Korioth (*Das Bundesverfassungsgericht – Stellung, Verfahren, Entscheidungen*, cit., p. 218, Rn 321, para quem no conflito entre particulares o juiz não realiza controle judicial de tanta abrangência constitucional como está obrigado a fazer quando frente à situação em que um direito fundamental seja "diretamente" atingido.

[66] Nesse sentido, a lição de Peter Badura, Arbeitsrecht und Verfassungsrecht. *RdA*, München, 1999, (52): 8.

[67] A propósito, ver Ingo Wolfgang Sarlet, Direitos Fundamentais e Direito Privado: algumas considerações em torno da vinculação dos particulares aos direitos fundamentais. In: Ingo Wolfgang Sarlet (Org.). *A Constituição Concretizada – construindo pontes com o público e o privado*, cit., p. 107-63.

à proteção dos particulares em face dos poderes privados. II. OS PRINCÍPIOS CONSTITUCIONAIS COMO LIMITES À AUTONOMIA PRIVADA DAS ASSOCIAÇÕES. A ordem jurídico-constitucional brasileira não conferiu a qualquer associação civil a possibilidade de agir à revelia dos princípios inscritos nas leis e, em especial, dos postulados que têm por fundamento direto o próprio texto da Constituição da República, notadamente em tema de proteção às liberdades e garantias fundamentais. O espaço de autonomia privada garantido pela Constituição às associações não está imune à incidência dos princípios constitucionais que asseguram o respeito aos direitos fundamentais de seus associados. A autonomia privada, que encontra claras limitações de ordem jurídica, não pode ser exercida em detrimento ou com desrespeito aos direitos e garantias de terceiros, especialmente aqueles positivados em sede constitucional, pois a autonomia da vontade não confere aos particulares, no domínio de sua incidência e atuação, o poder de transgredir ou de ignorar as restrições postas e definidas pela própria Constituição, cuja eficácia e força normativa também se impõem, aos particulares, no âmbito de suas relações privadas, em tema de liberdades fundamentais. (...)

Diante da orientação firmada no julgado, e considerando-se que os juízes de instâncias inferiores ao STF também são "juízes constitucionais", é de esperar que haja avanço jurisprudencial no sentido de que os direitos fundamentais tenham precedência quando confrontados com situações em que as liberdades e garantias fundamentais sejam postas em risco.

Feitas essas considerações relativamente à eficácia irradiante dos direitos fundamentais, especialmente em modo direto, sobrevém a pergunta: por que o reconhecimento dos direitos fundamentais do trabalho, de inquestionável eficácia direta, até agora não foi tomado na devida conta pela jurisprudência e literatura especializada, passados 20 anos da promulgação da Constituição? Certamente essa incompreensão quanto ao salto qualitativo que houve em nível constitucional no desenvolvimento dos direitos fundamentais do trabalho no Brasil, de observância obrigatória nas relações de emprego (ou mesmo de relações de trabalho, em face da nova redação do art. 114 da Constituição a partir da Emenda Constitucional 45/04), seja enquanto prestação, seja como referência para o controle do conteúdo geral dos contratos de emprego, é determinante para o não-alcance de patamares mais dignos de eficácia social desses direitos.

5.3. Proteção em face de riscos

A função de proteção não se orienta preferencialmente contra os poderes públicos, mas sim, contra poderes privados,[68] cujas ações colocam em perigo direitos fundamentais ou bens jurídicos.[69] Nesse caso, o poder estatal não é impelido para

---

[68] O que segundo Horst Dreier (Vorbemerkung, cit., p. 70, Rn 62) é controverso na doutrina jurídica alemã é se a função de proteção também se volta contra Estados estrangeiros.

[69] Pieroth/Schlink (*Grundrechte – Staatsrecht II*, cit., p. 25, Rn 94) dão exemplos de domínios nos quais o dever do Estado em favor da proteção dos direitos fundamentais é reclamado: quando a vida e a saúde humana estiverem sob ameaça; em casos de riscos oriundos do desenvolvimento técnico e de novos produtos e processos; em instituições estatais que preenchem importantes funções para a Sociedade e nas quais (nas instituições) conflitos e colisões de interesses jurídico-fundamentalmente protegidos dos participantes têm de conviver; em

trás ou rechaçado, mas sim, demandado como garante da proteção. A função de proteção dos direitos fundamentais naturalmente volta-se à promoção dos direitos de liberdade. Entretanto, ela deve servir também aos direitos de igualdade.[70] Na função de proteção dos direitos fundamentais, pode, em conseqüência, ser reconhecido o *status positivus* da teoria de Georg Jellinek, porque também se trata de uma prestação. Nesse mesmo sentido, vale ressaltar que a idéia de um Estado abstencionista não traduz por inteiro a realidade vigente sob o Estado Liberal. Consoante notado por José Carlos Vieira de Andrade,[71] o Estado também desenvolvia tarefas de proteção (defesa da vida, da integridade física e da propriedade), mas elas tinham como propósito a própria existência da comunidade política.

É de observar, contudo, que a função de proteção opera, em princípio, quando se está frente a uma relação entre particulares, na qual um titular de direitos fundamentais se encontra em posição fragilizada. Neste caso, o Estado possui o dever de, por meio de medidas positivas, proteger e assegurar o exercício dos direitos fundamentais se houver impedimento oriundo da ação de terceiro. Para fixar a diferença entre a função de proteção e a função de prestação, importa realçar que esta última é própria de relações nas quais o exercício de um direito fundamental tem por demandado direto e imediato um ente público.[72] Mas, no caso brasileiro, isso diz respeito a nem todos os direitos fundamentais sociais, uma vez que nos direitos fundamentais do trabalho a função de prestação tem como obrigado o empregador ou tomador de serviços, consoante já visto quando do exame da função de prestação.

Em realidade, a função de proteção dos direitos fundamentais conduz a entrecruzamentos e complementos com outras funções desses direitos e conceitos da dogmática respectiva.[73] Em razão da função de proteção posta em movimento pelo Estado, pode eventualmente sobrevir um conflito entre o protegido pelo Estado

---

instituições da Sociedade, cuja existência é pressuposta e protegida pelos direitos fundamentais, se não conseguirem se manter por suas próprias forças; em conflitos privados de tal forma desiguais a ponto de uma das partes não ter nenhuma possibilidade em face da outra. Pode-se examinar, também, Hans D. Jarass [Bausteine einer umfassenden Grundrechtsdogmatik, cit., (120): 351], o qual cita o casamento e a liberdade de reunião e de profissão como direitos que obrigam o Estado a achar medidas positivas voltadas à proteção contra obstáculos opostos por terceiros.

[70] Jörg Lücke, Die Drittwirkung der Grundrechte an Hand des Art. 19 Abs. 3 GG, cit., (8): 382, ressalta que "esse caráter de proteção é reconhecido a todos os direitos de liberdade. Além disso ele também deve ser inerente aos direitos de igualdade". (Texto original: "Dieser Schutzpflichtcharakter wird allen Freiheitsrechten zuerkannt. Darüber hinaus soll er auch den Gleichheitsrechten innewohnen").

[71] José Carlos Vieira de Andrade, *Os Direitos Fundamentais na Constituição Portuguesa de 1976*, cit., p. 143.

[72] Nesse sentido, Hans D. Jarass, Bausteine einer umfassenden Grundrechtsdogmatik, cit., (120): 351.

[73] Pieroth/Schlink, *Grundrechte – Staatsrecht II*, cit., p. 25-6, Rn 96. Os autores esclarecem que "assim o Tribunal Constitucional faz valer o dever de proteção para o direito fundamental destituído de possibilidades no conflito privado ao interpretar as prescrições privadas correspondentes, de uma interpretação conforme aos direitos fundamentais, como o Tribunal normalmente a efetiva sob a palavra-chave da eficácia irradiante e contra terceiros". (Texto original: "So bringt das BVerfG die Schutzpflicht für das chancenlose Grundrecht im privatrechtlichen Konflikt in der Auslegung der einschlägigen privatrechtlichen Vorschriften zur Geltung, einer grundrechtskonformen Auslegung, wie es sie sonst unter dem Stichwort der Ausstrahlungs- und Drittwirkung betreibt"). Acerca da superposição de várias funções de direitos fundamentais, ver Ingo W. Sarlet, *A Eficácia dos Direitos Fundamentais*, cit., p. 183.

(por exemplo, a vítima) e os direitos de defesa do causador do dano (*Störer*) ou de terceiro, ou seja, um conflito entre o *status positivus* e o *status negativus*. Então se estará frente ao direito constitucional colidente.[74]

É tarefa do legislador encontrar objetivações adequadas por meio das leis, de modo que o Estado possa cumprir, inteiramente, seu dever de proteção.[75] Hans D. Jarass refere que o dever de proteção relacionado aos conflitos entre os cidadãos é mais antigo do que a função de defesa e que nos primórdios do constitucionalismo aquele se encontrava em primeiro plano. Então, o legislador possuía a tarefa de "no confronto com a estrutura estamental, impor os direitos fundamentais na sociedade".[76] O autor esclarece que hoje a função sob exame também tem como destinatários o Executivo e o Judiciário.[77]

A função de proteção, assim como as demais funções jurídico-objetivas dos direitos fundamentais, obtém na dogmática dos direitos fundamentais de hoje sempre mais força, revelando-se tendência de reunir todas as modernas funções dos direitos fundamentais sob o conceito do dever de proteção.[78]

O caráter pluralista da Sociedade conduz a essa expansão, de tal modo que a própria estatalidade – o Estado Constitucional – tem de justificar-se, o que só é alcançável por intermédio de um ancorar-se na Constituição e por meio da reconstrução dos direitos fundamentais. No sentido da função de proteção, deve o Estado assumir novas tarefas e criar condições para o exercício dos direitos de liberdade, mesmo quando para esse objetivo seja necessária a restrição aos direitos de defesa.[79]

Na história do direito brasileiro, o dever de proteção do Estado tomou forma no velho e bom Direito do Trabalho. Desde seus primórdios, e durante décadas, desenvolveu-se pela jurisprudência dos Tribunais do Trabalho e pela doutrina trabalhista o assim designado princípio da proteção.[80] Sempre foi sabido e aceito

---

[74] Cf. Josef Isensee, Das Grundrecht als Abwehrrecht und als staatliche Schutzpflicht, cit., p. 147, Rn 5. O direito constitucional colidente será objeto de exame no capítulo seguinte.

[75] Pieroth/Schlink (*Grundrechte – Staatsrecht II*, cit., p. 26, Rn 97) citam a BVerfGE 92, 26/46, segundo a qual o dever de proteção do Estado é postergado "quando o Poder Público ou não achou medidas de proteção ou as regras e medidas achadas são completamente inapropriadas ou completamente insuficientes para alcançar o objetivo de proteção proposto". (Texto original: "wenn die öffentliche Gewalt Schutzvorkehrungen entweder überhaupt nicht getroffen hat oder die getroffenen Regelungen und Maßnahmen gänzlich ungeeignet oder völlig unzulänglich sind das gebotene Schutzziel zu erreichen").

[76] Hans D. Jarass, Bausteine einer umfassenden Grundrechtsdogmatik, cit., (120): 351-2. (Texto original: "die Grundrechte in der Auseinandersetzung mit der ständischen Struktur in der Gesellschaft durchzusetzen").

[77] Hans D. Jarass, Bausteine einer umfassenden Grundrechtsdogmatik, cit., (120): 352.

[78] A propósito da importância dessa função, confira-se Ingo W. Sarlet, *A Eficácia dos Direitos Fundamentais*, cit., p. 163-6.

[79] Josef Isensee, Das Grundrecht als Abwehrrecht und als staatliche Schutzpflicht, cit., p. 161, Rn 31.

[80] Carmen Camino (*Direito Individual do Trabalho*, 3. ed., Porto Alegre: Ed. Síntese Ltda., 2003, p. 108-30) enuncia os princípios do Direito do Trabalho e suas características, com destaque para o princípio da proteção do trabalhador, qualificando-o (p. 110) como "*a própria razão de ser do Direito do Trabalho*". A autora descreve às fls. 125-6 as regras (da interpretação mais favorável, da aplicação da norma mais benéfica, independentemente de sua hierarquia, e da preservação das condições contratuais mais benéficas) mediante as quais o princípio deve ser operado para efetivar o Direito do Trabalho.

que nas relações de trabalho caracterizadas pela subordinação o empregado ocupa posição fragilizada frente ao empregador. Partindo desse pressuposto, estabeleceu-se que na interpretação e na aplicação do Direito do Trabalho, o princípio em apreço haveria, necessariamente, de ser considerado pelo juiz. Com a Constituição de 1988, o princípio da proteção pode ser derivado do próprio rol dos direitos fundamentais do trabalho previstos no capítulo dos Direitos Sociais, muitos dos quais asseguram proteção, a começar pelo inciso I do art. 7º, no qual se lê que a relação de emprego é protegida contra despedida arbitrária ou sem justa causa. Ao se recusar a editar a lei complementar mencionada no texto da norma citada, o legislador contribui para erodir princípio ou função reitora de todo ordenamento jusfundamental, que é a proteção.

Contrariamente ao verificado nas relações de consumo, nas quais o dever de proteção ao consumidor ganhou terreno nas últimas décadas, no contexto da pressão neoliberal pela desregulamentação e flexibilização do Direito do Trabalho, foi impressionante a perda de força do princípio da proteção, passando sua interpretação e aplicação nas relações de trabalho a fluir à contracorrente da tendência constitucional antes mencionada.[81] A pretexto de se fortalecer a liberdade, a referida desregulamentação alcança outros domínios econômicos e sociais. Na realidade, a falta dos pressupostos materiais para o gozo da liberdade real facilita a gradativa intervenção de forças econômicas e sociais poderosas na esfera dos direitos fundamentais dos indivíduos, comprometendo mais e mais a sua liberdade.

Num exame retrospectivo, pode-se afirmar que a função jurídico-objetiva adquire significado essencial na dogmática jurídico-constitucional mais atualizada. Esta se vê confrontada com os problemas que se originam de movimento que investe conglomerados econômicos privados em poderes que intervêm *faticamente* nos direitos fundamentais, intervenção essa que classicamente o Estado somente está autorizado a realizar *juridicamente*, com observância da reserva legal, como será detalhado no capítulo seguinte. Se antes os direitos fundamentais estavam mais centrados na função jurídico-subjetiva, voltada contra o poder estatal, agora a ela se somam as funções objetivas, destinadas a proteger os direitos fundamentais de restrições ilegítimas oriundas do poder privado. Nesse contexto, as funções jurídico-objetivas, que encontram sua síntese no dever de proteção ao indivíduo fragilizado que ora está posto para o Estado, hão de ganhar maior importância no conjunto das funções dos direitos fundamentais, abrindo possibilidade de liberdade real para todos. Parece que a consciência jurídica exige que os direitos fundamentais assumam fins que já tiveram nos primórdios do constitucionalismo, quais sejam, o de contribuir para remover estruturas sociais e econômicas injustas, outrora oriundas do sistema estamental, e que agora se alicerçam no despotismo do mercado, acenando para uma espécie de "refeudalização" do mundo, no qual são ignorados o caráter geral da lei e o exercício do poder fundado na Constituição.

---

[81] Comparar com nota 78.

Capítulo II – Conformação e restrições a direitos fundamentais

1. A CONFORMAÇÃO DOS DIREITOS FUNDAMENTAIS

O exercício ou uso de direitos fundamentais freqüentes vezes depende da conformação, também designada de configuração ou concretização,[1] que a Constituição e especialmente as normas infraconstitucionais lhes tenham dado. Neste segundo caso, revela-se desde logo a importância do legislador enquanto exercente de função estatal que tem o encargo de prover a ordem jurídica de meios para que o indivíduo possa fazer uso dos direitos fundamentais.

É necessário esforço para distinguir entre *restrição* ou *limitação* e *conformação* ou *concretização* de direito fundamental. Se direitos fundamentais são sujeitos a restrições ou se a limitações a ele inerentes, acerca disso há controvérsias.[2] No desenvolvimento do presente trabalho utiliza-se indistintamente o termo restrição e limitação, mesmo porque nele não se opta por uma ou outra teoria. De qualquer modo, limites, assim como restrições, são *impostos* por alguém. Na linguagem cotidiana fala-se, com efeito, em "impor limites" e "impor restrições". Pode-se, portanto, afirmar que, por meio de uma restrição ou limitação, o Estado impede ou proíbe ao particular uma conduta prevista no âmbito de proteção de um

---

[1] Konrad Hesse (*Grundzüge des Verfassungsrechts der Bundesrepublik Deutschland*. 20. ed., Heidelberg: C. F. Müller, 1995, p. 138, Rn 304) destaca que a necessidade da conformação confirma que as liberdades jurídico-fundamentais necessitam do direito e que somente podem ganhar realidade como liberdades jurídicas, não como liberdades "naturais". O autor, todavia, refere (Rn 305) que conformação e concretização não são, sem mais, idênticos, embora ressalte que aquela compreende sempre parte da concretização. Exemplo disso é a conformação que é dada ao direito de associação, cuja concretização passa pelo uso da liberdade do indivíduo em se associar.

[2] Para fundamentar seu modelo principiológico de direitos fundamentais, de direitos *prima facie* sujeitos ao critério de ponderação em situações de conflito, Robert Alexy (*Theorie der Grundrechte*. 2. ed., Frankfurt am Main: Suhrkamp, 1994, p. 249-53) faz distinções com base nas teorias externa e interna dos direitos fundamentais. Para a primeira, que está na base do referido modelo, direito e restrições seriam duas coisas diversas. O direito sem restrições seria o *direito em si*. Existente a restrição, haveria o *direito restringido*. Para a segunda, o direito e suas restrições seriam uma só coisa, ou seja, o direito com um determinado conteúdo, no qual a restrição seria substituída pelo conceito de "limite" ou de "restrição imanente". Ressalta-se que a obra de Alexy encontra-se traduzida para o espanhol e para o português, conforme nota 11 do Capítulo I.

direito fundamental. No próximo item deste capítulo, será examinado, com mais detalhes, o que vem a ser o *âmbito de proteção* de um direito.

Ao cumprir a tarefa de *conformar* direitos fundamentais o Estado não busca eventualmente impedir procedimentos abrangidos pelo âmbito de proteção de um direito fundamental, *mas abrir ao titular possibilidades de fazer uso desses direitos*. Essa conformação diz respeito a direitos fundamentais com âmbitos de proteção moldados jurídica ou normativamente (*rechts- oder normgeprägte Schutzbereiche*). Diversamente do que ocorre com direitos como a vida, a dignidade, a liberdade de emitir uma opinião ou pensamento, que preexistem às prescrições jurídicas, os direitos fundamentais com âmbito de proteção normativo carecem de desdobramentos em normas constitucionais ou infraconstitucionais nas quais o seu conteúdo obtenha conformação.[3] Exemplos são os clássicos direitos à propriedade, de herança ou sucessão e o direito de voto. No art. 5°, XXII, a Constituição garante a propriedade, mas a diretriz conformativa já é dada no inciso XXIII do mesmo art. 5° e bem assim nos arts. 182 e 186, os quais determinam seja atendida a *função social* da propriedade nos espaços urbano e rural. No Código Civil, a propriedade historicamente obteve conformação liberal-conservadora; o mesmo deu-se na legislação extravagante, como, por exemplo, na que trata da alienação fiduciária (Decreto-Lei nº 911/69), que assegurou ao credor fiduciário a faculdade de restringir a liberdade do devedor. A conformação moderna da propriedade se obtém ponderada sua função social, consoante assentado nas normas constitucionais referidas e no novo Código Civil de 2002. Seguindo essa diretriz, a propriedade obtém desdobramentos normativos relativos à conformação de seu âmbito de proteção em legislação extravagante, como a Lei nº 10.257/01 (Estatuto da Cidade) e a Lei nº 8.629/93 (regulamentação de disposições constitucionais relativas à reforma agrária). O direito de herança está previsto no inciso XXX da Constituição, e o Código Civil fixa as regras concernentes ao direito das sucessões no Livro V. Quanto ao direito de voto, a Constituição estabelece, nos arts. 14 e ss., requisitos relativos à sua dimensão ativa e passiva. A legislação ordinária complementa o âmbito de proteção desse direito.

Os direitos fundamentais sociais também possuem âmbito de proteção normativo. Na Ordem Econômica e na Ordem Social, a Constituição dá conformação parcial ao âmbito de proteção respectivo, mas é na legislação complementar e ordinária que essa tarefa deve ser concluída. Dentre os direitos fundamentais do trabalho do art. 7º encontram-se, igualmente, direitos fundamentais cujo uso, pelos respectivos titulares, requer atividade primária do legislador ou por meio de convenções e acordos coletivos a serem firmados por entes coletivos (inciso XXVI), sem excluir a do juiz. Pode-se citar o direito à duração normal do trabalho (inciso XIII) que requer a fixação de regras que permitam a sua adequada aferição,

---

[3] Ver Pieroth/Schlink, *Grundrechte – Staatsrecht II*. 21. ed., Heidelberg: C. F. Müller, 2005, p. 53-4, Rn 207, 209 e 213. Cf., também, Gilmar Ferreira Mendes, Os Direitos Individuais e suas limitações: breves reflexões, in: Gilmar Ferreira Mendes, Inocêncio Mártires Coelho e Paulo Gustavo G. Branco. *Hermenêutica Constitucional e Direitos Fundamentais*. Brasília: Brasília Jurídica, 2000, p. 213-5.

as quais se encontram nos arts. 57 e parágrafos e 74 e parágrafos da CLT. O aviso-prévio proporcional ao tempo de serviço, que até hoje não obteve a atenção do legislador infraconstitucional, é outro direito fundamental passível de conformação. Quanto a ele, é de adiantar que contém conceito jurídico indeterminado (proporcionalidade) e que, se objeto de pedido em juízo, exige a atividade concretizadora do juiz na ausência, ou inadequação, de lei, convenção ou acordo coletivo de trabalho. Aqui vale fixar que há direitos fundamentais com âmbito de proteção só parcialmento normativo. Já os direitos de participação previstos na Constituição brasileira, em sua maior parte voltados à efetividade dos direitos sociais, como será visto na 3ª Parte, carecem de conformação a ser dada pelo legislador. No exercício desse dever, ele não pode *dispor* do direito fundamental, sendo necessário que lhe sejam impostos limites se, em lugar de dar conformação ao âmbito de proteção de determinado direito, nele vier a intervir fixando restrições.[4]

Ao dar conformação a direito fundamental por meio de lei, o legislador atua com "liberdade de conformação" ou "liberdade de configuração" (*Gestaltungsfreiheit*), muito embora sob condicionante. É que ele possui liberdade criadora para dar forma e conteúdo objetivo aos valores que foram considerados importantes pelo Poder Constituinte, podendo, no exercício da sua independência funcional, optar por aqueles que julgar adequados para a resolução da matéria objeto de lei. Os limites colocados pela Constituição, à qual está vinculado, obrigam-no a observar competências e procedimentos nela fixados, submetida a legislação ao controle da constitucionalidade material e formal.[5]

Em termos de síntese, pode-se dizer que direitos fundamentais com âmbito de proteção moldado normativa ou juridicamente requerem da ordem jurídica, continuamente, a criação de vias ou caminhos que possibilitem ao titular do direito conduzir-se com liberdade, justamente em razão da existência dessas vias, sem que isso possa significar uma intervenção no âmbito de proteção. Aos direitos fundamentais sem âmbito de proteção moldado juridicamente, ao contrário, a imposição desta ou daquela via para exercer o direito traduzir-se-á em intervenção.[6] Análise relativa ao que vem a ser a intervenção em direito fundamental será feita no item seguinte.

2. INTERVENÇÃO E CONSEQÜENTE RESTRIÇÃO A DIREITOS FUNDAMENTAIS

É ponto de partida da filosofia do Estado de Thomas Hobbes que os direitos fundamentais dos indivíduos, especialmente os de liberdade, podem sofrer res-

---

[4] Acerca da existência de limites à atividade legislativa que estabelece limites ao uso dos direitos fundamentais, ver nota 52.

[5] A respeito do assunto, conferir Clèmerson Merlin Clève, *Atividade legislativa do Poder Executivo no Estado contemporâneo e na Constituição de 1988*. São Paulo: Ed. Revista dos Tribunais, 1993, p. 69-70.

[6] Pieroth/Schlink, *Grundrechte – Staatsrecht II*, cit., p. 55, Rn 217.

trições para tornar possível a vida em comum. De acordo com sua concepção, a liberdade ilimitada conduz a uma guerra de todos contra todos (*bellum omnium contra omnes*) porque então cada qual estaria livre e sem receio de buscar a própria vantagem. Segundo o filósofo, o poder estatal seria necessário para, por meio da imposição de restrições, conter as inclinações perniciosas do indivíduo.[7]

O exercício de direitos fundamentais com âmbito de proteção não carente de conformação pelo legislador pode originar controvérsias entre os seus titulares ou conduzir a choques com interesses da comunidade. Já por isso os referidos direitos não devem ser vistos como absolutos, ou como posições definitivas.[8] Em decorrência, intervenções em direitos fundamentais são possíveis, e o seu exercício pode ser restringido ou limitado. Essas intervenções não devem ser compreendidas como mecanismo redutor desses direitos, mas sim como meio voltado, de um lado, à própria garantia de seu exercício e, de outro, à proteção de bens constitucionais de toda a comunidade.

O intérprete e aplicador do direito vê-se confrontado com distintos aspectos jurídicos quando o assunto é a solução de problemas que podem se apresentar em decorrência do exercício de direitos fundamentais. Entre eles, destacam-se o âmbito de proteção de um direito fundamental, a sua restrição e pressuposta possibilidade de intervenção, a reserva legal, bem como a colisão de direitos. A resolução adequada desses problemas exige a consideração conjunta desses distintos aspectos.

Na literatura jurídica portuguesa e brasileira, o tema das restrições ou limitações, bem como das colisões dos direitos fundamentais, tem merecido cuidado em tempos recentes.[9] Contudo, é a literatura jurídica alemã que originalmente desenvolveu abrangente exame dessa temática. Para desenvolver o estudo, clari-

---

[7] Nesse sentido, Frederik Rachor, Grundrechte, in: Sven Hartung e Stefan Kadelbach (Org.), *Bürger, Recht, Staat – Handbuch des öffentlichen Lebens*. 2. ed., Frankfurt: Fischer Taschenbuch Verlag, 1997, p. 59.

[8] A exceção a esse caráter relativo dos direitos fundamentais é, contudo, a dignidade humana, que não está submetida a nenhuma possibilidade de limitação, o que significa dizer, nem por força de outros bens constitucionais. Ver Hans D. Jarass, Würde des Menschen, Grundrechtsbindung, in Hans D. Jarass e Bodo Pieroth, *Grundgesetz für die Bundesrepublik Deutschland*. 5. ed., München: C. H. Beck, 2000, p. 45, Rn 12. (Observação: nas citações seguintes da obra desses autores será usada a designação *Jarass/Pieroth*). Destaco, aqui, que se compreendem no conceito de *bens constitucionais* direitos ou princípios constitucionais que possam ser considerados relevantes para a vida da coletividade. Por exemplo: a liberdade de pensamento e a liberdade de associação previstos, respectivamente, nos incisos IV e XVII do art. 5º da Constituição; o direito ao repouso semanal, preferencialmente nos domingos, assegurado no art. 7º, XV, da Constituição; o princípio do Estado Social.

[9] Entre os portugueses, José Joaquim Gomes Canotilho (*Direito Constitucional*. Coimbra: Livraria Almedina, 1991, p. 613-62) examina temas como o âmbito de proteção, conformação, restrição e colisão de direitos fundamentais. Outro autor é José Carlos Vieira de Andrade (*Os Direitos Fundamentais na Constituição Portuguesa de 1976*, 2. ed., Coimbra: Livraria Almedina, 2001, p. 275 e ss.), que se dedica ao exame das limitações dos direitos fundamentais nas situações de conflito. Na doutrina nacional, entre outros, Gilmar Ferreira Mendes (*Os Direitos Individuais e suas limitações: breves reflexões*, cit., p. 197 e ss.), Edilson Pereira de Farias (*Colisão de Direitos*. 2. ed., Porto Alegre: Sergio Fabris, 2000, p. 116-26), Wilson Antônio Steinmetz (*Colisão de direitos fundamentais e princípio da proporcionalidade*. Porto Alegre: Livraria do Advogado, 2001, p. 27-69) e Gilmar Ferreira Mendes. Limitações dos direitos fundamentais. In: Gilmar Ferreira Mendes, Inocêncio Mártires Coelho e Paulo Gustavo Gonet Branco. *Curso de Direito Constitucional*. 2. ed., São Paulo: Saraiva, 2008, desenvolvem estudos sobre o tema.

ficar conceitos e estabelecer possíveis conexões entre si, far-se-á uso da literatura nacional e estrangeira citada, com o propósito de situar o assunto no contexto da Constituição de 1988.

2.1. Proteção dos direitos fundamentais em face de intervenção

É compreensível que o alargado uso dos direitos fundamentais pode conduzir ao conflito entre seus titulares ou desses direitos com bens e interesses da comunidade. Para resguardar o equilíbrio da ordem jurídica, podem ser necessárias intervenções em direitos fundamentais. Todavia, essa possibilidade, em princípio, depende da existência de uma reserva legal.[10] E, antes de se determinar as linhas limítrofes que essas intervenções devem respeitar, é necessário que se defina o significado do que se denomina "âmbito de proteção" desses direitos.

2.1.1. Âmbito de proteção e intervenção

O âmbito de proteção de um direito fundamental compreende condutas humanas e fatos relevantes do ponto de vista jusfundamental. Para Pieroth/Schlink, âmbito de proteção de um direito fundamental é a "esfera vital protegida jurídico-fundamentalmente", também designado de *âmbito normativo* daquele direito e qualificado por Konrad Hesse como o objeto de proteção recortado da realidade vital pela norma jusfundamental.[11]

No que concerne aos direitos fundamentais de defesa, Hans D. Jarass refere que o âmbito de proteção mostra dois componentes, ou seja, o âmbito de proteção pessoal e o de proteção objetiva.[12] Esclarece o autor: "Com o *âmbito de proteção pessoal* são circunscritas as pessoas, os assim designados titulares de direitos fundamentais, os quais são protegidos por meio de um direito fundamental".[13] E referindo-se aos direitos fundamentais de defesa, ou seja, aos direitos de liberdade, observa que "lá *o âmbito de proteção objetivo* consiste em determinados modos de conduta do titular de direito fundamental. Mas também bens jurídicos podem

---

[10] A reserva legal não deve ser confundida com o princípio da legalidade. Aquela encontra expressão genérica no art. 5º, II, da Constituição brasileira e este, no art. 37. Enquanto a reserva legal significa que a limitação ou restrição a um direito fundamental obteve autorização nesse sentido na própria norma constitucional, com atribuição da tarefa ao legislador, o princípio da legalidade requer que os atos de natureza administrativa dos exercentes de funções públicas estejam submetidos à lei. Assim, enquanto a reserva legal se dirige ao exercente de função legislativa, o princípio da legalidade tem como destinatário quem exerce função administrativa.

[11] Pieroth/Schlink, *Grundrechte – Staatsrecht II*, cit., p. 51, Rn 197. (Texto original: "der grundrechtlich geschützte Lebensbereich"). Mais adiante (p. 51, Rn 199) esses autores esclarecem que "a conduta no âmbito de proteção de um direito fundamental pode ser caracterizada como *uso dos direitos fundamentais* ou como *exercício dos direitos fundamentais*". Ressaltam, ainda, que nisso se compreende tanto a ação (liberdade positiva) quanto a omissão (liberdade negativa). (Texto original: "Das Verhalten im Schutzbereich eines Grundrechts kann als *Grundrechtsgebrauch* oder *Grundrechtsausübung* bezeichnet werden").

[12] Hans D. Jarass, Bausteine einer umfassenden Grundrechtsdogmatik. *AöR*, Tübingen, 1995, (120): 359.

[13] Hans D. Jarass, Bausteine einer umfassenden Grundrechtsdogmatik, cit., (120): 359. (Texto original: "Mit dem *personalen Schutzbereich* werden die Personen, die sog. Grundrechtsträger umschrieben, die durch ein Grundrecht geschützt werden").

constituir o âmbito de proteção objetivo, por exemplo, a vida e a saúde (...)".[14] (Sem itálico no original)

O âmbito de proteção é associado essencialmente aos direitos de defesa ou direitos de liberdade, que incluem tanto os direitos fundamentais clássicos quanto os direitos fundamentais do trabalho de natureza individual e coletiva de nossa Constituição. Como já examinado no capítulo anterior, nos direitos de defesa, a dimensão jurídico-subjetiva prepondera. Tarefa difícil, senão impossível, é delimitar o âmbito de proteção relativo a direitos prestacionais exigíveis do Estado ou a direitos de igualdade. Nestes, o exame da violação a direitos fundamentais deve observar dois passos: verificar se houve tratamento desigual e se ele pode ser justificado em base jurídico-constitucional.[15]

Significação jurídico-objetiva é, de igual sorte, identificável no âmbito de proteção, com vista, não a restrições, mas sim com o propósito de fortalecer o significado jurídico-subjetivo.[16] Na linha da reflexão proposta por Pieroth/Schlink, e com a finalidade de precisar conceitos, é importante esclarecer que, ao mesmo tempo que um direito fundamental possui seu *âmbito de proteção*, ele exerce funções jurídico-subjetivas e objetivas, como visto no capítulo anterior. Dentre as funções objetivas, centradas em valores e princípios jurídicos, a *função de proteção* dos direitos fundamentais assume relevância especial juntamente com a interpretação conforme aos direitos fundamentais (*grundrechtskonforme Auslegung*). Por isso, é importante que o conceito de *garantia* dos direitos fundamentais seja relacionado a conceitos correlatos, relativos à eficácia protetiva dos direitos fundamentais. O âmbito de proteção, como visto acima, caracteriza-se como o recorte da realidade no qual atua a proteção.[17]

A intervenção estatal no âmbito de proteção dos direitos fundamentais dos indivíduos exige adequada justificação constitucional. Quanto mais amplamente dimensionado for o âmbito de proteção, tanto mais as atividades estatais serão percebidas como intervenções. A recíproca também é verdadeira. Contudo, a or-

---

[14] Hans D. Jarass, Bausteine einer umfassenden Grundrechtsdogmatik, cit., (120): 360. (Texto original: "Der sachliche Schutzbereich besteht dort aus bestimmten Verhaltensweisen des Grundrechtsinhabers. Aber auch Rechtsgüter des Grundrechtsinhabers können den sachlichen Schutzbereich konstituieren, zum Beispiel das Leben und die Gesundheit...").

[15] Cf. Pieroth/Schlink, *Grundrechte – Staatsrecht II*, cit., p. 104-5, Rn 430. Contudo, Hans D. Jarass (Bausteine einer umfassenden Grundrechtsdogmatik, cit., (120): 361) refere que o âmbito de proteção pessoal também se encontra em direitos fundamentais de igualdade nos quais se trate de caracteres específicos dos titulares dos direitos fundamentais, como sejam, a filiação, a origem ou a raça. Aqui vale considerar o sistema de cotas recentemente adotado no Brasil para garantir melhores níveis de acesso à universidade pública a estudantes oriundos de escolas públicas e a descendentes de raça que não a branca.

[16] Pieroth/Schlink, *Grundrechte – Staatsrecht II*, cit., p. 52, Rn 202. Aqui é importante ter presente a diferença entre função "jurídico-objetiva" e "direito objetivo". Hans D. Jarass (Vorbemerkung vor Art. 1, in: Jarass/Pieroth, *Grundgesetz für die Bundesrepublik Deutschland*, p. 20, Rn 5) esclarece, a propósito dessa diferença, que "o titular de direitos fundamentais pode, em regra, fazer valer as funções objetivas, que portanto não são somente direito objetivo". (Texto original: "Die objektiven Funktionen können idR vom Grundrechtsinhaber geltend gemacht werden, sind also nicht nur objektives Recht".) Direito objetivo – vale recordar – corresponde às normas em que consiste a ordem jurídica.

[17] Pieroth/Schlink, *Grundrechte – Staatsrecht II*, cit., p. 52, Rn 203. Acerca disso, conferir Capítulo I, itens 3 e 5 da 1ª Parte.

dem jurídico-constitucional não exige que as atividades estatais sejam orientadas unicamente de acordo com os direitos fundamentais: elas também podem buscar seu suporte no processo político-democrático, de sorte que os direitos fundamentais não se convertam em moeda barata, como medida da justificação jurídico-constitucional lá onde esta por si mesma for evidente.[18] Certo é que o âmbito de proteção dos direitos fundamentais não deve ser ampliado com base no princípio *in dubio pro libertate* e que, em compensação, também não se justifica sua limitação com base em suposições.[19]

Por relevante, o âmbito de proteção de um direito fundamental há de ser determinado por intermédio das diferentes espécies de interpretação jurídica, ou seja, da interpretação gramatical, histórica, genética e sistemática. O que vem a ser a interpretação gramatical e sistemática, isso é de domínio corrente. Quanto às duas outras mencionadas, Friedrich Müller é autor que cuida de fixar distinções. Para ele, a interpretação histórica, de posse de textos normativos antigos, sempre está envolvida com a resposta à pergunta de como determinada matéria então era regrada. Já a interpretação genética, segundo o mesmo autor, é aquela que trabalha com "(a) textos não-normativos (discussões, considerações, projetos, discursos parlamentares, informações de comissões, razões oficiais) oriundos do debate político-jurídico (...); (b) a história da formação e o material legislativo dos textos normativos mesmos, a saber, dos textos a serem trabalhados, no caso".[20]

Assim, a determinação do âmbito de proteção de um direito fundamental não se fará a partir de aproximação isolada, com o olhar centrado na regra jusfundamental, mas por meio de um *conjunto sistematizado de exames* de outros direitos fundamentais e outras determinações constitucionais.[21] Uma vez que o âmbito de proteção e a intervenção em direitos fundamentais se relacionam reciprocamente, a delimitação daquele se fará no momento oportuno com *o olhar voltado para a intervenção*. É nesse momento que se coloca a pergunta relativa a "contra quê" um direito fundamental é protegido.[22]

2.1.2. O conceito de intervenção

Para a determinação do conceito de intervenção, Pieroth/Schlink mencionam quatro pressupostos clássicos. Esse conceito exige que uma intervenção a)

---

[18] A esse respeito, ver Pieroth/Schlink, *Grundrechte – Staatsrecht II*, cit., p. 57, Rn 228.

[19] Pieroth/Schlink, *Grundrechte – Staatsrecht II*, cit., p. 57, Rn 228 e 230. Ver, também, Konrad Hesse, *Grundzüge des Verfassungsrechts der Bundesrepublik Deutschland*, cit., p. 139, Rn 309.

[20] Friedrich Müller, *Juristische Methodik*. 7. ed., Berlin: Duncker & Humblot, 1997, p. 245. (Texto original: "mit (a) Nicht-Normtexten (Diskussionen, Überlegungen, Entwürfe, Parlamentsreden, Ausschußberichte, amtliche Begründungen) aus der rechtspolitischen Debatte (...); (b) die Entstehungsgeschichte und Gesetzgebungsmaterialen *derselben Norm-texte*, nämlich der im Fall zu bearbeitenden"). Também Winfried Brugger (Konkretisierung des Rechts und Auslegung der Gesetze, *AöR*, Tübingen, 1994, (119): 26) distingue a interpretação histórica da interpretação genética. Aquela se relaciona aos laços da tradição na qual a decisão legislativa está material ou conceitualmente ancorada; esta diz respeito ao que era especificamente querido com a promulgação de uma lei ou norma.

[21] Pieroth/Schlink, *Grundrechte – Staatsrecht II*, cit., p. 58, Rn 233. O destaque encontra-se na obra citada.

[22] Pieroth/Schlink, *Grundrechte – Staatsrecht II*, cit., p. 58, Rn 236. O destaque encontra-se na obra citada.

tenha finalidade, e não somente conseqüências involuntárias de uma ação estatal dirigida a outros objetivos; b) seja direta, significa dizer, não só com conseqüências visadas, mas também diretamente oriundas da ação estatal; c) que se trate de ato com efeito jurídico, ou seja, não só de efeito concreto; d) que seja ordenado, imposto, mediante ordem e com força obrigatória.[23]

O acesso ao *conceito moderno de intervenção* desenvolveu-se *pari passu* com a passagem do Estado Liberal para o Estado Social de Direito, no qual não apenas se alargou a garantia do conteúdo jurídico-subjetivo dos direitos fundamentais, como também houve seu complemento jurídico-objetivo.[24] Em vez de somente defender-se contra intervenções do Estado, o indivíduo tornou-se cada vez mais necessitado de prestações estatais e, por isso, carecedor da proteção do Estado.

De acordo com Pieroth/Schlink, o conceito moderno de intervenção em direitos fundamentais pode assim ser definido:

> Intervenção é cada ação estatal que torna uma conduta, que recaia no âmbito de proteção de um direito fundamental, total ou parcialmente impossível ao particular, independente de esse efeito se realizar com finalidade ou sem intenção, direta ou indiretamente, normativa ou concretamente (fática, informalmente), com ou sem ordem ou imposição.[25]

Quais seriam os meios que possibilitam as intervenções? No direito alemão, são formas concretas os atos administrativos e as decisões judiciais e, formas gerais, as leis, um regulamento, um estatuto.[26] Com exceção das decisões judiciais, essas intervenções somente são admissíveis por meio ou com fundamento numa lei, na forma estabelecida pelo art. 19 da Lei Fundamental.[27] Dito isso, verifica-se uma diferença essencial entre o sistema constitucional brasileiro e o alemão no que concerne às formas gerais de intervenção: enquanto o sistema alemão também admite a intervenção com fundamento numa lei autorizadora, a ordem constitucional brasileira exige, como regra, que as intervenções em direitos fundamentais só

---

[23] Pieroth/Schlink, *Grundrechte – Staatsrecht II*, cit., p. 58-9, Rn 238.

[24] Pieroth/Schlink, *Grundrechte – Staatsrecht II*, p. 59, Rn 239.

[25] Pieroth/Schlink, *Grundrechte – Staatsrecht II*, cit., p. 59, Rn 240. (Texto original: "Eingriff ist *jedes staatliche Handeln, das dem einzelnen ein Verhalten, das in den Schutzbereich eines Grundrechts fällt, ganz oder teilweise unmöglich macht*, gleichgültig ob diese Wirkung final oder unbeabsichtigt, unmittelbar oder mittelbar, rechtlich oder tatsächlich (faktisch, informal) mit oder ohne Befehl und Zwang erfolgt"). Para Hans D. Jarass (Bausteine einer umfassenden Grundrechtsdogmatik, cit., (120): 362-3) "somente quando a influência (no âmbito de proteção) parte *do poder público*, trata-se de um prejuízo a direito fundamental. Um estorvo às atividades dos direitos fundamentais por meio de pessoas privadas não representa, via de regra, prejuízo em sentido técnico". (Texto original: "Nur wenn die Einwirkung (im Schutzbereich) *von der öffentlichen Gewalt* ausgeht, liegt eine Grundrechtsbeeinträchtigung vor. Eine Behinderung der grundrechtlichen Aktivitäten durch Privatpersonen stellt regelmäßig keine Beeinträchtigung im technischen Sinne dar"). O autor, naturalmente considerando as normas da Lei Fundamental alemã, refere que pessoas privadas não são destinatárias dos direitos fundamentais e exemplifica com a função de proteção dos direitos fundamentais para destacar que o prejuízo ou dano por meio de outras pessoas privadas ocorre por causa da falta de adequada proteção ou omissão de parte do poder público.

[26] Pieroth/Schlink, *Grundrechte – Staatsrecht II*, cit., p. 53, Rn 207.

[27] Isso significa que também a administração pode expedir atos normativos fixando restrições a direitos fundamentais caso haja lei que expressamente a autorize a fazê-lo.

ocorram por meio de lei.[28] Portanto, em princípio, restrições a direitos fundamentais somente são admissíveis por meio de lei, ou pelo juiz quando tiver de aplicar o "direito constitucional colidente".[29] As exceções a esse princípio encontram-se nos arts. 136 e 139 da Constituição brasileira, onde são arrolados os direitos fundamentais que o Executivo pode restringir no caso de Estado de Defesa e de Sítio, respectivamente.[30]

Observa-se que os constituintes originário e derivado estabeleceram as exceções que autorizam o Poder Executivo a tomar o lugar do Poder Legislativo para intervir em direitos fundamentais. O exame do art. 68 da Constituição, que trata da Lei Delegada, reforça o entendimento de que não há outras exceções, além das citadas, já que no inciso II desse artigo são expressamente excluídos da delegação direitos fundamentais.[31]

Por fim, cumpre diferenciar a intervenção num direito fundamental da violação a esse mesmo direito. Salienta-se que uma violação sempre é inadmissível, e que a própria intervenção por vezes já implica uma violação, como, por exemplo, nas hipóteses da liberdade de consciência e de crença, asseguradas no art. 5°, VI, da Constituição brasileira. Ressalvam-se, contudo, os casos de colidência.[32]

2.2. Justificativa jurídico-constitucional das intervenções

Para solucionar possíveis controvérsias jurídicas entre vários titulares, intervenções em direitos fundamentais vêm em consideração. Mas essas intervenções

---

[28] Ver José Afonso da Silva (*Curso de Direito Constitucional Positivo*. 19. ed., São Paulo: Malheiros, 2001, p. 424). Gilmar Ferreira Mendes (*Jurisdição Constitucional*. 3. ed., São Paulo: Saraiva, 1999, p. 181-6) reporta a jurisprudência do STF que, embasado no suposto de que atos regulamentares de lei oriundos do Executivo não podem, autonomamente, restringir direito fundamental, recusa o exame da constitucionalidade dessas normas. O autor menciona (p. 184) as dificuldades suscitadas com a criação de agências reguladoras, sabidamente de grande autonomia, questionando se o modelo que tem o regulamento como mecanismo voltado à execução das leis é aplicável nesse caso. Críticas à posição do STF são feitas por Clèmerson Merlin Clève (*A Fiscalização Abstrata da Constitucionalidade no Direito Brasileiro*. 2. ed., São Paulo: Ed. Revista dos Tribunais, 2000, p. 212), uma vez que permite que os regulamentos ofendam a Constituição e inobservem o princípio da reserva legal. O autor averba: "É incompreensível que o maior grupo de normas existente num Estado caracterizado como social e interventor fique a salvo do contraste vantajoso operado pela via de fiscalização abstrata". É necessário reportar, aqui, a alteração introduzida no art. 84, VI, da Constituição pela Emenda Constitucional n° 32, de 11-9-2001, a qual passa a admitir decretos autônomos oriundos do Executivo, embora com significativa limitação da matéria. O STF tem aceito o exame de sua constitucionalidade.

[29] Como "direito constitucional colidente" entende-se a justificação para intervenções em direitos fundamentais "a qual foi desenvolvida pela jurisprudência e pela doutrina para intervenções não previstas, como última e prudente possibilidade e justificativa posta em jogo (...)". (Pieroth/Schlink, *Grundrechte – Staatsrecht II*, cit., p. 57, Rn 229) (Texto original: "die von Rechtsprechung und Lehre für nicht vorgesehene Eingriffe als letzte und behutsam einzusetzende Möglichkeit und Rechtfertigung entwickelt worden ist"). No mesmo sentido, ensina Hans D. Jarass, Vorbemerkung vor Art. 1, cit., p. 35, Rn 45. O direito constitucional colidente é examinado com mais detalhes no item 3 deste capítulo.

[30] Conferir, a propósito, Gilmar F. Mendes, *Os Direitos Individuais e suas limitações: breves reflexões*, cit., p. 228.

[31] De qualquer modo, remete-se o leitor ao exame do subitem 2.2.3, concernente às restrições a direitos fundamentais por meio de medidas provisórias. Ver, também, notas 38 e 39, sobre a origem e o fundamento do princípio da reserva legal.

[32] Cf. Pieroth/Schlink, *Grundrechte – Staatsrecht II*, cit., p. 56, Rn 224.

pedem, em princípio, permissão constitucional, o que, segundo Pieroth/Schlink, se alcança regularmente por meio de (a) *reserva legal simples* e de (b) *reserva legal qualificada*.³³ Os direitos fundamentais (c) *sem reserva legal* não excluem, automaticamente, a possibilidade de intervenção. Pressupõe-se, no primeiro caso, que a intervenção necessite de uma lei. No segundo caso, além dessa necessidade, requer-se que a lei esteja vinculada a situações, fins ou meios, de antemão determinados.³⁴ No terceiro caso, a ausência de reserva legal não confere ao legislador a liberdade de apreciar e combater o risco de conflitos que, graças à proliferação do uso da liberdade, não está fora de cogitação em se tratando de direitos fundamentais.³⁵

Na reserva legal simples, grande é a liberdade do legislador para solucionar o "perigo de conflitos" entre direitos fundamentais, liberdade que se reduz na hipótese da reserva legal qualificada. Finalmente, ausente a reserva legal e intervindo o legislador em um direito fundamental, não pode ele, propriamente, exceder os limites colocados pelo respectivo âmbito de proteção.³⁶ Na literatura jurídica brasileira, apontam-se esses mesmos critérios como pressupostos autorizadores de intervenções em direitos fundamentais.³⁷

O uso ou exercício de direitos fundamentais sem reserva legal pode conduzir, mesmo assim, a colisões com outros direitos fundamentais ou bens constitucionais, Nesse caso, poderão sofrer restrições segundo princípios que regem o direito constitucional colidente e que serão examinados no item 3 deste capítulo.

2.2.1. Origem da reserva legal

A origem histórica da reserva legal encontra-se no século XIX, quando foram retiradas do monarca as competências para exercer o Poder Legislativo e a Jurisdição, mantida, apenas, sua competência relativa ao Poder Administrativo.³⁸

---

³³ Pieroth/Schlink, *Grundrechte – Staatsrecht II*, cit., p. 61-2, Rn 252 e ss. Conferir, na doutrina nacional, Gilmar F. Mendes (*Os Direitos Individuais e suas limitações: breves reflexões*, cit., p. 232-40), Edilson Pereira de Farias (*Colisão de Direitos*, cit., p. 93) e Wilson Antônio Steinmetz (*Colisão de direitos fundamentais e princípio da proporcionalidade*, cit., p. 33-7). Ressalva deve ser feita à tradução da expressão "einfacher Gesetzvorbehalt" como sendo "*simples* reserva legal". A anteposição do adjetivo ao substantivo dá conotação de vulgar ou de hierarquia inferior, o que não corresponde ao significado original da expressão, especialmente porque a diferenciação hierárquica é assunto estranho ao tema sob exame.

³⁴ Gilmar F. Mendes (Os Direitos Individuais e suas limitações: breves reflexões, cit., p. 236-9) arrola a liberdade do exercício de trabalho, ofício ou profissão (art. 5º, XII) e bem assim a restrição quanto à publicidade de atos processuais (art. 5º, LX) entre os direitos fundamentais com reserva qualificada.

³⁵ Pieroth/Schlink, *Grundrechte – Staatsrecht II*, cit., p. 62, Rn 255-60.

³⁶ Pieroth/Schlink, *Grundrechte – Staatsrecht II*, cit., p. 62, Rn 259.

³⁷ Esses autores estão nomeados na nota 9 deste capítulo.

³⁸ Hartmut Maurer (*Staatsrecht*. München: C. H. Beck, 1999, p. 614) ensina acerca dessa limitação "negativa" do Executivo: "Nos séculos XVII e XVIII o conjunto do poder estatal cabia ao monarca. No século XIX, dois domínios funcionais foram apartados, a saber, a jurisdição, a qual foi confiada a tribunais autônomos e independentes e, de outro lado, a legislação, a qual daí por diante necessitou da participação do parlamento. Esses domínios tiveram de ser determinados mais precisamente; o restante permaneceu como executivo com o monarca, com seu aparato de governo e de funcionários". (Texto no original: "Im 17. und 18. Jahrhundert lag die gesamte

A partir dessa realidade, desenvolveu-se o conceito de reserva legal, a qual significa, em síntese, que intervenções da administração na liberdade e na igualdade dos indivíduos e, com isso, na Sociedade civil, somente eram admissíveis se autorizadas por lei aprovada pela representação do povo.[39]

Apesar da mudança do princípio absolutista para o democrático, o poder da administração continuou imenso. Originalmente, não se colocou a pergunta acerca de "como" a reserva legal tinha de se expressar. Ela não pedia mais que uma autorização legal. Podia, então, suceder que, no caso de intervenções legislativas em direitos fundamentais, à administração se reservasse um amplo espaço de atuação e que fosse autorizada a editar regulamentos autônomos. Dessa maneira, não obstante estivesse assegurada a reserva legal, o legislador se exonerava de sua responsabilidade.[40]

No sistema constitucional alemão, o legislador pode autorizar que a administração, *com base numa lei*, edite regulamentos autônomos que intervenham em direitos fundamentais. De acordo com Pieroth/Schlink, "isso significa que nenhuma intervenção pode encontrar seu fundamento exclusivamente em direito costumeiro", (...) "mas toda intervenção pode encontrar sua base no corpo intermédio de um Regulamento ou Estatuto".[41] Conforme já destacado, no direito brasileiro, em princípio, não se cogita de intervenção em direito fundamental por meio de regulamento, este em geral destinado à fiel execução das leis (art. 84, IV, da Constituição).[42]

2.2.2. Da reserva legal à reserva legislativa: o princípio da proporcionalidade

A fim de manter o legislador vinculado a sua responsabilidade de encontrar as regras legais no terreno dos direitos fundamentais,[43] o art. 80 da Lei Fundamen-

---

Staatsgewalt beim Monarchen. Im 19. Jahrhundert wurden dann zwei Funktionsbereiche ausgesondert, nämlich einmal die Rechtsprechung, die den selbständig und unabhängig gewordenen Gerichte übertragen wurde, und zum anderen die Gesetzgebung, die nunmehr der Mitwirkung des Parlaments bedurfte. Sie mußten näher bestimmt werden; das übrige blieb als Exekutive beim Monarchen mit seinem Regierungs- und Beamtenapparat".)

[39] Ver Hartmut Maurer, *Allgemeines Verwaltungsrecht*. 13. ed., München: C. H. Beck, 2000, p. 15, Rn 5 e, especialmente, p. 107-8, Rn 3-8, onde o autor destaca que o princípio da reserva legal está embasado (a) no princípio democrático, uma vez que ao parlamento cabe encontrar as decisões essenciais para a comunidade; (b) no princípio do Estado de Direito, que exige que as relações entre indivíduo e Estado sejam regradas por leis gerais (oriundas do parlamento) que, de par com a determinação dos negócios da administração, tenham em consideração o cidadão; (c) nos direitos fundamentais que, juntamente com os dois princípios referidos, exigem que limitações a direitos fundamentais somente podem ser fixadas por meio do legislador, ou seja, pelo Poder Legislativo.

[40] Pieroth/Schlink, *Grundrechte – Staatsrecht II*, cit., p. 62, Rn 262.

[41] Pieroth/Schlink, *Grundrechte – Staatsrecht II*, cit., p. 63, Rn 263. (Textos originais: "Das bedeutet, daß kein Eingriff seine Grundlage allein im Gewohnheitsrecht finden kann (...), "daß aber jeder Eingriff seine Grundlage im Zwischenglied einer Rechtsverordnung oder Satzung finden darf".)

[42] Ver, acima, nota 28.

[43] A esse respeito, pode-se conferir Hans-Uwe Erichsen, *Staatsrecht und Verfassungsgerichtsbarkeit I*. 3. ed., München: C. H. Beck, 1982, p. 150.

tal alemã prescreve deveres diversos, ordenando em particular que a autorização à administração para expedir regulamentos deve ser conferida por meio de lei, quanto ao seu conteúdo, finalidade e extensão.[44] Essa diretriz mantém harmonia com o art. 19, 2, da Lei Fundamental, a qual veda, em qualquer caso, a violação do núcleo essencial de direitos fundamentais. Para evitar possíveis violações da reserva legislativa, o Tribunal Constitucional desenvolveu a assim designada "teoria da essencialidade" (*Wesentlichkeitslehre*), segundo a qual o legislador deve tomar todas as decisões essenciais ao exercício dos direitos fundamentais, tanto quanto essa regulação estatal seja possível.[45] Sobre o Legislativo, pesa o dever de não delegar à administração a incumbência de formular essas decisões essenciais.

No direito brasileiro, embora não haja expressa previsão constitucional, a teoria da essencialidade parece se aplica com evidente razão porque o legislador não pode atribuir à administração a incumbência de limitar direitos fundamentais. Segundo Gilmar F. Mendes, a existência de cláusulas pétreas (art. 60, parágrafo 4º, IV, da Constituição) e de modelo garantista utilizado pelo constituinte mostram inequivocamente que o núcleo essencial dos direitos fundamentais há de ser protegido.[46]

Em síntese, podem subsistir dúvidas sobre o que é ou não essencial. Dúvida, entretanto, não pode haver em que a teoria da essencialidade não diminui mas, ao contrário, fortalece a proteção dos direitos fundamentais.[47] E que "as decisões essenciais acerca dos pressupostos, circunstâncias e conseqüências das intervenções devem ser tomadas pelo legislador e não delegadas para a administração",[48] cujo espaço de atuação em matéria de intervenção em direitos fundamentais, por isso, é reduzido (quando se tem em vista o direito alemão) e inexistente (no direito brasileiro).

A reserva legal deve orientar a ação de quem produz a legislação interventora nos direitos fundamentais. Observe-se, porém, que ela deixa sem resposta a pergunta sobre o conteúdo e o grau de liberdade que pode ser subtraído do particular. O que a respeito se mostra imprescindível é a vinculação do legislador aos direitos fundamentais.[49]

Essa vinculação revela-se mais clara na hipótese da reserva legal qualificada, especialmente porque nela se estabelece a observância de determinados meios e fins para situações determinadas. Portanto, exige-se que a lei sirva, realmente, como meio para alcançar o fim determinado ao legislador. Além disso, meios e

---

[44] Pieroth/Schlink, *Grundrechte – Staatsrecht II*, cit., p. 63, Rn 264.

[45] Ver Pieroth/Schlink (*Grundrechte – Staatsrecht II*, cit., p. 63, Rn 264), com citação das decisões 61, 260/275 e 88, 103/116 do Tribunal Constitucional alemão.

[46] Gilmar Ferreira Mendes. Limitações dos direitos fundamentais, cit., p. 319.

[47] Pieroth/Schlink, *Grundrechte – Staatsrecht II*, cit., p. 63-4, Rn 265.

[48] Pieroth/Schlink, *Grundrechte – Staatsrecht II*, cit., p. 64, Rn 266. (Texto original: "Die wesentlichen Entscheidungen über die Voraussetzungen, Umstände und Folgen von Eingriffen vom Gesetzgeber selbst getroffen werden müssen und nicht an die Verwaltung delegiert werden dürfen".)

[49] Pieroth/Schlink, *Grundrechte – Staatsrecht II*, cit., p. 64-5, Rn 269.

finalidades valem não só no caso de reserva legal qualificada, mas também onde faltem mandados ou proibições para determinados meios e determinadas finalidades. Por tudo isso, entre o meio e o fim deve existir uma relação harmoniosa.[50]

A vinculação do legislador aos direitos fundamentais, quando o assunto é o controle das leis, foi explicitada pelo Tribunal Constitucional alemão como "proporcionalidade", cujo conceito corresponde a que "regulamentos legais e autorizações interventoras em direitos fundamentais devam ser adequados e necessários para o alcance do fim respectivamente perseguido e, de sua parte, constitucionalmente legitimado".[51]

O princípio da proporcionalidade, também conhecido como princípio da proibição do excesso (*Übermaßverbot*), visa a manter os direitos fundamentais imunes contra excessos oriundos da atividade do legislador, impondo limites a sua atuação.[52] O que o princípio pede é que o fim marcado para a lei possa ser como tal perseguido, com a utilização de meios adequados e também necessários.[53]

A vinculação do legislador aos direitos fundamentais conduz necessariamente a leis que observem a proporcionalidade e recusem intervenções desproporcionais.[54] A infringência a esses requisitos prepara problemas que não são de fácil resolução e que envolvem o exame da inconstitucionalidade substancial das leis e sua interpretação conforme aos direitos fundamentais.

É de se colocar a pergunta: até onde pode ir a liberdade do legislador e da administração em perseguir fins e introduzir meios? A regra é que "uma multiplicidade de fins e meios constitucionais legítimos" permanece sob a decisão do legislador e que para a administração eles sejam de número reduzido.[55]

---

[50] Pieroth/Schlink, *Grundrechte – Staatsrecht II*, cit., p. 65, Rn 270 e 272.

[51] Pieroth/Schlink, *Grundrechte – Staatsrecht II*, cit., p. 65, Rn 272. (Texto original: "Grundrechtseingreifende gesetzliche Regelungen und Ermächtigungen müssen geeignet und notwendig zur Erreichung des jeweils verfolgten, seinerseits verfassungslegitimen Zwecks sein"). Segundo Frederik Rachor (Grundrechte, cit., p. 60), ao restringir direitos fundamentais de liberdade dos cidadãos, em qualquer sentido, o legislador tem de responder a argumentos que se apresentam em graus diversos, o que se designa *princípio da proporcionalidade*. As perguntas são as seguintes: 1) O projeto de lei contém finalidade compatível com o interesse público? 2) A lei possui adequação para alcançar essa finalidade? 3) É essa lei necessária para alcançar essa finalidade? Em outras palavras, não existe uma alternativa que afete menos fortemente o cidadão? 4) Está o objetivo da lei em uma apropriada relação com a perda da liberdade que os cidadãos devam por isso suportar? Somente quando todas essas questões possam ser respondidas afirmativamente, um projeto de lei é legítimo.

[52] Na doutrina alemã, a "reserva legislativa" também é qualificada como *"Schranken-Schranken"*, ou seja, "limites aos limites". Conforme Pieroth/Schlink (*Grundrechte – Staatsrecht II*, cit., p. 65, Rn 273), "*o conceito de limites aos limites designa as limitações que valem para o legislador quando ele estabelece limites aos direitos fundamentais*". (Texto original: "*Der Begriff der Schranken-Schranken bezeichnet die Beschränkungen, die für den Gesetzgeber gelten, wenn er dem Grundrechtsgebrauch Schranken zieht*"). Na doutrina nacional, ver Gilmar F. Mendes, *Os Direitos Individuais e suas limitações: breves reflexões*, cit., p. 241 e seguintes.

[53] Pieroth/Schlink, *Grundrechte – Staatsrecht II*, cit., p. 66, Rn 279.

[54] Pieroth/Schlink, *Grundrechte – Staatsrecht II*, cit., p. 65, Rn 273.

[55] Pieroth/Schlink, *Grundrechte – Staatsrecht II*, cit., p. 66-7, Rn 280. Os fins e os meios pedem adequação e necessidade. Adequação significa "que o meio deve promover o fim" (Rn 283); necessidade, que "o fim não possa ser alcançável por intermédio de um meio de igual eficácia, porém menos gravoso" (Rn 285). (Textos originais: "das Mittel muß den Zweck fördern" e "der Zweck darf nicht durch ein gleich wirksames, aber weniger belastendes Mittel erreichbar sein"). No direito brasileiro, fins e meios devem ser determinados pela lei.

Finalmente, importa referir que o fundamento jurídico-constitucional do princípio da proporcionalidade é identificado tanto no princípio do Estado de Direito como nos direitos fundamentais e no devido processo legal em sua dimensão substancial.[56] O exame do conteúdo do princípio da proporcionalidade e suas diversas projeções no direito – desde o direito administrativo, passando pelo direito constitucional, até se estender ao direito privado – é feito em valioso artigo doutrinário por Willis Santiago Guerra Filho.[57] Pode-se firmar, então, que o princípio em apreço é referência interpretativa no direito quando se cogita da restrição aos direitos fundamentais pelo legislador ou mesmo pelo juiz. De outro lado, é referência, também, quando se trata da aplicação do direito, seja no que diz respeito a sua eficácia vertical (em face do Estado), seja no tocante a sua eficácia nas relações privadas, adquirindo especial relevo, neste último caso, nos direitos fundamentais do trabalho previstos nos artigos 7º a 11 da Constituição.[58]

2.2.3. Restrição a direitos fundamentais por meio de medidas provisórias

Diante do que até agora se escreveu acerca da intervenção em direitos fundamentais, resta indagar se, em nosso ordenamento, o Poder Executivo pode neles intervir e, especificamente, restringi-los por meio de medida provisória. A resposta, evidentemente, é negativa, porque as exceções à competência do Poder Legislativo nessa matéria se encontram, como visto, expressamente fixadas na Constituição. Deixar aberta ao Presidente da República a possibilidade de intervir em direitos fundamentais por meio de medidas provisórias importa sacrificar os fundamentos clássicos do Estado de Direito, quais sejam: a separação de Poderes e a garantia dos direitos fundamentais.[59] E mais: o reconhecimento do poder de intervenção ordinário do Presidente da República nos direitos fundamentais inclui

---

[56] A esse propósito, ver Gilmar F. Mendes. Limitações dos Direitos Fundamentais, cit., p. 322-30.

[57] Willis Santiago Guerra Filho. O princípio da proporcionalidade em direito constitucional e em direito privado no Brasil. *Mundo Jurídico* (www.mundojuridico.adv.br), maio/2003. Para o autor, o princípio da proporcionalidade deriva da cláusula do devido processo legal, que na Constituição brasileira encontra previsão no art. 5º, inciso LIV.

[58] Além dos autores já referidos, acerca da aplicação do princípio da proporcionalidade nos diversos ramos do direito alemão, ver Luís Afonso Heck, *O Tribunal Constitucional Federal e o desenvolvimento dos Princípios Constitucionais. Contributo para uma compreensão da Jurisdição Constitucional Federal Alemã*. Porto Alegre: Sergio Fabris Editor, 1995, p. 175-86. Também quanto à aplicação do princípio no direito brasileiro e na jurisprudência do STF, conferir Gilmar F. Mendes, *Os Direitos Individuais e suas limitações: breves reflexões*, cit., p. 246-75. Em obra mais recente, Wilson Antônio Steinmetz (*Colisão de direitos fundamentais e princípio da proporcionalidade*, cit., p. 135-207) faz exame doutrinário desse princípio.

[59] Na forma do art. 62 da Constituição, as medidas provisórias têm força de lei. No Estado de Direito, só excepcionalmente se reconhece ao governante a prerrogativa de exercer as funções legislativas. A excepcionalidade no uso de medidas provisórias está evidenciada no precitado art. 62, ao condicionar sua edição aos pressupostos da urgência e da relevância. As medidas provisórias têm sido objeto de inúmeras obras doutrinárias, que não lograram conter o inconstitucional abuso que houve em seu emprego ao longo dos anos. Já o STF renunciou por longo tempo a exercer o controle constitucional dos dois referidos pressupostos. Uma tímida mudança verificou-se nos últimos anos em sua orientação, conforme já notara Clèmerson Merlin Clève (*A fiscalização abstrata da constitucionalidade no direito brasileiro*, cit., p. 201). Contudo, isso não tem servido para conter a conduta abusiva dos sucessivos presidentes da República, inclusive contra direitos fundamentais. As medidas provisórias se converteram em remédio para tudo o que supostamente atrapalha a ação governamental. Isso contribui para o fomento à desordem jurídica e à desmoralização do Congresso Nacional. Diante disso, vale sempre recordar o

o retorno a concepções absolutistas do século XVIII, em que o soberano também enfeixava o poder de dispor sobre os direitos e os bens dos súditos.

Convém agora confrontar as considerações feitas com a Emenda Constitucional nº 32, de 11-9-01. Nela, além de passar um verniz no quadro de descalabro jurídico instaurado com as intermináveis reedições de medidas provisórias,[60] o poder constituinte derivado inovou, contrariando tudo o que antes se escreveu acerca da intervenção, por meio de medidas provisórias, em direitos fundamentais. É que o art. 1º da Emenda nº 32/01 ampliou, em cópia parcial do art. 68 da Constituição, o teor do art. 62 da Constituição, cujo § 1º, inciso I, passa a vedar a edição de medidas provisórias, entre outras, em matéria de: "a) nacionalidade, cidadania, direitos políticos, partidos políticos e direito eleitoral". Como se observa, para além das restrições à Lei Delegada, também se veda o uso de medida provisória em relação a partidos políticos. De outro lado, exige atenção o fato de a Emenda nº 32/01 não haver incluído os direitos individuais, sociais e coletivos ao conferir nova redação ao art. 62, ressalvando direitos que se referem a cláusulas pétreas (comparar com o § 4º do art. 60).

A hermenêutica constitucional mostra-se rigorosa para admitir a imposição de restrições a direitos fundamentais.[61] Com maior razão há de prevalecer interpretação estrita quando se trata de atribuir a poder que não o Legislativo a prerrogativa de levar a cabo intervenção conducente a essas restrições. Diante disso, será inconstitucional a medida provisória que, regulamentando direitos individuais, sociais ou coletivos, produzir restrições que comprometam o seu exercício. Dessa forma, ainda que a Emenda nº 32/01 pareça conferir ao Presidente da República competência para editar medidas provisórias relativas a esses direitos, de modo algum poderá ele limitá-los por essa via. Tal prerrogativa somente é exercitável nas situações excepcionais já examinadas acima. Interpretação no sentido de facultar a atividade interventora e limitativa por meio de medida provisória importaria, por vias transversas, a possibilidade de o poder constituinte derivado conferir ao Executivo competência geral que, pela Constituição, só pode exercer nas hipóteses excepcionais dos arts. 136 e 139, submetidos os decretos presidenciais a ulterior exame do Congresso Nacional. A prevalecer essa interpretação, o país poderia estar sujeito, mesmo na vigência de normalidade institucional, a situação análoga ao estado de defesa ou de sítio...

2.2.4. Normas coletivas e restrição a direitos fundamentais

Um tema específico, mas relevante, porque diz respeito à efetividade dos direitos fundamentais do trabalho, é o que envolve a possibilidade de os sindicatos

---

famoso art. 16 da Declaração de direitos do homem e do cidadão, de 1789: "Toda sociedade, na qual a garantia dos direitos não esteja assegurada nem determinada a separação dos poderes, não possui Constituição".

[60] O art. 2º prevê que as medidas provisórias editadas em data anterior à promulgação da Emenda nº 32 continuam em vigor até que outra medida as revogue ou até "deliberação definitiva" do Congresso Nacional. Não se pode deixar de reconhecer que com essa obra o poder constituinte derivado pelo menos poupou o erário de gastar mensalmente com a publicação de medidas provisórias reeditadas.

[61] Ver nota 19: a fixação de restrições a direitos fundamentais não é admissível com base em suposições.

profissionais e econômicos virem a estabelecer restrições a esses direitos em face do "reconhecimento das convenções e acordos coletivos" estabelecido no inciso XXVI do art. 7º da Constituição.

Ao atribuir a entes coletivos (em geral sindicatos profissionais e econômicos) o poder de estabelecer cláusulas normativas, o constituinte em verdade delegou a esses entes coletivos prerrogativa que em princípio só o legislador pode exercer no Estado de Direito. Já se examinou neste capítulo que, em princípio, o legislador somente pode estabelecer restrições a direitos fundamentais se a tanto autorizado pela própria regra jusfundamental (previsão de reserva legal simples e qualificada). Já a conformação de direito fundamental a ser dada pelo legislador, como igualmente visto, deve potencializar o exercício, o fazer uso do direito fundamental, vedada a conversão do ato conformador em instrumento de restrição ao direito. Dado o caráter normativo das cláusulas das convenções e acordos coletivos, as diretrizes válidas para o legislador em consonância com a função de defesa dos direitos fundamentais valem, também, para os entes coletivos, em sintonia com a função jurídico-objetiva dos direitos fundamentais, especialmente a eficácia contra particulares ou terceiros (*Drittwirkung*). Assim como o legislador, também os entes coletivos estão vinculados aos direitos fundamentais ao exercerem a autonomia coletiva com a finalidade de restringir direitos fundamentais. Essa conclusão deriva do princípio segundo o qual na delegação de determinada prerrogativa está implícito que o delegado não pode atuar excedendo os limites em que ela foi conferida.[62]

Feitas essas considerações, é certo que as cláusulas normativas de convenções e acordos coletivos, similarmente à reserva legal, devem observância ao que se pode denominar de *reserva normativa*. Em primeiro lugar, isso diz respeito às hipóteses em que o art. 7º da Constituição Federal autoriza o estabelecimento de restrições por meio de normas coletivas. Essas hipóteses envolvem o estabelecimento de restrição ao princípio da irredutibilidade salarial (inciso VI), à compensação de horários e redução da jornada (inciso XIII) e ao limite da jornada de trabalho em turnos de revezamento (inciso XIV). Em segundo lugar, quanto aos limites a serem observados na atividade interventiva, sem dúvida haverão de serem levados em conta o âmbito de proteção do direito fundamental em causa e, por conseqüência, o respeito ao seu núcleo, como também o princípio da proporcionalidade. A respeito, reitera-se o que se referiu no final do item 2.2.2, supra.

A partir do exame de demandas judiciais, verifica-se que as cláusulas normativas de convenções e acordos coletivos têm sido pródigas em fixar restrições aos dois últimos dos direitos fundamentais citados, interferindo no núcleo respectivo como se a autorização atribuída por meio do inciso XXVI do art. 7º da Constituição conferisse carta branca para restringir "sem limites" os direitos fundamentais do trabalho. É de observar que o inciso XIII não faculta o estabeleci-

---

[62] Nesse sentido, é a doutrina de Heinz-Dietrich Steinmeyer e Raimund Waltermann, *Casebook Arbeitsrech*, 2. ed.,. München: C. H. Beck, 2000, p. 218-9, que reportam a jurisprudência firmada no início dos anos 50 do século passado pelo Tribunal Federal do Trabalho alemão (BAG).

mento, por meio de norma coletiva, de critérios relativos à *quantifição* do que constitua trabalho, mas tão-só dos relativos a sua *compensação*. Assim, quando cláusulas normativas estabelecem critérios a esse respeito, por vezes abrindo a possibilidade de até 60 minutos diários não serem computados na quantificação do trabalho realizado, evidentemente estão, a pretexto de conformar o direito, restringindo indevidamente o direito à duração do trabalho não superior a oito horas diárias e a quarenta e quatro semanais. Quando confrontada com o problema, a jurisprudência trabalhista majoritariamente tem apontado para a impossibilidade de se atribuir efeito derrogatório, por meio de cláusulas normativas, a critérios concernentes à apuração do trabalho que já estão fixados em lei (§ 1° do art. 58 da CLT).[63] De outro lado, também o estabelecimento da jornadas de trabalho em turnos de revezamento que excedam a 36 horas semanais atinge a proteção essencial estabelecida no inciso XIV do art. 7° da Constituição.

3. DIREITO CONSTITUCIONAL COLIDENTE

3.1. Generalidades

Conflitos entre normas constitucionais podem ocorrer mesmo em casos nos quais o constituinte não os tenha previsto. O Tribunal Constitucional alemão reconhece como normas colidentes aquelas que "são aplicáveis a *um* mesmo conjunto de fatos e que em sua aplicação podem conduzir a resultados diferentes".[64] Essa situação é compreendida sob a expressão "direito constitucional colidente",[65] cujo conceito abrange relações entre direitos fundamentais, ou entre direitos fundamentais e bens constitucionais, não explicitamente previstas pelo constituinte como hábeis para dar ensejo a colisões ou concorrências.[66] Enquanto nas inter-

---

[63] Nesse sentido, *v.g.*, o acórdão proferido no Proc. n° TST-ROAA-3959/2005-000-04-00.8, publicado em 11-5-07.

[64] Klaus Stern, *Das Staatsrecht der Bundesrepublik Deutschland*. München: C. H. Beck, v. III/2, 1994, p. 603. (Texto original: "auf *einen* Sachverhalt anwendbar sein und bei ihrer Anwendung zu verschiedenen Ergebnissen führen können"). O autor averba às p. 603-4 que "uma tal antinomia contradiz a lógica da ordem jurídica, que quer ser entendida como um todo racional. A unidade da ordem jurídica impõe, assim, uma solução da contradição. Isso pode ser alcançado por meio de uma norma de colisão expressa ou por meio de interpretação". (Texto original: "Eine solche Antinomie widerspricht aber der Logik der Rechtsordnung, die sich als sinnvolles Ganzes verstehen will. Die Einheit der Rechtsordnung gebietet somit eine Auflösung des Widerspruchs. Dies kann durch eine ausdrückliche Kollisionsnorm oder durch Interpretation erreicht werden").

[65] Ver nota 29.

[66] Klaus Röhl (*Allgemeine Rechtslehre*. Berlin: Carl Heymanns Verlag, 1994, p. 614) define: "Concorrências surgem quando uma ação viola distintas normas de conduta, as quais se sobrepõem parcialmente, ou quando a mesma norma de conduta está ligada a várias normas sancionatórias. Ao contrário, há colisão de normas quando várias normas ordenam ações diferentes, incompatíveis entre si". (Texto original: "Konkurrenzen treten auf, wenn eine Handlung verschiedene Verhaltensnormen verletzt, die sich teilweise überdecken, oder wenn dieselbe Verhaltensnorm mit mehreren Sanktionsnormen verbunden ist. Dagegen handelt es sich um eine Normenkollision, wenn mehrere Normen unterschiedliche, miteinander nicht verträgliche Handlungen gebieten"). Klaus Stern (*Das Staatsrecht der Bundesrepublik Deutschland*, cit., v. III/2, p. 605) esclarece que "com razão se enfatizou que colisões e concorrências são em determinados aspectos a contraparte da 'lacuna jurídica'. Se a lacuna jurídi-

venções em direitos fundamentais com reserva legal simples ou qualificada o legislador é chamado a encontrar soluções que resolvam o conflito entre esses direitos, na hipótese do direito constitucional colidente, as limitações a direitos fundamentais somente podem ser determinadas a partir da Constituição mediante consideração de sua unidade e da ordem de valores por ela protegida.[67] Essa tarefa é exigível tanto do Legislativo quanto do Judiciário. Hans D. Jarass exemplifica com o princípio do Estado Social que pode, como direito constitucional colidente, estabelecer limites a direitos fundamentais, embora sustente que para isso é necessário deliberação legislativa.[68]

O direito constitucional colidente não é matéria abstrata, ao contrário, somente se apresenta em casos concretos. Para Klaus Stern, "a situação fática de conflito mostra-se simultaneamente como conflito de normas, relacionado ao caso concreto".[69] Colocada, assim, em perigo a ordem jurídica, soluções devem ser achadas. E, na compreensão de Klaus Stern, "a *delimitação* das correspondentes *esferas de direitos fundamentais entre si e frente à comunidade* é o *tema* central *das colisões dos direitos fundamentais*".[70]

Pode-se firmar que ocorrem colisões quando vários direitos fundamentais ou bens constitucionais objeto de proteção se confrontam ou que no mínimo dois titulares se encontrem em oposição. E que, no caso de concorrência, são tomados em consideração vários direitos fundamentais protegidos pertencentes ao mesmo titular.

---

ca é um conflito negativo de normas, colisão e concorrência são constelações positivas de normas para um caso concreto". (Texto original: "Zu Recht hat man hervorgehoben, daß Kollisionen und Konkurrenzen in gewisser Hinsicht das Gegenstück zur 'Rechtslücke' sind. Ist die Rechtslücke negativer Normenkonflikt, so sind Kollision und Konkurrenz positive Normenkonstellationen für einen konkreten Fall"). Apesar disso, o autor é de opinião que as diferenças entre ambos os conceitos não autorizam "a subsunção de colisões e concorrências sob um mesmo conceito geral. Da mesma forma como na dogmática jurídica fora dos direitos fundamentais, também aqui os casos de colisão e concorrência devem ser tratados em separado como figuras jurídicas dogmaticamente autônomas" (op. cit., p. 608). (Texto original: "(...) Kollisionen und Konkurrenzen unter einen Oberbegriff zu subsumieren. Ebenso wie in der Rechtsdogmatik außerhalb der Grundrechte sind der Kollisionsfall und der Konkurrenzfall als eigenständige dogmatische Rechtsfiguren auch hier getrennt zu behandeln"). No item 3.4 deste capítulo é feito exame da concorrência de direitos fundamentais.

[67] Ingo von Münch [Vorbemerkungen. Art. 1 – 19, in: von Münch/Kunig (Org.), *Grundgesetz-Kommentar*. 5. ed., München: C. H. Beck, v. I, 2000, p. 53, Rn 57] cita, entre outros, a decisão designada de "Mephisto" (*BVerfGE* 30, 173/192), na qual o Tribunal Constitucional estabeleceu esse princípio.

[68] Hans D. Jarass, Sozialstaatsprinzip, in: Jarass/Pieroth, *Grundgesetz für die Bundesrepublik Deutschland*. München: Beck, 2000, p. 505, Rn 110. A propósito de bens constitucionais que podem ensejar a invocação do direito constitucional colidente, ver nota 8.

[69] Klaus Stern, *Das Staatsrecht der Bundesrepublik Deutschland*, cit., v. III/2, p. 607. (Texto original: "die tatsächliche Konfliktsituation erweist sich zugleich als Normenkonflikt, bezogen auf den konkreten Fall").

[70] Idem, p. 609. (Texto original: "Die *Abgrenzung* der jeweiligen *Grundrechtssphären untereinander* und *gegenüber der Gemeinschaft* ist also das zentrale *Thema der Grundrechtskollisionen*"). Robert Alexy (Colisão de direitos fundamentais e realização de direitos fundamentais no Estado de Direito democrático, *RDA*, Rio de Janeiro, jul./set. 1999, (217): 68-72) classifica as colisões de direitos fundamentais em sentido estrito e em sentido amplo. Naqueles inclui as colisões de direitos fundamentais idênticos, com diversificados tipos (direito de defesa *versus* direito de defesa; direito de defesa *versus* direito de proteção; direitos de face positiva *versus* sua face negativa e direitos em que igualdade jurídica e fática entram em confronto), e os direitos fundamentais não-idênticos. Nas colisões em sentido amplo, o autor identifica as que sobrevêm entre direitos fundamentais e bens coletivos.

3.2. Colisão de direitos fundamentais: como solucionar o problema?

Em princípio, corresponde à legislação solucionar as colisões entre direitos fundamentais e destes com outros princípios ou bens constitucionais. Essa solução depende de reserva legal que em princípio deve estar prevista pela Constituição. Na jurisprudência do STF, encontram-se várias decisões em que colisões de direitos fundamentais são objeto de apreciação e solução.

As colisões não-previstas na Constituição não excluem, em diferentes casos, a ocorrência dessa possibilidade entre direitos fundamentais e destes com princípios e bens constitucionais. A pergunta que se impõe diz com o seguinte: no choque entre direitos fundamentais destituídos daquela reserva, que soluções seriam possíveis? Em resposta, pode-se afirmar que inexiste regra fixa a esse respeito. Os variados aspectos jurídicos que surgem num caso concreto nem sequer possibilitam tal normatividade. A transferência de restrições de um direito fundamental para outro e, com base em interpretação sistemática, o uso do direito constitucional colidente para o fim de limitar a área de proteção de direito fundamental ou de justificar intervenções são aplicações que Pieroth/Schlink apontam como meios possíveis para a solução do problema das colisões.[71]

No plano dessas soluções, seria possível empregar as restrições previstas para determinado direito fundamental em outros destituídos de reserva? O Tribunal Constitucional alemão responde negativamente.[72]

Outra solução seria a seguinte: com uma concepção ampliada de interpretação sistemática, o âmbito de proteção dos direitos fundamentais sem reserva deveria se estender até o ponto em que uma "concordância prática" entre direitos fundamentais colidentes e bens constitucionais o autorizasse.[73] Pieroth/Schlink apontam dois déficits dessa possível aplicação: primeiro porque "*as reservas le-*

---

[71] Pieroth/Schlink, *Grundrechte – Staatsrecht II*, cit., p. 73-6, Rn 315-329.

[72] Pieroth/Schlink, *Grundrechte – Staatsrecht II*, cit., p. 74, Rn 317. Ilustrativa, neste particular, é a já citada decisão "Mephisto", na qual o Tribunal Constitucional teve de solucionar o conflito entre a liberdade artística (criação de personagens em obra literária que tratou de fatos ocorridos na Segunda Guerra mundial) e os direitos de personalidade (reputação de determinada pessoa, supostamente no papel de um dos personagens). O Tribunal, depois de firmar que a arte está, em sua autonomia e regras próprias, garantida sem reserva pelo art. 5°, alínea 3, frase 1, da Lei Fundamental, decidiu que para a liberdade artística não valem os limites do art. 5°, alínea 2 (restrições relativas à liberdade de pensamento e de imprensa) nem aqueles do art. 2°, alínea 1, subitem 2 (infração à ordem constitucional ou à lei moral) da Lei Fundamental. Mas o Tribunal solucionou o conflito entre a garantia da liberdade artística e a proteção jurídico-constitucional da personalidade invocando a inviolabilidade da dignidade proclamada pelo art. 1°, alínea 1, da Lei Fundamental.

[73] Sem perder de vista o princípio da unidade da Constituição, Konrad Hesse (*Grundzüge des Verfassungsrechts der Bundesrepublik Deutschland*, cit., p. 28, Rn 72) define o princípio da concordância prática, ressaltando que "bens jurídicos protegidos jurídico-constitucionalmente devem, na solução do problema, ser entre si de tal modo coordenados que cada um deles ganhe realidade". (Texto original: "verfassungsrechtlich geschützte Rechtsgüter müssen in der Problemlösung einander so zugeordnet werden, daß jedes von ihnen Wirklichkeit gewinnt"). O autor esclarece que, frente às colisões existentes, um bem jurídico não pode ser satisfeito à custa de outro. Ele defende uma "otimização" de um e outro. Também Klaus Stern (*Das Staatsrecht der Bundesrepublik Deutschland*, cit., v. III/2, p. 620) analisa a tentativa do Tribunal Constitucional em resolver o problema das colisões e ressalta: "No seu núcleo, a ponderação se orienta à ordem de uma adequada compensação, à 'harmonização' de antinomias e à produção de 'concordância prática', para desse modo trazer as posições jurídico-fundamentais atingidas a um desenvolvimento ótimo". (Texto original: "Im Kern läuft die Abwägung auf das Gebot eines angemessenen

gais dos direitos fundamentais serão, por tendência, *despojadas de sua função*". Segundo, que essa interpretação implica uma "*perda de determinação* do alcance do âmbito de proteção".[74]

Uma terceira solução seria entender o direito constitucional colidente como portador de "restrições imanentes".[75] Intervenções em direitos fundamentais destituídos de reserva então seriam justificadas "quando elas ajustam colisões com outros direitos fundamentais ou outros bens constitucionais no sentido da concordância prática".[76] A partir daí, o apelo à interpretação sistemática e à unidade da Constituição também é lembrado. Pieroth/Schlink sustentam que contra essa solução se pode objetar "que a *função da reserva legal* resulta *não-clara*", em si e em relação a quem é competente para efetivá-la (legislador, jurisdição ou administração).[77]

O Tribunal Constitucional alemão hesita diante do tema: "Ora sua invocação do direito constitucional colidente soa mais como limitação do âmbito de proteção, ora mais como justificação de uma intervenção".[78] Pieroth/Schlink acabam por criticar a generosidade com que bens e interesses são alçados à condição de constitucionais para o efeito de autorizarem a invocação do direito constitucional colidente.[79]

Ausgleichs, auf 'Harmonisierung' von Antinomien und auf Herbeifühung 'praktischer Konkordanz' hinaus, um so die betroffenen Grundrechtspositionen zur optimalen Entfaltung zu bringen").

[74] Pieroth/Schlink, *Grundrechte – Staatsrecht II*, cit., p. 74-5, Rn 323 e 324. (Textos no original: "Die *Gesetzvorbehalte* der Grundrechte werden tendenziell ihrer *Funktion beraubt*". "*Verlust der Bestimmtheit* der Reichweite des Schutzbereichs").

[75] Os limites imanentes foram, pela primeira vez, objeto de decisão do Tribunal Administrativo (BVerwG 2, 295/300). Para Klaus Stern (*Das Staatsrecht der Bundesrepublik Deutschland*, cit., v. III/2, p. 612), "essa *'doutrina da imanência'* foi apresentada como incontestável pelo Tribunal (Administrativo Federal); uma fundamentação constitucional ele não deu". (Texto original: "Diese *'Immanenzlehre'* hat das (Bundesverwaltung) Gericht als selbstverständlich hingestellt; eine Begründung aus der Verfassung hat es nicht gegeben"). Klaus Stern esclarece que em 1971 o Tribunal Constitucional recusou essa doutrina. O que restou fixado é que podem ser levantadas barreiras a direitos fundamentais, sem reserva quanto a limitações, se se tratar de casos de colisões.

[76] Pieroth/Schlink, *Grundrechte – Staatsrecht II*, cit., p. 75, Rn 325. (Texto original: "wenn sie Kollisionen mit anderen Grundrechten oder Verfassungsgüter iS praktischer Konkordanz ausgleichen".)

[77] Pieroth/Schlink, *Grundrechte – Staatsrecht II*, cit., p. 75, Rn 326-7. (Texto original: "daß die *Funktion der Gesetzvorbehalte unklar* wird".)

[78] Pieroth/Schlink, *Grundrechte – Staatsrecht II*, cit., p. 74, Rn 328. (Texto original: "Mal klingt seine Berufung auf kollidierendes Verfassungsrecht mehr nach Begrenzung eines Schutzbereichs, mal mehr nach Rechtfertigung eines Eingriffs").

[79] A propósito dessa matéria, cita-se acórdão de nº 02164-2005-203-04-00-8 RO (1ª Turma do TRT da 4ª Região), publicado em 25-9-07, cuja ementa é a seguinte: RESPONSABILIDADE SUBSIDIÁRIA. A contratação de empreiteiro para construir prédios, ampliá-los ou para restaurar edificações pertencentes a empresas ou entes públicos não tolera fique o trabalho humano, mobilizado pelo empreiteiro, sem proteção em face da sua inidoneidade econômico-financeira. O trabalho constitui direito fundamental e possui valor social que, segundo a Constituição, fundamenta a República Federativa do Brasil (art. 1º, inciso IV) e a ordem econômica (art. 170, *caput*). É de imediata apreensão que o direito de edificar, de ampliar ou melhorar um prédio não possui dignidade constitucional. Resulta que uma colisão entre o direito ao trabalho adequadamente remunerado e esse direito de categoria infraconstitucional não integra o direito constitucional colidente. Deve a empresa ou ente público que contrata o empreiteiro responder subsidiariamente pela satisfação do crédito trabalhista devido a quem trabalhou na edificação. Não-adoção da OJ nº 191 da SDI-1 do TST. Sobrelevam funções jurídico-objetivas dos direitos fundamentais, como sejam a força irradiante desses direitos enquanto referência para a interpretação do direito

Na doutrina portuguesa, José Carlos Vieira de Andrade mostra-se favorável à compreensão dos direitos fundamentais como portadores de limites imanentes, embora rejeite a idéia de que todas as limitações a direitos fundamentais possam ser reconduzidas "à hipótese normativa constitucional", na linha da já referida teoria interna (ver nota 2). Para ele, deve admitir-se uma interpretação das normas constitucionais que permita restringir "*à partida*" o âmbito de proteção, com exclusão de conteúdos que possam considerar-se, "*de plano*", inadmissíveis do ponto de vista constitucional, mesmo quando não haja reserva legal. O autor sustenta que essa delimitação substancial se justifica para evitar a ponderação de direitos fundamentais em que somente há um conflito aparente.[80]

3.3. Regras para a solução do problema das colisões

Por meio da reserva legal o legislador está habilitado para solucionar colisões de direitos fundamentais. No caso de colisões entre direitos fundamentais destituídos de reserva coloca-se a questão sobre o procedimento a adotar. Sem dúvida, pode-se afirmar que ao aplicador cumpre tomar em consideração os passos seguintes. Primeiramente, ele haverá de questionar se o direito constitucional colidente é aplicável a direitos fundamentais se existente a reserva legal. Pieroth/Schlink são de opinião que nesse caso a consideração do direito constitucional colidente não encontra ensejo. Já na inexistência de reserva legal, destacam os autores que "lá onde a Lei Fundamental não contém nenhuma reserva legal, ali também não viu perigos de colisão" e que "a solução de um problema de colisão por isso tem a ver com a pergunta se a conduta colidente realmente cai no âmbito de proteção" do direito fundamental.[81]

Em segundo lugar, a possibilidade de intervenção num direito fundamental destituído de reserva legal não pode subsistir sob pressupostos menos exigentes do que aqueles dos direitos fundamentais com reserva legal.[82]

Por último, "já que a Lei Fundamental não prevê intervenções no caso de direitos fundamentais sem reservas, devem elas, em qualquer caso, permanecer como *exceções*".[83] O conteúdo de dignidade humana dos direitos fundamentais é

---

e dos contratos e, bem assim, a função de proteção dos direitos fundamentais voltada à proteção do indivíduo, sobretudo nas relações em que uma das partes encontra-se fragilizada diante do poderio econômico da outra. Responsabilidade subsidiária. Súmulas 11 deste Tribunal e 331, IV, do TST.

[80] José Carlos Vieira de Andrade, *Os Direitos Fundamentais na Constituição Portuguesa de 1976*, cit., p. 279.

[81] Pieroth/Schlink, *Grundrechte – Staatsrecht II*, cit., p. 76, Rn 332. (Textos originais: "Dort, wo das Grundgesetz keine Gesetzesvorbehalte enthält, hat es auch keine Kollisionsgefahren gesehen". "Die Lösung eines Kollisionsproblems hat daher mit der Frage, ob das kollidierende Verhalten überhaupt in den Schutzbereich fällt..."). Já Klaus Stern (*Das Staatsrecht der Bundesrepublik Deutschland*, cit., v. III/2, p. 623) afirma: "Sempre resta examinar se o direito posto solucionou a colisão adequadamente do ponto de vista dos direitos fundamentais". (Texto original: "Immer bleibt nämlich zu prüfen, ob das Gesetzesrecht die Kollision grundrechtsadäquat aufgelöst hat".)

[82] Pieroth/Schlink, *Grundrechte – Staatsrecht II*, cit., p. 76, Rn 333.

[83] Pieroth/Schlink, *Grundrechte – Staatsrecht II*, cit., p. 75, Rn 334. (Texto original: "Weil das Grundgesetz bei den vorbehaltlosen Grundrechten Eingriffe nicht vorsieht, müssen sie jedenfalls Ausnahmen bleiben").

inviolável sob semelhante intervenção, e o mesmo deve valer na hipótese de colisão entre direitos fundamentais com e sem reserva.[84]

As regras de hermenêutica antes explicitadas também são válidas no direito constitucional brasileiro. Entretanto, problemas específicos exigem solução, dado que entre nós o legislador encontra-se em débito devido à sua omissão legislativa infraconstitucional, inclusive no tocante a normas que deveriam regrar direitos fundamentais com reserva, como ocorre com o art. 37, VII, da Constituição, relativo à greve dos servidores públicos. Como solucionar, na hipótese de greve, a colisão com direitos de outros titulares ou com bens relevantes para a comunidade? Seria possível, eventualmente, transpor as regras previstas pela legislação aplicável a trabalhadores do setor privado para a greve desses servidores? A resposta parece deve ser negativa, porque se a transposição de restrições de direito fundamental com reserva para outro sem reserva é inaceitável, o mesmo parece dever valer no caso concreto, em que o legislador está em falta por não estabelecer os limites do direito de greve. Essa falta, parece, deve equiparar o direito fundamental àqueles sem reserva, remanescendo a dignidade humana ou a garantia do mínimo existencial como referência para a solução de colisões.[85]

3.4. A concorrência ou concurso ideal de normas jusfundamentais

Segundo Joachim Vogel, a concorrência de normas, via de regra, não ameaça a unidade da ordem jurídica.[86] A concorrência de normas é tema conhecido nos distintos ramos do direito, como o civil e o penal. A solução de problemas passa por regras como a precedência da norma de hierarquia superior (*lex superior*) ou da norma mais recente (*lex posterior derogat legi priori*), ou pela existência de relação de especialidade (*lex specialis derogat legi generali*). A esse propósito, ver o art. 2º da Lei de Introdução ao Código Civil.

A concorrência de direitos fundamentais surge quando mais de um direito fundamental parece afirmar-se em um mesmo e determinado caso.[87] A dificuldade então colocada está em saber qual desses direitos melhor se ajusta para, "sob medida", superar o conflito aparente na concorrência.[88] A diferenciação frente a

---

[84] Pieroth/Schlink, *Grundrechte – Staatsrecht II*, cit., p. 75-6, Rn 334-5.

[85] Ver nota 72. É de observar que recente decisão por maioria dos ministros do STF (Mandado de Injunção 712) aponta para a possibilidade da transposição das regras alusivas à limitação do direito de greve dos trabalhadores da área privada para o direito de greve de servidores públicos. O teor do extrato da decisão (até a data da impressão deste livro, a integralidade do acórdão não fora publicada) dispõe que deve haver a aplicação da Lei 7.783/89 "no que couber".

[86] Joachim Vogel, *Juristische Methodik*, Berlin e New York: de Gruyter, 1998, p. 60.

[87] Vale ter presente a definição de concorrência e sua distinção de colisão. Conferir nota 66.

[88] Pieroth/Schlink, *Grundrechte – Staatsrecht II*, cit., p. 77-8, Rn 337-8a. Os autores dão como exemplo o caso de um redator de um órgão de imprensa que esteja sendo perseguido em seu trabalho. No caso, a liberdade de imprensa e a liberdade de profissão, direitos fundamentais assegurados, respectivamente, no art. 5º, alínea 1, e no art. 12, alínea 1, da Lei Fundamental, são igualmente invocáveis. Conferir acerca do tema e mesmo exemplo, Gilmar F. Mendes, *Os Direitos Individuais e suas limitações: breves reflexões*, cit., p. 312; do mesmo autor, Limitações dos Direitos Fundamentais, cit., p. 356.

colisões de direitos fundamentais define-se em que, na hipótese da concorrência, somente se tem em vista um único titular de direitos fundamentais. Portanto, na concorrência não se estabelece colisão entre direitos fundamentais, mas sim, uma convergência de direitos fundamentais que favoreçam a posição de seu único titular.

Quando uma conduta é coberta pelo âmbito de proteção de dois direitos fundamentais, o problema se resolve por meio da aplicação do princípio da precedência do direito fundamental especial.[89] Entretanto, quando não existir relação de especialidade, relação essa designada por Pieroth/Schlink como concorrência ideal, então a proteção à conduta é determinada de acordo com ambos os direitos fundamentais.[90] Os autores esclarecem que se o efeito protetivo de dois direitos fundamentais tiver força distinta, a dupla proteção significa que uma intervenção somente seria aceitável se também pudesse ser direcionada ao direito com a proteção mais vigorosa.[91]

Feito o exame das funções dos direitos fundamentais, além da conformação e restrições a que sujeitos, mas que igualmente tem em vista a sua efetividade, é hora de se examinar, sob essa mesma perspectiva, os direitos fundamentais sociais.

---

[89] Pieroth/Schlink, *Grundrechte – Staatsrecht II*, cit., p. 78, Rn 339
[90] Pieroth/Schlink, *Grundrechte – Staatsrecht II*, cit., p. 78-9, Rn 343.
[91] Pieroth/Schlink, *Grundrechte – Staatsrecht II*, cit., p. 78-9, Rn 343.

Segunda Parte

Os direitos fundamentais sociais e o princípio do Estado Social

Capítulo I – A trajetória dos direitos sociais

Antes do exame da matéria deste capítulo, é necessário destacar que a oposição político-econômica e o desprezo jurídico de que os direitos sociais ainda são objeto certamente concorre para o grande déficit na sua apreensão temática e na sua concretização.[1] A resistência, apontada por Ingo W. Sarlet, pode ser confirmada mediante o exame de proposta de revisão constitucional assinada por dez professores de direito constitucional, na qual os direitos sociais não eram contemplados no catálogo dos direitos fundamentais.[2] Embora os direitos sociais expressem direitos fundamentais positivamente inseridos na Constituição de 1988, do meio jurídico provêm textos que procuram fazer dogmática "às avessas", ou seja, examinam esses direitos não com o objetivo de verificar quais as conseqüências que produzem no mundo jurídico, mas sim, com o olho dirigido à sua supressão do rol dos direitos fundamentais ou à sua desqualificação como direitos fundamentais.[3]

Essa visão preconceituosa, e por certo ideológica, parece operar, também, com o desconhecimento histórico. Basta ter em conta que o "anseio popular" esteve na base das declarações de direitos francesa e norte-americana, inclusive com a reivindicação de uma Constituição racional e escrita, consoante observações de especialistas (comparar com nota 6, deste capítulo). Os direitos sociais e sua consolidação jurídica serão objeto de exame na seqüência.

---

[1] Ingo W. Sarlet (*A Eficácia dos Direitos Fundamentais*. 5. ed., Porto Alegre: Livraria do Advogado, 2005, p. 352) refere que "existe – de modo especial entre nós – uma nítida tendência no sentido de negar-se pura e simplesmente aos direitos sociais sua eficácia e efetividade. Com efeito, pode-se chamar de ideológica a postura dos que tentam desqualificar os direitos sociais como direitos fundamentais (...)".

[2] Ives Gandra da Silva Martins [Coord.], *Brasil Livre: Proposta de Revisão Constitucional*. Porto Alegre: Ortiz S/A, 1993.

[3] Um exemplo disso se encontra em Roger Stiefelmann Leal (*Direitos sociais e a vulgarização da noção de direitos fundamentais*, Internet, http://orion.ufrgs.br/mestredir/doutrina.htm), que, depois de criticar a falta de "rigor teórico" que possibilitara a conversão de reivindicações sociais em direitos fundamentais, assim se manifesta: "Desse modo, vêm surgindo novos direitos rotulados de fundamentais que, a exemplo dos direitos econômicos e sociais, constituem anseios populares sem a menor condição de serem normatizados como direitos".

1. DESDOBRAMENTOS NO PLANO INTERNACIONAL: BREVES NOTAS DE HISTÓRIA

Segundo Peter Krause, "a história dos direitos sociais ainda não está escrita".[4] Para o autor, em geral as exposições relativas aos direitos sociais se contentam em permanecer na superfície da história. O certo é que, depois de seu surgimento no cenário político e jurídico, os direitos sociais passaram a ser um patrimônio comum que, não obstante a mencionada renitência, não se deixa mais remover da história dos povos.

Em sua origem, os direitos sociais estiveram – e hoje continuam – fortemente vinculados ao direito *ao* trabalho,[5] e seus distintos conteúdos, revelados no Direito do Trabalho e no Direito Previdenciário. Fortes, apesar de pouco conhecidas, foram as controvérsias acerca do reconhecimento de direitos sociais pela Declaração de Direitos francesa de 1789.

Já no período pré-revolucionário, foram deduzidos do princípio da fraternidade direitos sociais de natureza previdenciária em razão de doença, velhice e acidentes. A reivindicação de postos de trabalho, a instituição de um salário mínimo e a criação de instituições de ensino público foram exigências colocadas pelos eleitores aos seus representantes na Assembléia Nacional.[6] Direitos a um mínimo existencial, à educação, ao trabalho e à segurança foram propostos por constituintes como Sieyés e Target. Em seu texto final, a Declaração não contemplou direitos sociais, embora isso não signifique que a Assembléia Nacional, por princípio, os rejeitasse.[7] De qualquer modo, o "caráter burguês" da Declaração se mostrou não só na posição secundária da igualdade frente à liberdade, mas também na ausência de prescrições que teriam possibilitado a largos círculos populacionais fazerem uso dessa liberdade, em termos formais e de conteúdo, similarmente à salientada garantia da propriedade.[8]

---

[4] Peter Krause, Die Entwicklung der sozialen Grundrechte, in: Günter Birtsch (Org.), *Grund- und Freiheitsrechte im Wandel von Gesellschaft und Geschichte*. Göttingen: Vandenhoeck & Ruprecht, 1981, p. 402. (Texto original, inclusive com as palavras em maiúsculo: "DIE GESCHICHTE DER SOZIALEN GRUNDRECHTE ist noch nicht geschrieben").

[5] É surpreendente ver que o trabalho já fora objeto de Decreto de Luís XVI, em fevereiro de 1776, portanto antes mesmo da Revolução Francesa. Nesse Decreto, o rei manifestava a vontade de livrar seus súditos dos grilhões de "arbitrárias estruturas, que não permitem que os pobres vivam de seu trabalho" (Conforme Peter Krause, Die Entwicklung der sozialen Grundrechte, p. 403).

[6] Peter Krause, Die Entwicklung der sozialen Grundrechte, cit., p. 405-6. Essas reivindicações constavam nos "cahiers de doléance" (cadernos de queixas) que os titulares de direitos eleitorais dos diferentes estamentos da sociedade feudal enviaram por meio de seus representantes à Assembléia Nacional. Werner Frotscher e Bodo Pieroth (*Verfassungsgeschichte*. 2. ed., München: C. H. Beck, 1999, p. 26-7, Rn 54-5) ressaltam que uma das reivindicações principais que constavam nesses cadernos, e posta em relevo por muitos representantes, foi a de uma Constituição racional e escrita. (Observação: doravante os dois últimos autores serão citados resumidamente por *Frotscher/Pieroth*).

[7] Peter Krause (Die Entwicklung der sozialen Grundrechte, cit., p. 412) nota que mesmo direitos fundamentais clássicos ficaram fora do texto da Declaração, pois que a Assembléia queria ocupar-se de questões político-práticas mais urgentes.

[8] Conforme Frotscher/Pieroth, *Verfassungsgeschichte*, cit., p. 33, Rn 65. Os autores ressaltam que já no art. 2º da Declaração constava que a propriedade era um direito humano "natural e irrenunciável", ao passo que no art. 17, que fechava o catálogo dos direitos, a propriedade foi tida como santificada.

A primeira Constituição francesa do período revolucionário, de 1791, previu a criação de instituições públicas de ajuda voltadas ao cuidado de crianças enjeitadas, ao apoio a pobres doentes e à criação de trabalho para "pobres com saúde", além do ensino público elementar e gratuito.⁹

Na Constituição jacobina de 1793, grande número de direitos sociais foi contemplado, entre os quais o direito ao trabalho. Já na Constituição de 1795, os direitos sociais foram excluídos, e os próprios direitos fundamentais clássicos definharam, até serem definitivamente eliminados pela restauração napoleônica por meio da Carta de 1814.¹⁰ Mais tarde, com a revolução de fevereiro de 1848, direitos sociais tornaram a ser reconhecidos pelo governo provisório, mas a reação conservadora não tardou, e a Constituição de agosto de 1848 tratou de enfraquecê-los novamente, especialmente o direito ao trabalho.¹¹

As venturas e desventuras dos direitos sociais também são identificáveis na história alemã. Assim como na Assembléia francesa, também na Assembléia Nacional alemã, que se reuniu em Frankfurt em 1848, houve grande controvérsia acerca da inscrição de direitos sociais na Constituição. Embora se tratasse de período revolucionário, com exigências social-reformistas, os direitos sociais, exceção feita ao ensino primário gratuito, não foram incluídos entre os direitos fundamentais da Constituição de 1849.¹² Entretanto, medidas no sentido de sua concretização foram adotadas no plano infraconstitucional a partir de 1870, sob Otto von Bismarck, na Prússia. Essas medidas derivaram da ameaça representada pela miséria dos trabalhadores e pelos movimentos sociais do final do século XIX. Já no século XX, a Constituição de Weimar acolheu vários direitos sociais, que acabaram soçobrando sob a ditadura nazista. Após a Segunda Guerra mundial, veio a Lei Fundamental de 1949, constituição ainda em vigor, que não prevê capítulo específico envolvendo direitos sociais. Contudo, o direito à proteção e o cuidado das mães frente à comunidade e a igualdade entre filhos nascidos dentro e fora do casamento são direitos fundamentais sociais que a Lei Fundamental reconhece, respectivamente, no art. 6º, alíneas 4 e 5. De par com isso, ela adotou o princípio do Estado Social, para cuja concreção foram determinantes a jurisprudência do Tribunal Constitucional alemão e a legislação social infraconstitucional.

Em plano internacional, merecem destaque as convenções da Organização Internacional do Trabalho (OIT), o Pacto Internacional dos Direitos Econômicos, Sociais e Culturais, de 1966, ratificado pelo Brasil em 1976, e a Carta Social Européia, de 1965, que reconhecem direitos sociais, enquanto se aguardam declarações a respeito em nível sul-americano, especialmente do Mercosul.

---

⁹ Peter Krause, Die Entwicklung der sozialen Grundrechte, cit., p. 414.

¹⁰ Idem, p. 416-7.

¹¹ Idem, p. 420-1.

¹² Peter Krause, Die Entwicklung der sozialen Grundrechte, cit., p. 422-5. Trata-se da designada *Paulskirchenverfassung*, que logo fracassou diante da reação dos príncipes alemães, apoiados em seus antigos instrumentos de poder, quais sejam, o exército e os cargos públicos, e que se empenharam em restaurar a velha ordem constitucional. Cf. Frotscher/Pieroth, *Verfassungsgeschichte*, cit., p. 177, Rn 325.

2. OS DIREITOS SOCIAIS NA HISTÓRIA CONSTITUCIONAL BRASILEIRA

2.1. Evolução sob a influência da concepção liberal de Estado

É sabido que as raízes do Estado Liberal se encontram nas revoluções norte-americana e francesa de 1787 e 1789, respectivamente. A primeira significou a independência das treze colônias americanas do jugo inglês, e a segunda determinou a fratura do sistema feudal e o fim do sistema de privilégios sociais reinante. Conquanto a liberdade, a igualdade e a fraternidade tivessem sido os princípios que moveram a revolução francesa, o primeiro deles se sobrepôs aos demais, influenciando a nova concepção de Estado – o Estado Liberal – que se consolidou no século XIX. Nele a propriedade, a liberdade e a segurança dos indivíduos passaram a direitos, considerados absolutos pela nova ordem. A intervenção estatal é aceita, contanto que mantida a intangibilidade desses direitos.

O Brasil, já no Primeiro Império, importou as idéias liberais, adotou seus princípios na Constituição de 1824 e, no Segundo, até teve seu Partido Liberal. Conseqüências no plano prático foram inexpressivas.[13] Recorde-se que a organização social e econômica, estruturada no sistema escravocrata, sobreviveu até as vésperas da Proclamação da República enquanto, em nível político, a monarquia manteve sistema centralizador de governo, materializando-se, assim, duas faces, entre tantas, da farsa denunciada por Raymundo Faoro.

Os direitos sociais aparecem embrionariamente na Constituição outorgada de 25-3-1824, no Título relativo às "Garantias dos Direitos Civis e Políticos". O art. 179, alínea 24, dispunha que "nenhum gênero de trabalho, de cultura, indústria ou comércio pode ser proibido, uma vez que não se oponha aos costumes públicos, à segurança e saúde dos cidadãos". A dimensão negativa, de defesa frente à intervenção estatal, do direito ao trabalho ali reconhecido naturalmente, se relaciona à concepção de Estado Liberal então prevalecente em países europeus e importada pelo Brasil.[14] De qualquer modo, vale fixar que a conexão entre

---

[13] Raymundo Faoro (*Os Donos do Poder – formação do patronato político brasileiro*. 11. ed., São Paulo: Globo, v. I, 1997, p. 365), faz incisiva observação: "A sociedade luso-brasileira contraiu, a partir da Revolução Portuguesa de 1820, o achaque liberal. Contraiu é o termo: o liberalismo não seria mais que uma doença importada, com a qual deveria conviver sem a ela ceder".

[14] É verdade que o 1° e o 2° Impérios não foram expressão de um Estado Liberal, dada a existência de poder moderador sem responsabilidade política, enfeixado pelos dois imperadores, e da manutenção da servidão até o início da República. Não obstante isso, o *caput* do art. 179 da Constituição outorgada de 1824 dispunha que "a inviolabilidade dos direitos civis e políticos dos cidadãos brasileiros, que tem por base a liberdade, a segurança individual e a propriedade, é garantida pela Constituição do Império, pela maneira seguinte: (...)". É curioso que o tripé "liberdade, segurança e propriedade" se manteve nas Declarações de Direitos das Constituições de 24-02-1891 e de 16-7-1934, na Constituição outorgada de 10-11-1937, nas Constituições de 18-9-1946 e de 24-01-1967, na Emenda Constitucional n° 1, de 17-10-1969, e na Constituição de 05-10-1988. Todas as Constituições, sejam as outorgadas pelo imperador ou por ditadores, sejam as democráticas, exprimiram o credo em liberdade, segurança e propriedade. O fato histórico suscita reflexões acerca da falta de sintonia entre os princípios reputados valiosos pela tradição constitucional brasileira e a sua aplicação prática na vida da maioria dos brasileiros. Marcelo Neves (Zwischen Subintegration und Überintegration: Bürgerrechte nicht ernstgenommen. *KJ*, Baden-

trabalho, segurança e saúde, como também a instrução primária e gratuita a todos os cidadãos, estabelecida na alínea 32 do mesmo art. 179,[15] obtiveram reconhecimento jurídico há quase duzentos anos.

A Declaração de Direitos da Constituição de 1891 não contempla a liberdade do trabalho nem o direito à instrução primária. O único direito de feição social reconhecido é a aposentadoria por invalidez de funcionários a serviço da Nação, consoante art. 75.

À essa época, o país já abolira o regime escravo. Mas os senhores rurais valeram-se de fórmulas como o *truck system* para reter em suas fazendas os trabalhadores recém-egressos da escravidão, comprometendo-lhes sua liberdade real.[16] A partir de 1917, as greves e movimentos dos trabalhadores, voltados à melhoria de sua condição social, formaram um componente político a mais a perturbar a estabilidade liberal. A presença regulamentadora do poder público passou a ser exigida, apesar da resistência dos defensores da liberdade contratual no domínio das relações de trabalho.[17] A ebulição social no primeiro pós-guerra europeu deu origem à OIT, em 1919, evidenciando a importância que os direitos sociais adquiririam no plano internacional. Esses fatos também influíram no Brasil, estendendo para cá a chamada "questão social", que acabou por exigir a revisão do liberalismo em sua versão brasileira.[18]

Baden,1999, (32): 575) é autor brasileiro que ressalta a contradição que há entre o discurso constitucional e o reduzido nível de efetividade dos direitos previstos nas constituições brasileiras. Ele sustenta que os direitos previstos na Constituição, especialmente os direitos da cidadania, estão acometidos por "uma espécie de hipertrofia em sua dimensão político-simbólica à custa de sua função jurídico-normativa". (Texto original: "eine Art Hypertrophie ihrer politisch-symbolischen Dimension zu Lasten ihrer rechtsnormativen Funktion").

[15] Aqui uma observação deve ser feita: é evidente que o outorgante de 1824 bebeu em fontes francesas. Esse direito social, oriundo de reivindicação já apresentada à Assembléia Nacional antes da Revolução (ver nota 6), foi reconhecido pela Constituição francesa de 1791. Não obstante a solene frase da Constituição outorgada de 1824, cinqüenta anos depois, em 1875, os alfabetizados atingiam o número de 1.564.481. Já os analfabetos formavam um exército de 8.365.991 (Raymundo Faoro, *Os Donos do Poder – formação do patronato político brasileiro*, cit., vol. I, p. 376). A circunstância denota como é antiga a tradição brasileira no que respeita ao descompasso entre os direitos que as constituições reconhecem e a dura realidade reservada à maioria.

[16] Caio Prado Júnior, *História Econômica do Brasil*. 9. ed., São Paulo: Brasiliense, 1965, p. 218. Por intermédio do *truck system*, o empregador, como contraprestação por miserável salário, fornece gêneros necessários ao sustento. Ao impor a aquisição desses produtos, e a preços elevados, o proprietário mantém os trabalhadores endividados e presos ao lugar de trabalho. Essa prática se mantém até os dias atuais, sendo conhecidas as ações do Ministério Público do Trabalho dirigidas a libertar trabalhadores confinados em fazendas pelo interior do país, conforme notícias freqüentes da impresa, *v.g.*, a Folha de São Paulo de 20-9-07, p. A4 e A6.

[17] Raymundo Faoro, *Os Donos do Poder – formação do patronato político brasileiro*, São Paulo: Globo, v. II, 1997, p. 608. Cf., também, Evaristo de Moraes Filho (*Introdução ao Direito do Trabalho*. 3. ed., São Paulo: LTr, 1982, p. 159-60). Ambos os autores referem a opinião de Rui Barbosa, contrário à regulamentação estatal das relações entre patrão e empregado por considerá-la incompatível com a liberdade individual.

[18] Raymundo Faoro (*Os Donos do Poder – formação do patronato político brasileiro*, cit., v. II, p. 610) assim se expressa: "Fosse a *questão social* mero problema do operariado industrial, o programa revisionista seria desprezado, sem conseqüências, ato de irresponsável demagogia (...). O limite de horas de trabalho, o trabalho de menores, os acidentes de trabalho, o seguro, o descanso às gestantes são reivindicações que alcançam os proletários industriais, os empregados do comércio, operários dos serviços públicos, todos os negativamente privilegiados, a plebe urbana. O problema incide sobre os funcionários públicos e os militares, apertados no vencimento mensal, despidos do antigo prestígio estamental, e convertidos, aos olhos dos dirigentes e da burguesia, em parasitas ociosos". As observações de Faoro suscitam reflexões acerca do "liberalismo de feição brasileira"

É sabido que já na primeira quarta parte do século XX a legislação social começou a empreender seus passos no Brasil, para o que, sem dúvida, concorreu a industrialização e a urbanização. A Lei nº 3.724, de 1919, é das primeiras regras de proteção aos trabalhadores frente a acidentes do trabalho. Leis esparsas passaram a regrar direitos previdenciários de caráter público para categorias de trabalhadores específicos, como foi o caso do Decreto-Legislativo nº 4.682/23 ("Lei Eloy Chaves"), o qual criou as Caixas de Aposentadoria e Pensões para os ferroviários, depois estendidas a outras categorias profissionais. Também direitos do trabalho de categorias profissionais específicas foram surgindo, alcançando sistematização final na CLT, em 1943.

2.2. Direitos sociais como categoria constitucional expressa

2.2.1. Influência das constituições mexicana e de Weimar

As Constituições do México, de 1917, e a alemã de Weimar, de 1919, constituem referência internacional para a instauração de novo modelo de Estado – o Estado Social de Direito – o qual rompe com a concepção liberal. Passa-se a exigir, não a abstenção ou a mera presença do Estado para garantir a liberdade e a propriedade de alguns, mas sim atividade que leve ao usufruto desses direitos por aqueles a quem o sistema social e econômico não garante o mínimo existencial, base necessária para que o indivíduo possa desenvolver-se com autonomia. Conseqüência dessa nova concepção é o reconhecimento de direitos sociais nas constituições de países europeus e da América.

A Constituição do México foi pioneira no reconhecimento de direitos fundamentais sociais, incluindo-os no capítulo das garantias e liberdades. Sobreveio, logo em seguida, a Constituição republicana de Weimar, que normalmente é tomada como paradigmática nesse terreno e que consolidou a ruptura com a ordem liberal até então vigente na Alemanha, país recém-saído da derrota na Primeira Guerra mundial. Na doutrina alemã, refere-se que essa Constituição chegou a atribuir mais importância ao aspecto social do que ao democrático. Entretanto, os direitos fundamentais sociais que afirmou não lograram êxito em sua concreção. Por serem estruturalmente diferentes dos direitos fundamentais clássicos, eles – os direitos sociais – exigiam a atuação, e não abstenção, estatal. Mas nem o legislador nem o Judiciário dispensaram-lhes a devida atenção, uma vez presos a concepções jurídicas do velho regime, razão pela qual os direitos sociais remanesceram como meras normas programáticas.

As razões do fracasso da República de Weimar ainda hoje são motivo de análise e de controvérsias na Alemanha.[19] Não é incomum que as promessas des-

---

do início do Século XX, cujas concepções continuam tendo terreno fértil entre forças poderosas da cena política brasileira atual.

[19] Detlef Lehnert, Wie desintegrativ war die Weimarer Reichsverfassung. *KJ*, Baden-Baden, 1999, (32): 398-409; Wilhelm Hennis, Integration durch Verfassung. *JZ*, Tübingen, 1999, (10): 485-95; Felix Hammer, Die

cumpridas pela respectiva Constituição no terreno social sejam apontadas como responsáveis pela sua erosão e, finalmente, revogação. Entretanto, há autores que sustentam que isso se deveu à falta de compromisso com a Constituição por parte dos responsáveis pela implementação de suas normas, nelas incluídos os direitos fundamentais sociais.[20] De outro lado, o regime democrático-parlamentar instaurado pela República de Weimar sofreu ataques virulentos oriundos de jurista renomado.[21] Para a fraqueza do regime também concorreu o presidente Paul von Hindenburg, pelo abuso com que editava espécie de medidas provisórias (*Notverordnungen*) que serviam para erodir continuamente a Constituição e paralisar o parlamento.[22] À tomada do poder pelos nazistas em 1933, esse abuso prosseguiu em função da repressão aos partidos políticos de oposição. No final, essas medidas ditatoriais se converteram em instrumento de terror.[23]

Não obstante o fracasso da experiência de Weimar, é sabido que o constitucionalismo social por ela adotado acabou por influenciar até mesmo a Lei Fundamental de 1949, que incorporou explicitamente o princípio do Estado Social, além de reconhecer, embora excepcionalmente, direitos sociais.

No Brasil, o constitucionalismo social de Weimar marcou presença na Constituição de 1934, e também nas seguintes, com a inserção de normas alusivas a direitos sociais em títulos concernentes à Ordem Econômica e Social, como será visto a seguir.

Verfassung des Deutschen Reichs vom 11. August 1919 – die Weimarer Reichsverfassung. *Jura*, Tübingen, 2000, (2): 57-63.

[20] O ex-presidente do Tribunal Constitucional, Dieter Grimm (Das Grundgesetz nach 50 Jahren. *DRiZ*, Berlin, abr./2000, p. 151-2), ressalta que sob a Constituição de Weimar dominou a concepção segundo a qual os direitos fundamentais valem no quadro das leis, e não o contrário, ou seja, que as leis é que valem no quadro traçado pelos direitos fundamentais. O autor ainda sublinha que a ciência do direito da época de Weimar contribuiu para despir os direitos fundamentais sociais de sua qualidade jurídica na medida em que, em lugar de limites, esses direitos impunham encargos ao Estado. Ademais, faltara uma instância jurídica que se ocupasse da realização dos direitos sociais. Felix Hammer (Die Verfassung des Deutschen Reichs vom 11. August 1919 – die Weimarer Reichsverfassung, cit., (2): 63) escreve que a Constituição de Weimar era uma Constituição da liberdade, democrática, de direito e social. O autor reporta que a crise econômica, a pobreza e a miséria de vastas camadas populacionais, bem como a falta de compromisso da maioria da população com esses novos valores constitucionais, contribuíram para levar a Constituição ao fracasso. E finaliza dizendo que se os houve, "assim foram menos os erros da Constituição de Weimar do que os erros daqueles que, na vida estatal, deviam tê-la trazido para a vigência que a conduziram ao seu fracasso". (Texto original: "So waren es weniger die Fehler der Weimarer Verfassung als die Fehler derjenigen, die sie im staatlichen Leben zur Geltung zu bringen hatten, die zu ihrem Scheitern führten"). A análise desses autores permite interessantes comparações com o que é feito no Brasil a favor (ou contra) a concreção dos valores, princípios, direitos e deveres previstos na Constituição de 1988.

[21] Frotscher/Pieroth (*Verfassungsgeschichte*, cit., p. 295, Rn 541) comentam os ataques que Carl Schmitt desferia ao sistema parlamentar adotado pela Constituição de Weimar. Em artigo jornalístico (Geistige Wiederbewaffnung. *Die Zeit*, 15-11-01, Feuilleton, p. 54), Thomas Assheuer escreveu sobre a renascença que as idéias de Schmitt experimentaram após o atentado de 11-9-01 em New York, com o aceno para determinações do tipo "amigo-inimigo" nas relações internacionais. Referindo-se a Schmitt, o autor escreve: "nem seu papel como coveiro da República de Weimar nem sua infatigável atividade como principal jurista de Hitler ('O líder protege o direito') diminuem sua força atrativa". (Texto original: "Weder seine Rolle als Totengräber der Weimarer Republik noch seine rastlose Tätigkeit als Kronjurist Hitlers ('Der Führer schützt das Recht') mindern seine Anziehungskraft").

[22] Frotscher/Pieroth, *Verfassungsgeschichte*, cit., p. 279-80, Rn 515-6.

[23] Frotscher/Pieroth, *Verfassungsgeschichte*, cit., p. 306-7, Rn 563-4.

2.2.2. Os direitos sociais nas Constituições de 1934, 1937, 1946, 1967 e na Emenda nº 1/69

No capítulo "Dos Direitos e das Garantias Individuais" da Constituição de 1934, o direito de prover à subsistência pessoal e da família, "mediante trabalho honesto", obteve reconhecimento no art. 113, alínea 34, mantendo-se, todavia, preponderante a sua dimensão defensiva. A notar que cai o direito à aposentadoria.

Entre as novidades apresentadas, está o Título IV, que pela vez primeira na história do nosso constitucionalismo cuida de normas alusivas à Ordem Econômica e Social. Destacam-se as de natureza coletiva, trabalhista e previdenciária, mais especificamente, diretrizes a serem observadas pela legislação. Assim, o art. 120 fixava que "sindicatos e associações serão reconhecidos na forma da lei", enquanto o art. 121, § 1º e alíneas, estipulavam "preceitos" de natureza trabalhista, médico-assistencial e previdenciária, cuja regulamentação caberia à legislação do trabalho. Especial referência merece o art. 122, que instituiu a Justiça do Trabalho, embora ainda fora da estrutura do Poder Judiciário.

O art. 149, inserido no Título V da Constituição de 1934, estabelecia que a educação é "direito de todos". O parágrafo único do art. 150, nas alíneas "a" e "b", previu, respectivamente, "ensino primário integral e gratuito" e "tendência à gratuidade do ensino educativo ulterior ao primário".

A Constituição outorgada por Getúlio Vargas em 1937 introduziu capítulo designado de "Ordem Econômica", sem o qualificativo "Social". Seu art. 136 dispõe que "o trabalho é um dever social", "que a todos é garantido o direito de subsistir mediante o seu trabalho honesto", e que o Estado possui o dever de protegê-lo, "assegurando-lhe condições favoráveis e meios de defesa". A precedência dada ao dever frente ao direito indicia a natureza totalitária do regime.[24] Enquanto direito, o trabalho continua sendo visto em sua feição de defesa, tanto é que a Constituição sob exame refere-se à garantia de "meios de defesa". O art. 137 enunciou preceitos trabalhistas, médico-assistenciais e previdenciários a serem observados pela legislação do trabalho. De acordo com o art. 139, a greve teria "caráter anti-social".

Quanto à educação, inexistia regra explícita que a reconhecesse como direito de todos. O art. 130 manteve o ensino primário gratuito. Entretanto, norma similar à da Constituição de 1934, que ordenara a "tendência à gratuidade do ensino ulterior ao primário", não foi adotada pelo outorgante.

Mediante a Constituição de 1946, o Brasil reencontra-se com a democracia. Volta-se a prever título designado "Da Ordem Econômica e Social". O parágrafo único do art. 145 assegurava "trabalho que possibilite existência digna", e os de-

---

[24] O art. 186 declarou todo o país em estado de emergência, que perdurou até a sua revogação pela Lei Constitucional nº 16, de 30-11-1945. Os artigos 168 e 169 discriminavam os poderes ditatoriais conferidos ao Presidente durante o estado de emergência, reduzida a garantia da liberdade a ficção. Apesar disso, o *caput* do art. 122 assegurava aos brasileiros e estrangeiros residentes no país o direito à liberdade...

zessete incisos do art. 157 continham os "preceitos" trabalhistas e previdenciários que, segundo seu *caput*, seriam obedecidos pela legislação do trabalho e previdência social. O art. 158 reconhecia o direito de greve, e o art. 159 dispunha sobre a liberdade de associação profissional ou sindical. Por meio do art. 94, V, os juízes e Tribunais do Trabalho foram alçados a órgãos do Poder Judiciário. Tratando da educação, o art. 168, II, assumia redação semelhante ao parágrafo único do art. 150 da Constituição de 1934.

A Constituição de 1967 foi inovadora em relação aos direitos sociais na medida em que não mais se referia a simples preceitos a serem observados pela legislação ordinária. Assim fixava o art. 158: "A Constituição assegura aos trabalhadores os seguintes direitos, além de outros que, nos termos da lei, visem à melhoria de sua condição social: (...)". Seguiam-se vinte e um incisos com os distintos direitos trabalhistas, médico-assistenciais e previdenciários oriundos de relação de emprego. Normas que antes da Constituição de 1967 se limitavam a preceitos endereçados ao legislador ordinário passaram a abrigar *direitos de natureza constitucional*. No tocante aos direitos previdenciários, vale mencionar o inciso XX do art. 158, que estatuía "aposentadoria para a mulher, aos trinta anos de trabalho, *com salário integral*". (Sem destaque no original)

No que respeita à educação, o art. 166 voltou a considerá-la um direito de todos, e o art. 168, II, dispunha que o ensino, dos sete aos catorze anos, seria obrigatório e gratuito nos estabelecimentos oficiais, preceituando seu inciso III que o ensino oficial ulterior ao primário podia ser gratuito para quem demonstrasse aproveitamento e falta de recursos, além de prever a concessão de bolsas de estudo.

A Emenda Constitucional nº 1, de 1969, não introduziu mudança significativa no rol dos direitos sociais, permanecendo praticamente inalterados os de natureza trabalhista e coletiva e similares à Constituição de 1967 as regras relativas à educação.

2.3. Direitos sociais como direitos fundamentais na Constituição de 1988

2.3.1. Aspectos históricos

Sem dúvida, a Constituição brasileira de 1988 deu um salto qualitativo de extraordinário significado no terreno dos direitos sociais ao incluí-los no rol dos fundamentais e porque reconheceu novos direitos, resultantes da influência do movimento social na convocação da Assembléia Nacional Constituinte e no desenvolvimento dos seus trabalhos.

No que concerne à própria decisão de convocar a Assembléia, merece destaque o papel que organizações sindicais e associativas desempenharam no processo de redemocratização do país. Entre as primeiras, a reorganização dos trabalhadores em cidades integrantes do chamado ABC paulista, especialmente na área metalúrgica, pôs em xeque a legislação repressiva e tutelar no âmbito sindical. No final da década de 70, o objeto das greves transcendia os limites das reivindicações de natureza trabalhista. Almejava-se o fim da ditadura militar e a convocação de uma "Constituinte" que atendesse aos reclamos dos trabalhadores relativamente aos direitos sociais, sindicais e políticos. O movimento dos metalúrgicos ganhou a adesão de categorias da área bancária e de ensino. Não tardou a repressão a esses movimentos, o que causou mortes e prisões de líderes sindicais.

Entre as organizações associativas, papel determinante desempenhou a Ordem dos Advogados do Brasil (OAB). Em Congresso realizado no ano de 1980, o tema central foi a convocação da Assembléia Nacional Constituinte, produzindo-se na ocasião o primeiro projeto de texto constitucional.

Com o fim da ditadura militar, em 1985, e o início do processo de redemocratização do país, criaram-se as condições políticas necessárias à convocação da Constituinte (Emenda Constitucional nº 26/85) e, em 1986, sob o governo Sarney, a Comissão Afonso Arinos apresentou seu projeto de Constituição.[25]

Se o movimento popular foi decisivo para levar ao fim da ditadura e levar à convocação de Assembléia Nacional Constituinte, determinante também foi seu papel no desenvolvimento dos trabalhos da Assembléia afinal convocada.[26] Das emendas populares apresentadas, a maioria versou sobre direitos de participação da Sociedade em ações governamentais voltadas à concretização dos direitos sociais. O caráter determinante desse elemento genético é incontornável e há de ser referência na interpretação e aplicação das normas constitucionais alusivas aos direitos de participação de setores da Sociedade ou da comunidade dedicados à efetividade dos direitos sociais.

2.3.2. Nova qualificação normativa e novos direitos sociais

O desenvolvimento histórico da normatividade concernente aos direitos sociais pode ser contemplado em três importantes momentos. O primeiro deles diz respeito ao fato de que as constituições de 1934, 1937 e 1946 somente continham "preceitos" endereçados ao legislador ordinário para a elaboração de legislação social (do trabalho e previdenciária), cuja matéria era especificada em capítulo da Ordem Social e/ou Econômica. Por isso, os direitos do trabalho e previdenciários ali mencionados não eram exercitáveis exclusivamente com base na constituição, uma vez que para tanto ainda careciam da mediação de lei.

---

[25] O projeto não foi adotado pela Assembléia Nacional Constituinte. Não obstante isso, influiu na elaboração de normas do anteprojeto apresentado pelo relator. Comparar com Ingo W. Sarlet (*A Eficácia dos Direitos Fundamentais*, cit., p. 74).

[26] Ingo W. Sarlet (*A Eficácia dos Direitos Fundamentais*, cit., p. 74), referindo-se às 20.700 propostas de emenda ao anteprojeto da Constituição, ressalta: "Menos expressiva, mas ainda assim significativa por tratar-se do exercício de modalidade de democracia participativa, é a constatação de que o projeto foi objeto de 122 emendas populares, estas subscritas por no mínimo 30.000 eleitores". A esse tema voltar-se-á no Capítulo II da 3ª Parte.

Um segundo momento de significação histórica identifica-se na atribuição da hierarquia de "direitos constitucionais" aos direitos sociais que ocorre com a promulgação da Constituição de 1967. A partir de então, os direitos sociais do trabalho e previdenciários – alguns deles com conteúdo carente da conformação pelo legislador, além de insertos no capítulo da Ordem Econômica e Social – mantiveram categoria constitucional, de modo que pretensões a eles relacionadas podiam ser deduzidas diretamente da Constituição.

O terceiro momento histórico surge com a promulgação da Constituição de 1988 e envolve aspectos qualitativos e quantitativos. O primeiro deles naturalmente tem a ver com a inclusão dos direitos sociais no catálogo dos "direitos fundamentais", mudança extraordinária que exige a atenção do intérprete e aplicador do direito, de modo que não sejam esvaziados, lembrando-se que, diferente dos direitos clássicos que foram sendo incorporados às constituições brasileiras nos séculos XIX e XX,[27] a consecução dessa hierarquia fundamental dos direitos sociais a partir da Constituição de 1988 se creditou à mobilização social.

Com efeito, os direitos fundamentais sociais não foram "concessão" ou mera outorga de parlamentares investidos do Poder Constituinte, mas resultaram da ação e da pressão oriunda de distintos segmentos da Sociedade civil sobre a Assembléia Constituinte. Por não se tratar de concessão nem outorga e porque esses direitos fundamentais sociais estão incluídos entre as cláusulas pétreas, a erosão de seu conteúdo ou mesmo a eliminação do rol dos direitos fundamentais está fora da disposição dos exercentes do poder, dentre os quais o constituinte derivado que venha a atuar por meio de revisão ou emenda constitucional. Não obstante isso, a alteração da regra relativa ao prazo prescricional da ação proposta por trabalhador rural introduzida pela Emenda Constitucional nº 28/00 é exemplo da inobservância dessa vedação constitucional.

O aspecto quantitativo comparece na ampliação numérica dos direitos sociais. A leitura do art. 6º mostra que o lazer e a segurança são direitos novos não reconhecidos em constituições anteriores. Mesmo o direito à saúde não era expressamente previsto anteriormente, muito embora algumas normas contivessem preceitos a ele relativos. A moradia passou a ser direito fundamental social a partir da Emenda Constitucional nº 26, de 14-02-2000, positivando-se internamente direito já reconhecido em constituições estrangeiras e normas de direito internacional.[28]

Quanto ao direito ao trabalho, verifica-se que obteve desdobramentos em seu conteúdo no próprio capítulo dedicado aos direitos fundamentais sociais, ou seja, do art. 7º ao art. 11 da Constituição, ressaltando-se notável incremento do rol dos direitos fundamentais do trabalho.

---

[27] A respeito, ver notas 14 e 15, nas quais se refere o descompasso entre os direitos fundamentais declarados e a experiência concreta.

[28] Ver José Felipe Ledur, *A realização do direito ao trabalho*. Porto Alegre: Sergio Fabris, 1998, p. 180, nota 41.

A história dos direitos sociais no Brasil, da mesma forma que em países europeus, possui relação estreita com o direito *ao* trabalho e com as normas jurídicas que o disciplinam, especialmente as de direito *do* trabalho. Isso faz com que os direitos sociais por vezes sejam simplesmente confundidos com o direito do trabalho. A inserção de regras e princípios de direito do trabalho entre os direitos e garantias fundamentais (artigos 7° a 11 da Constituição de 1988) prova a força do vínculo histórico entre os direitos sociais e o direito ao trabalho e seus desdobramentos em normas de direito do trabalho, previdenciário e coletivo. Não obstante isso, bem mais amplo é o objeto dos direitos sociais, conforme demonstra o art. 6° da Constituição e os desenvolvimentos que a maioria dos direitos ali reconhecidos obteve nos Títulos concernentes à Ordem Econômica e, especialmente, à Ordem Social.

Voltando ao que se referiu no início deste capítulo, também no Brasil a história dos direitos sociais ainda está por ser escrita, sobretudo a história da sua extensão a todos os segmentos populacionais, em atenção ao princípio fundamental da igualdade material. Apesar disso, nos últimos tempos verifica-se tendência imposta pelo "mercado" que leva a restringir a qualidade dos direitos sociais, especialmente aquele que historicamente serviu de esteio para o reconhecimento dos direitos sociais em geral, que é o direito ao trabalho. O recuo histórico chega a tal ponto que o trabalho escravo recobra atualidade. Do ponto de vista normativo, observa-se que do Estado partem iniciativas no sentido de deixar o caráter imperativo e geral das leis de proteção ao trabalho à mercê da decisão de particulares. Disso é exemplo projeto de lei governamental que tramitou no Congresso Nacional na legislatura 1999-2003, o qual previa pudessem acordos e convenções coletivos dispor acerca da vigência ou não da legislação do trabalho. Esse projeto trilhava o caminho proposto pelo "direito responsivo", que prioriza a arbitragem, a mediação e a auto-regulação. Com semelhantes fórmulas abre-se caminho para a feudalização do sistema jurídico e, por conseqüência, da própria vida social, perdendo-se conquista do direito moderno que é o caráter de generalidade da lei e a isonomia. Em tal contexto também não se poderá falar em unidade da Constituição e nem em funções dos direitos fundamentais.

Capítulo II – Dogmática dos Direitos Fundamentais Sociais

1. ESCLARECIMENTO PRELIMINAR

Um esclarecimento preliminar parece necessário para definir com maior clareza o que vem a ser dogmática jurídica, até mesmo para obter maior certeza ao cuidar-se de tema que envolve dogmática jurídico-constitucional. Enquanto ciência que tem como objeto de investigação normas jurídicas vigentes,[1] não se deve, contudo, confundi-la com "dogmatismo jurídico". Antes de tudo, ressalta a diferença de método. Com efeito, a dogmática jurídica sistematiza o conhecimento jurídico a partir da realidade, da experiência normada pelo legislador, interpretada e aplicada pelo administrador e pelo juiz. O ponto de partida é o fato, o existente passível de conhecimento pela sua conversão em universalidade ou unidade de princípios, nunca o plano formal das abstrações. Daí por que, em perspectiva funcional, Hans D. Jarass disserta que a dogmática jurídica destina-se, em primeiro lugar, à facilitação da tarefa do aplicador do direito. Segundo o autor, "sua tarefa (da dogmática) consiste em fornecer linhas dirigentes ao aplicador do direito para a superação dos problemas vinculados a isso (à aplicação do direito), informada pelas decisões regulamentares encontradas pelo legislador". Ainda de acordo com Hans Jarass, "ela (a dogmática) cuida ao mesmo tempo para que a norma jurídica em causa desenvolva maior eficácia, justamente porque a dogmática simplifica sua aplicação".[2]

De sua vez, o dogmatismo jurídico parte de formulações abstratas, "modelando-se conceitualmente tipos ideais de institutos jurídicos a que a experiência

---

[1] Miguel Reale, *Filosofia do Direito*. 14. ed., São Paulo: Saraiva, 1991, p. 161.

[2] Hans D. Jarass (Bausteine einer umfassenden Grundrechtsdogmatik. *AöR*, Tübingen, 1995, (120): 346). (Textos originais: "Ihre Aufgabe besteht darin, dem Rechtsanwender Leitlinien für die Bewältigung der damit verbundenen Probleme zu erarbeiten, orientiert an den vom Gesetzgeber getroffenen Regelungsentscheidungen". "Sie sorgt gleichzeitig dafür, daß die betreffende Rechtsnorm größere Wirksamkeit entfaltet, eben deshalb, weil die Dogmatik ihre Anwendung vereinfacht").

concreta deveria corresponder para ter legitimidade ou licitude",[3] o que, normalmente, equivale a racionalizações ideológicas de má consciência. Disso permite-se concluir que nele prevalece o "argumento de autoridade", que não necessita de justificação exterior, procurando subtrair-se da força normativa que provém da decisão democrático-fundamental que deve estar na base de uma norma jurídica. O dogmatismo jurídico, subordinado que está a preconceitos que o colocam acima da historicidade do direito, impede a (re)descoberta do sentido das normas e, muito mais, o compromisso com sua efetivação.

Certamente é incontestável que a dogmática jurídico-constitucional deve especial atenção à gênese do direito, às influências históricas, sociais e políticas que deram origem às normas oriundas do exercício do poder constituinte originário. Trata-se de pressupostos que o intérprete e o aplicador das normas constitucionais há de considerar para que se atinja a almejada efetividade dos direitos fundamentais. Mas, além disso, os direitos fundamentais sociais também requerem sistematização. Acima de preconceitos que possam fazer pensar o contrário, também esses direitos conhecem uma dogmática.[4]

2. MANIFESTAÇÕES JURÍDICO-FUNDAMENTAIS DOS DIREITOS SOCIAIS

2.1. Direitos fundamentais sociais como categoria geral

Depois de lançar os fundamentos da República, nos quais sobrelevam o princípio da dignidade da pessoa humana e a construção de uma sociedade livre, justa e solidária (arts. 1°, III e 3°, I), e de relacionar direitos individuais e coletivos no Capítulo I do Título II, a Constituição brasileira dispõe, em tal contexto, no Capítulo II: "Art. 6°. São direitos sociais a educação, a saúde, o trabalho, a moradia, o lazer, a segurança, a previdência social, a proteção à maternidade e à infância, a assistência social aos desamparados, na forma desta Constituição".

Por estarem os direitos sociais reconhecidos no art. 6° formulados em termos gerais, em nível de princípios, e pertencerem às pessoas como membros da comunidade política e jurídica, eles dirigem-se a todos, ou seja, não correspondem a uma categoria específica de titulares de direitos fundamentais. O fato de "todos" serem os titulares desses direitos obviamente não significa que toda e qualquer ação governamental nesse terreno deva contemplar em igual medida a todos os indivíduos.[5]

---

[3] Miguel Reale, *Filosofia do Direito*, cit., p. 161.

[4] Raimund Waltermann, *Sozialrecht*. 2. ed., Heidelberg: C. F. Verlag, 2001, p.1, Rn 1. O autor destaca que "quanto melhor se conhece a sistemática e as estruturas dogmáticas do direito social, tanto mais perdem as muitas particularidades do direito social seu efeito assustador (...)". (Texto original: "Je besser man Systematik und bestehende dogmatische Strukturen des Sozialrechts kennt, desto mehr verlieren die vielen Einzelheiten des Sozialrechts ihre abschreckende Wirkung...").

[5] Acerca da justificação para tratamento diferenciado no terreno dos direitos sociais, ver nota 35 deste capítulo.

Esses direitos sociais gerais encontram desdobramento, explicitação de conteúdo, enfim, concreção ou materialização em direitos fundamentais específicos ainda no Título II da Constituição, para depois, nos Títulos VII e VIII, respectivamente, da Ordem Econômica e Financeira e da Ordem Social,[6] ganharem objetivações por meio de normas que para José Afonso da Silva se ocupam dos mecanismos organizacionais a eles pertinentes.[7] Única exceção é o direito à segurança, com desdobramentos no Título V, e que envolve a Defesa do Estado e das Instituições Democráticas.

Conforme já se referiu, os direitos fundamentais sociais do art. 6° explicitam o que corresponde à pessoa humana ser e ter para que viva com dignidade em sociedade livre, justa e solidária. De sua generalidade, não segue que sejam puramente formais, sem conteúdo, pois, além de exercerem funções jurídico-objetivas no ordenamento jurídico, já estão dotados de eficácia que se origina diretamente da Constituição, relativo ao mínimo existencial da pessoa e aos casos de urgência com perigo de dano grave irreversível, tema a que se voltará no final deste capítulo. Mas o seu significado seria restrito caso não houvesse outras normas constitucionais ou infraconstitucionais voltadas à sua concreção. Com efeito, direitos fundamentais sociais, enquanto gerais, via de regra não conferem direito subjetivo. Neste caso, por não serem direitos de defesa cuja força eficacial se extrai diretamente da Constituição, fora exceções já apontadas, não originam pretensão exercitável em juízo. Como já se anotou, para tanto, normalmente, é indispensável a prévia definição legal das ações ou prestações positivas do Estado ou de terceiros que objetivam. Portanto, os direitos sociais possuem objeto divisível.

Contudo, parte das normas constitucionais relacionadas aos direitos sociais do art. 6° já confere direito subjetivo em termos amplos, na medida em que especificados na própria Constituição, como acontece com o acesso ao ensino obrigatório e gratuito (§ 1° do art. 208) e com os direitos trabalhistas e previdenciários que, respectivamente, obtiveram desdobramento nos arts. 7° e 201 da Constituição, como será detalhado melhor no subitem seguinte.

Resta, pois, concluir que a só categorização geral dos direitos sociais como direitos fundamentais não esgota a função e o propósito que a dogmática jurídico-constitucional se propõe. Incumbe, ademais e previamente ao desenvolvimento científico-dogmático, examinar as facetas que os direitos fundamentais sociais apresentam ou podem apresentar em suas diversificadas manifestações, seja em si mesmos, seja por meio da concreção já obtida na Constituição ou pela conformação que a lei infraconstitucional lhes deu ou pode dar. É o que se fará a seguir, em relação a algumas delas.

---

[6] Para Eros Roberto Grau (*A Ordem Econômica na Constituição de 1988*. 3. ed., São Paulo: Malheiros, 1997, p. 52) esta segmentação acontece por fundamentos ideológicos, no suposto de que econômica seria a "produção" e social a "distribuição".

[7] José Afonso da Silva, *Curso de Direito Constitucional Positivo*. 19. ed., São Paulo: Malheiros, 2001, p. 288.

2.2. Direitos fundamentais sociais emergentes da relação de emprego ou de trabalho

O art. 7º da Constituição contém rol de direitos que integra o catálogo dos direitos fundamentais. Nele se reconhece espécie de direitos fundamentais designada de direitos sociais trabalhistas. Enquanto os direitos do art. 6º são gerais e pertencem a todos, os direitos do art. 7º contemplam titulares determinados, ou seja, trabalhadores que mantenham um contrato de emprego com um empregador,[8] materializando concretizações do direito *ao* trabalho previsto no art. 6º da Constituição. Em aberto encontra-se o debate acerca da extensão de direitos do art. 7º a trabalhadores sem vínculo de emprego, sobretudo por causa da competência que o art. 114, I, da Constituição (redação da Emenda Constitucional nº 45/04) atribuiu ao juiz do trabalho para que decida ações oriundas da relação de trabalho.

No art. 7º, encontram-se normas que definem direitos do trabalho em sentido amplo, outras que garantem direitos previdenciários (*v.g.*, incisos XVIII, XIX e XXIV) ou alusivos à proteção e reparação por riscos ou doenças e lesões oriundas do exercício do trabalho (*v.g.*, incisos XXII, XXIII, XXVII e XXVIII). Há também normas asseguradoras do exercício da autonomia coletiva (inciso XXVI). Em verdade, o ampliado rol de direitos reconhecidos no art. 7º constitui sistema especial de direitos fundamentais que permite exame sob vários enfoques, sendo relevante fixar a diretriz interpretativa expressa no *caput* desse artigo: "Art. 7º São direitos dos trabalhadores urbanos e rurais, além de outros que visem *à melhoria de sua condição social*:" (Sem destaque no original)

Dado o objeto deste livro, aqui somente se faz referência aos direitos do art. 7º enquanto categoria específica dos direitos fundamentais sociais. Como tal eles possuem conteúdo prestacional definido e são concretizações de princípios como a igualdade e a liberdade. Por isso mesmo, conferem direito subjetivo exigível em juízo, com eficácia *direta* contra particulares ou terceiros (*Drittwirkung*).[9] Se o empregador ou o tomador de serviços deixa de prestar, o titular pode exigir a proteção judicial do Estado, a quem cumpre assegurar efetividade àqueles direitos.

De sua vez, o art. 201 da Constituição reproduz parcialmente direitos previdenciários reconhecidos no art. 7º, sendo certo que esses direitos decorrem de relação de previdência, mas que, por se fundarem em sistema contributivo, mantêm estreitos vínculos com a relação empregatícia.

2.3. Direitos sociais em relação aos direitos coletivos

A Constituição brasileira distingue a categoria dos direitos coletivos dos direitos individuais, consoante Capítulo I do Título II, onde se enumeram direitos e

---

[8] Ingo W. Sarlet (*A Eficácia dos Direitos Fundamentais*. 5. ed, Porto Alegre: Livraria do Advogado, 2005, p. 219) adota semelhante classificação.

[9] Acerca do que significa essa eficácia direta contra terceiros, ver Capítulo I, item 5.2, da 1ª Parte.

deveres individuais e coletivos. Mais do que isso, contempla remédios constitucionais voltados à sua realização, sendo tais o mandado de segurança coletivo e a ação popular (incisos LXX e LXXIII do art. 5°), bem como a ação civil pública (art. 129, III).[10] De outro lado, o Capítulo II do Título II estabelece implicitamente outra divisão, na medida em que alinha, além de outros direitos coletivos, um catálogo de direitos sociais específicos.

Nos dois subitens precedentes cuidou-se de explicitar diferença de perspectiva que justifica a distinção entre direitos sociais genéricos e sociais específicos. Diante da nova categoria dos direitos coletivos, busca-se determinar a sua noção, a fim de integrá-los na classificação geral dos direitos fundamentais.[11]

Os direitos coletivos obtiveram definição legal no art. 81 da Lei nº 8.078/90, que dispõe sobre a proteção do consumidor (Código de Defesa do Consumidor – CDC).[12] Deduz-se do texto que a lei distingue entre direitos difusos e direitos coletivos. Na realidade, uns e outros possuem a mesma natureza, revelada na indivisibilidade de seu objeto, que impede seja ele resultado da soma de interesses individuais e lhe empresta irredutíveis traços de realidade própria e autônoma. Por tal condição, titulares de direitos difusos ou coletivos não são pessoas físicas ou indivíduos, mas entidades ou organizações coletivas, distinguindo-se as duas classes em que a titularidade dos direitos difusos repousa em entidade coletiva de pessoas indeterminadas, cuja unidade se constitui por vínculo com circunstâncias de fato *eventuais*, ao passo que nos direitos coletivos em sentido estrito a entidade coletiva se determina por grupo, categoria ou classe de pessoas vinculadas entre si ou com a parte contrária por circunstâncias de fato *previstas*, porque formadoras

---

[10] José Ribas Vieira (Os direitos individuais, sociais e coletivos no Brasil. *RIL*, Brasília, out./dez. 1989, (104): 280-1) refere que a concepção dos direitos coletivos data da década de 60, sendo oriunda de movimentos sociais voltados à proteção da ecologia e do consumidor. Ainda de acordo com o autor, no Brasil os direitos coletivos foram incorporados ao processualística civil, na década de 80. Ele cita a Ação Civil Pública, a qual possibilita a defesa de interesses da comunidade, *v.g.*, os ligados ao meio ambiente.

[11] A classificação dos direitos fundamentais da Constituição brasileira é problemática do ponto de vista do método utilizado. Embora o Capítulo I do Título II da Constituição se ocupe com direitos coletivos, esses direitos também se exteriorizam nas normas dos artigos 8º a 11, os quais, segundo a classificação adotada no Capítulo II do Título II da Constituição, são direitos sociais. Ingo W. Sarlet (*A Eficácia dos Direitos Fundamentais*, cit., p. 189) é de opinião que os direitos coletivos são típicos direitos individuais, os quais encontram expressão por meio de seu exercício coletivo. Contudo, presente a história jurídico-constitucional e atendendo-se para a gênese infraconstitucional anterior a 1988, tem-se que direitos como a liberdade sindical e a greve (artigos 8º e 9º), que costumam ser mobilizados para a melhoria dos direitos sociais, são direitos coletivos cujo exercício depende, não de deliberação individual, mas sim coletiva. Além disso, a efetividade desses direitos requer coalizão de interesses ou ação coletiva que unifique pretensões individualmente pulverizadas, de reduzido vigor enquanto direito individual. Consoante já salientado, do ponto de vista da dogmática jurídica é necessário buscar soluções que facilitem a aplicação e, sobretudo, a maior eficácia desses direitos. Assim, tanto a história dos direitos coletivos quanto a sua previsão constitucional e suas manifestações concretas parecem indicar devam ter o status de categoria de direito autônoma. Confira-se abaixo, na nota 12, a definição legal de interesse ou direito coletivo.

[12] É o seguinte o teor do parágrafo único do art. 81 do CDC: "Parágrafo único. A defesa coletiva será exercida quando se tratar de: I – interesses ou direitos difusos, assim entendidos, para efeitos deste código, os transindividuais, de natureza indivisível, de que sejam titulares pessoas indeterminadas e ligadas por circunstâncias de fato; II – interesses ou direitos coletivos, assim entendidos, para efeitos deste código, os transindividuais, de natureza indivisível de que seja titular grupo, categoria ou classe de pessoas ligadas entre si ou com a parte contrária por uma relação jurídica base; (...)".

de relação jurídica base. Em outros termos, o titular dos direitos difusos é uma coletividade eventual, enquanto o dos coletivos estritos resulta de um propósito. Cabe, finalmente, sublinhar que titularidade dos direitos coletivos não coincide com legitimação processual extraordinária para postular sua tutela em juízo. Assim, na forma do art. 8º, II e III, da Constituição, o conjunto dos trabalhadores interessados em defender direitos sindicais em determinada base territorial são os titulares do direito, mas postulações em juízo voltadas a assegurar seu exercício serão apresentadas pelo respectivo sindicato profissional ou por coletividade concreta, se ainda não alcançado o reconhecimento do status de sindicato.

Paralelos aos direitos difusos ou coletivos, em razão das mesmas circunstâncias de fato e de direito, coexistem os direitos individuais e respectivos titulares das correspondentes pretensões e ações, residindo o interesse e a utilidade das ações coletivas em dispensar aquelas individuais, por abrirem imediatamente, em caso de procedência, a oportunidade de simples ações de cumprimento.

Relação temática entre direitos sociais e direitos coletivos se encontra nos art. 8º a 11 da Constituição. A greve (art. 9º), por exemplo, diz respeito a direitos coletivos que, ao se particularizarem, pertencem exclusivamente aos trabalhadores, ainda que não a trabalhadores dessa ou daquela categoria profissional, nem dessa ou daquela empresa. Há também direitos coletivos que, particularizados, suscitam a titularidade, ao mesmo tempo, de trabalhadores e empregadores (liberdade sindical do art. 8º e participação em órgãos públicos do art. 10). Dito isso e presente o que se examinou no subitem precedente, pode-se afirmar que há direitos sociais que encontram expressão individual e outros que se expressam coletivamente.

Os direitos coletivos previstos nos artigos 8º, 9º e 11 da Constituição são concretizações do princípio da liberdade. Eles se relacionam à organização e ao desenvolvimento de atividades sindicais e possuem pelo menos duas funções: tanto podem ser exercidos como direito de defesa frente a intervenções estatais não autorizadas pela Constituição quanto podem ser invocados como direitos fundamentais com eficácia direta frente a particulares ou terceiros (*Drittwirkung*).

A título de ilustração e familiarização, entre as inúmeras fontes de direitos de natureza coletiva já positivados em nosso Direito inscreve-se o meio ambiente, por suas normas constitucionais específicas, consoante artigos 225 e ss. da Constituição, com a conseqüente imposição ao Poder Público e à *coletividade* do dever de defendê-lo. Especialmente ao Ministério Público, o art. 129, III, da Constituição atribui a promoção da ação civil pública, designadamente voltada à proteção do meio ambiente, assim como de quaisquer *outros interesses difusos e coletivos*.

Os direitos sociais e coletivos mantêm vinculação por sua gênese comum de mobilizações populares, especialmente dos segmentos desprovidos da posse de bens. Por isso mesmo não se deixam dividir em categorias sem conexões. Contudo – reafirma-se – eles se diferenciam quanto ao objeto e aos titulares. Observa-se, ademais, que as normas relativas a direitos sociais podem não se dirigir exclusivamente a um receptor de prestações em particular, mas assumir *função de direção* ou dirigir-se a fins variados. Assim, por exemplo, a criação de novos empregos – aqui está a se falar do direito *ao* trabalho, direito fundamental social garantido no art. 6º da Constituição – cada vez mais exige trabalhadores qualificados para assumir os postos de trabalho.[13] Isso requer políticas direcionadas ao fomento dessa qualificação.

Finalmente, ressaltam-se características próprias dos direitos coletivos, tais como a ausência de indagação acerca da posição social ou econômica dos interessados que não é posta como um *a priori*, ainda que o efeito mediato do exercício desses direitos possa conservar ou melhorar essa posição. Por meio deles, procura-se defender um bem coletivo, a ser assegurado em *igual medida* para todos. A ação coletiva para a defesa do meio ambiente[14] constitui exemplo que ilustra claramente a diferença entre direito social e direito coletivo (a acentuada indeterminação da coletividade faz com que em sua origem seja qualificado de "interesse difuso"), ação essa em que a pergunta a respeito da situação socioeconômica dos legitimados ou interessados não é decisiva. Mesmo no caso de greve, direito coletivo relativamente ao qual não se pode afirmar, desde logo, que seus exercentes ocupem posição mais frágil que a do empresário ou do governo, a melhora das condições socioeconômicas dos grevistas eventualmente será efeito mediato do exercício de direito (coletivo) anterior, o direito fundamental de greve.

O que se busca, tanto com os direitos sociais gerais e específicos quanto com os coletivos, é garantir um patamar social que se eleve acima do mínimo existencial, isto é, um conjunto de situações ou condições individuais e sociais que ao mesmo tempo proporcionem a autonomia do indivíduo e assegurem o bem comum, ou seja, a comum dignidade da pessoa em sociedade livre, justa e solidária.

Feitas essas observações, pode-se firmar que nos direitos individuais o conceito de pessoa subsiste em si, como interioridade absoluta, lugar da consciência ontológica e disposição de si, fonte dos direitos de liberdade e propriedade. Nos direitos sociais, a atenção *continua a mover-se no plano pessoal*, o sujeito de direito continua pessoa, mas em situação de *relação*, de membro da comunidade, que não pode deixar de levar em conta elementos externos, "objetivos". E nos direitos coletivos, em vez das dimensões individual e social da pessoa, sobressai o conceito de grupo social, de entidade que, embora impessoal, é real e possui status de sujeito de direito, e que se denomina de coletividade.

---

[13] Nesse sentido, Raimund Waltermann, *Sozialrecht*, cit., p. 18-9, Rn 34. É notório, entre nós, que a falta de qualificação profissional de trabalhadores de segmentos diversos mantém milhares deles sem acesso a empregos mais qualificados e melhor remunerados.

[14] Cf. Winfried Brohm, Soziale Grundrechte und Staatszielbestimmungen in der Verfassung. JZ, Tübingen, 1994, (5): 218.

3. A ESTRUTURA DIFERENCIADA DOS DIREITOS FUNDAMENTAIS SOCIAIS

3.1. Considerações prévias

Tratou-se, em outra oportunidade, da estrutura dos direitos fundamentais sociais.[15] Pretende-se, aqui, versar o assunto com maior abrangência e clareza, seja por meio do exame do que significa a estrutura de um direito, seja pela maior precisão que a abordagem do tema exige.

Quando se fala em estrutura de um direito, há de se considerar a estruturação da própria norma na qual esse direito é expresso, se dela se extraem conseqüências subjetivas para o indivíduo ou tão-só conseqüências objetivas, neste caso restritas a deveres a cargo do Estado ou de terceiros. A discussão acerca da estrutura da norma não é tema abstrato. O que se visa é o estabelecimento da relação entre norma e realidade. Para Friedrich Müller, o ser e o dever ser não é mais um problema da filosofia do direito e, nesse sentido, arremata: "isso (o ser e o dever ser) é uma questão acerca da estrutura das normas jurídicas no processo de sua conversão prática e com isso, ao mesmo tempo, acerca da estrutura desse processo de conversão".[16]

Os direitos fundamentais clássicos dizem respeito à esfera de bens jurídicos (propriedade, liberdade etc.) de que os indivíduos dispõem e que fazem valer contra a intervenção estatal ou de qualquer pessoa, sendo conhecidos como portadores de pretensões que podem ser deduzidas diretamente das normas constitucionais que as asseguram. Essas se bastam em si e conferem ao titular um "direito subjetivo", acionável nos juízos e tribunais, caso sofra lesão ou mesmo simples ameaça. O indivíduo pode fazer uso dele sem que para tanto seja necessária mediação legal. O que, na realidade, aqui ocorre é a preservação de posições jurídicas fundamentais exaustivamente definidas, assim reconhecidas pela Constituição, nas quais o Estado não pode intervir, a menos que ela própria a tanto o autorize.[17]

Quanto aos direitos fundamentais sociais, a complexidade sabidamente é maior. Já se referiu alhures o dissídio doutrinário que há nesse terreno, entendendo corrente minoritária que também constituem direitos subjetivos.[18] Ressalva-se que referida controvérsia doutrinária se limita aos direitos sociais genéricos do art. 6º da Constituição e naturalmente não se estende aos específicos, suficientemente concretizados em nível constitucional ou na legislação infraconstitucional.

---

[15] Ver meu *A Realização do Direito ao Trabalho*. Porto Alegre: Sergio Fabris, 1988, p. 63-5.

[16] Friedrich Müller, *Juristische Methodik*. 7. ed., Berlin: Duncker & Humblot, 1997, p. 110. (Texto original: "Es ist eine Frage nach der Struktur rechtlicher Normen im Vorgang ihrer praktischen Umsetzung und damit zugleich nach der Struktur dieses Umsetzungsvorgangs").

[17] Trata-se, aqui, tanto de direitos fundamentais com reserva legal (simples ou qualificada) como de normas constitucionais sem reserva expressa, que só excepcionalmente permitem a intervenção em direito fundamental se a própria unidade da Constituição ou princípios e valores constitucionais estiverem em jogo. Cf. Gilmar Ferreira Mendes, Os Direitos Individuais e suas limitações, in: Gilmar F. Mendes, Inocêncio M. Coelho e Paulo Gustavo G. Branco. *Hermenêutica Constitucional e Direitos Fundamentais*. Brasília: Brasília Jurídica, 2000, p. 232-41. Ver, também, Capítulo II da 1ª Parte, alusivo às limitações aos direitos fundamentais.

[18] Cf. José Felipe Ledur, *A Realização do Direito ao Trabalho*, cit., p. 65.

Os direitos sociais, diferentemente dos direitos clássicos, disseram e dizem respeito a algo a ser materializado, a ser realizado. Essa realização representa um "gasto" ou prestação positiva para o Estado e para a Sociedade, reiterando-se, novamente, que em regra a ordem jurídica não reconhece direito subjetivo exercitável em juízo com a amplitude que parece defluir do citado art. 6°.

Entretanto, é insuficiente dizer que os direitos fundamentais sociais genéricos não conferem pretensão subjetiva, assim como também não se resolvem os problemas pela só afirmação de que eles constituem direito subjetivo. Se é certo que os direitos fundamentais sociais, enquanto categoria geral de posições jurídicas com caráter jusfundamental, não são qualificáveis como direito subjetivo, isso não significa que eles estejam destituídos de eficácia jurídica. O fulcro do problema está exatamente aqui, ou seja, há necessidade de se superar a compreensão do direito como o equivalente exclusivo de um direito subjetivo individual. De qualquer modo, se na própria Constituição ou na legislação infraconstitucional direitos sociais obtiveram ou obtêm concretização, então o que originariamente somente era direito objetivo passa a conferir, também, direitos subjetivos. A isso se voltará logo adiante, quando do exame dos direitos fundamentais sociais como direito objetivo.

No Capítulo I da 1ª Parte, examinaram-se as várias funções dos direitos fundamentais, entre as quais a função de prestação. Viu-se que essa função constitui manifestação do *status positivus* da doutrina de Jellinek, estando associada aos direitos de defesa de matriz liberal. Mas o direito a prestações adquiriu dimensão nova com os direitos sociais próprios do Estado Social de Direito, especialmente os relacionados à seguridade social, domínio no qual o uso da expressão "prestações" passou a ser corrente.

Na literatura jurídica nacional, Ingo W. Sarlet reporta classificação de Robert Alexy relativa aos direitos a prestações, subdividindo-os em direito a prestações em sentido amplo, que conferem proteção à liberdade e igualdade em sua dimensão defensiva, de matiz liberal, e em direitos a prestações em sentido estrito, voltados à criação como também à distribuição das prestações materiais sociais existentes, expressões do Estado Social de Direito.[19]

Não havendo dúvida de que o significado prático, efetivo, dos direitos fundamentais sociais gerais possui relevância, cumpre avançar na classificação das prestações, especificando-as como objeto de *direito originário* ou *direito derivado*. Essa classificação tem sido aceita pela literatura jurídica alemã, que passou a tratar do assunto a partir de decisão do Tribunal Constitucional alemão conhecida como *numerus clausus*.[20]

---

[19] Ingo W. Sarlet, *A Eficácia dos Direitos Fundamentais*, cit., p. 207-8. O autor esclarece que os direitos a prestações em sentido amplo englobam direitos a prestações normativas, enquanto os de sentido estrito envolvem prestações fáticas.

[20] Nessa decisão (*BVerfGE* 33, 303/358), o Tribunal introduziu a diferença entre direitos a prestações *derivadas* (já disponíveis) e *originárias* (a serem criadas). A pretensão apresentada ao Tribunal visava fossem postas à disposição vagas suficientes em distintas instituições de ensino superior. O Tribunal esclareceu (303/333) que um direito originário se encontra sob uma "reserva do possível" (*Vorbehalt des Möglichen*), ou seja, "aquilo

Os direitos originários a prestações são definidos por Ingo W. Sarlet como o "direito ao fornecimento de prestações estatais, independentemente da existência de um sistema prévio de oferta destes bens e/ou serviços por parte do Estado (...), que podem ser deduzidos diretamente das normas constitucionais que os consagram". A definição parece atribuir, a esses direitos, amplitude que na verdade não possuem, consoante será visto adiante mediante referência a observações do mesmo autor. De outro lado, ele conceitua os direitos derivados a prestações como "posições jurídico-subjetivas deduzidas não diretamente das normas constitucionais definidoras de direitos fundamentais a prestações, mas, sim, da concretização destas pelo legislador ordinário".[21]

Diante dessas considerações, na seqüência procurar-se-á precisar o significado dos direitos fundamentais sociais enquanto direitos objetivo e subjetivo.

3.2. Direitos fundamentais sociais como direito objetivo

Consoante se lembrou no capítulo anterior, a história dos direitos fundamentais sociais ainda está por ser escrita. Nessa afirmação certamente estão supostas não somente a resistência político-ideológica que historicamente é devotada a esses direitos, mas também as dificuldades jurídicas que embaraçam a sua realização.

A Constituição alemã de Weimar é citada com freqüência como experiência histórica negativa na esfera dos direitos sociais. O reconhecimento formal desses direitos pela referida Constituição não se converteu em realidade e por isso as normas respectivas foram qualificadas como princípios jurídicos objetivos, ordenações, diretivas ou normas programáticas. Dessa qualificação surgiu a expressão "determinações de objetivos estatais" (*Staatszielbestimmungen*) em voga sob a Lei Fundamental que, salvante exceções, renunciou à inclusão de direitos sociais no catálogo daqueles fundamentais.[22] Segundo a literatura jurídica alemã, essas determinações obrigam os órgãos estatais: o Legislativo à objetivação em norma específica e o Executivo e o Judiciário à conseqüente efetivação do objetivo geral a que se orientam essas determinações.[23] Em suma, os objetivos estatais de que se

---

que o particular pode razoavelmente exigir da sociedade" (Texto original: "was der einzelne vernünftigerweise von der Gesellschaft beanspruchen kann"). A esse respeito pode-se examinar, também, Pieroth/Schlink (*Grundrechte – Staatsrecht II*. 21. ed., Heidelberg: C. F. Müller, 2005, p. 24, Rn 90-2). Mas o reconhecimento de um semelhante direito via judicial seria uma lesão à supremacia do Parlamento em matéria tributária (Hans D. Jarass, Vorbemerkung vor Art. 1, in: Jarass/Pieroth, *Grundgesetz für die Bundesrepublik Deutschland*. 5. ed., München: C. H. Beck, 2000, p. 21, Rn 9).

[21] Ingo W. Sarlet, *A Eficácia dos Direitos Fundamentais*, cit., p. 208-9.

[22] Consoante Winfried Brohm (Soziale Grundrechte und Staatszielbestimmungen in der Verfassung, cit., (5): 215), na vigência da Lei Fundamental, essas "determinações de objetivos estatais se deixam definir como normas constitucionais jurídico-vinculativas, que à diferença dos direitos fundamentais por princípio não atribuem ao indivíduo nenhum direito subjetivo". (Texto original: "Staatszielbestimmungen lassen sich definieren als rechtlich verbindliche Verfassungsnormen, die im Unterschied zu den Grundrechten dem einzelnen grundsätzlich kein subjektives Recht geben".)

[23] Winfried Brohm, Soziale Grundrechte und Staatszielbestimmungen in der Verfassung, cit., (5): 215.

cogita no direito constitucional alemão tem como destinatário o princípio ou cláusula do Estado Social. Diante disso, importam deveres objetivos para o Estado.

Os direitos sociais em geral, reconhecidos na Constituição brasileira, são considerados expressão do princípio do Estado Social (ver Capítulo III desta 2ª Parte), impondo, em regra, deveres objetivos aos poderes estatais, podendo ser reportados ao *status positivus* da teoria de Jellinek. De acordo com esse status, como já visto, os direitos fundamentais também se orientam à atividade positiva do Estado, do qual é demandado o fornecimento de prestações que permitam ao indivíduo a criação e a manutenção de existência livre.

É sabido que entre nós os direitos sociais também expressam direitos fundamentais. Enquanto categoria geral, os direitos fundamentais sociais do art. 6º são direito objetivo, fonte imediata de direito subjetivo somente em hipóteses restritas, concernentes ao mínimo existencial e a situações existenciais de emergência, conforme já visto quando deles se tratou como categoria geral. No mais, para que essa subjetivação se produza amplamente, é indispensável a concreção desses direitos na Constituição ou em nível infraconstitucional.

A verdade é que nem sequer para os direitos fundamentais clássicos vale o caráter absoluto, em razão do qual deles se extrairiam efeitos plenos pelo só fato de serem reconhecidos na Constituição. Basta ter em conta que eles constituem um sistema de múltiplas correlações, ensejando possível conflito pelo exercício por mais de um titular ou pela coexistência com outros bens constitucionais considerados relevantes. Ademais, direitos fundamentais clássicos também podem carecer de conformação ou de concretizações pelo legislador.[24]

A respeito da diferenciação estrutural entre direitos fundamentais clássicos e sociais, vale referir, ainda, que aqueles constituem espaços de liberdade estabelecidos previamente, nos quais a intervenção estatal é aceitável, contanto que justificada precisamente. Já os direitos sociais podem estar carentes dessa suficiente concretude prévia. Isso implica a possibilidade de dinâmica diferenciada, na qual demandas voltadas a essa concreção podem se renovar continuamente. Assim, por exemplo, o direito ao trabalho não se resume a um posto de trabalho, mas envolve série de conteúdos como, por exemplo, a espécie, o local e as condições de trabalho asseguradas, sem excluir a formação profissional continuada.[25]

Para ressaltar a importância da dimensão objetiva dos direitos fundamentais sociais, merece ser lembrado que eles constituem cláusula pétrea e, nesta condição, sujeitos às regras do art. 60, § 4º, IV, da Constituição,[26] o que bem revela

---

[24] Cf. Winfried Brohm, Soziale Grundrechte und Staatszielbestimmungen in der Verfassung, cit., (5): 215 e Capítulo II da 1ª Parte.

[25] Conforme Winfried Brohm (Soziale Grundrechte und Staatszielbestimmungen in der Verfassung, cit., (5): 216). Cf., também, José Felipe Ledur, *A Realização do Direito ao Trabalho*, p. 38, nota 16.

[26] A referência a direitos e garantias "individuais" que há na citada norma não importa a exclusão de seu âmbito de proteção dos direitos sociais previstos no Capítulo II do Título I da Constituição. Se a interpretação da referida norma devesse ser estrita, então os direitos alusivos à nacionalidade e os direitos políticos previstos nos Capítulos III e IV do mesmo título também ficariam vulneráveis à ação do poder constituinte derivado. A

o extraordinário significado da dimensão objetiva dos direitos fundamentais sociais em nossa ordem jurídico-constitucional. Finalmente, deve-se recordar aqui a importância que as funções objetivas dos direitos fundamentais, incluídos os sociais, exercem sobre o ordenamento jurídico em geral. Nesse sentido, citam-se novamente as funções objetivas dos direitos fundamentais enquanto critérios de interpretação e conformação do direito, como irradiadores de eficácia sobre o ordenamento jurídico e como proteção aos mais fracos.

3.3. Direitos fundamentais sociais como direito subjetivo

Consoante já reportado, normalmente se afirma na doutrina que os direitos sociais, enquanto categoria geral, não são portadores de direitos subjetivos. Deve-se registrar, essa doutrina restritiva há de se considerar limitada aos designados direitos sociais a prestações originárias (ainda não disponíveis); não aos dirigidos a prestações derivadas (já disponíveis). Entretanto, adianta-se que mesmo a afirmação de que os direitos sociais não são exercitáveis em juízo só é parcialmente verdadeira. Na seqüência, cuidar-se-á de desenvolver o tema objeto deste item, atendendo-se para a subclassificação dos direitos sociais a prestações originárias e derivadas.

3.3.1. Direitos prestacionais originários

No contexto da temática sob exame, a pergunta a ser respondida diz com a existência de direito que permita ao sujeito exercer pretensão e ação relativo à criação de estruturas que lhe assegurem o ter parte em prestações materiais sociais. Cuida-se, neste caso, de ver se existe direito subjetivo a prestações sociais originárias, significa dizer, a prestações que ainda não se encontram disponíveis.

No que concerne às prestações materiais originárias, já se verificou acima que a questão concreta não foi respondida na decisão do Tribunal Constitucional alemão, o qual, de qualquer modo, condicionou o atendimento de pretensão relativa à criação de mais vagas em escolas universitárias à chamada "reserva do possível". Maiores desenvolvimentos acerca dessa reserva serão feitos no item 4 deste capítulo.

A razão mais forte para se negar, em regra, direito ou, pelo menos, pretensão e ação voltadas a prestações sociais originárias está no fato de não se reconhecer poder ao Judiciário de contornar âmbito de competência do legislador na matéria. Segundo entendimento prevalecente, a competência constitucional para elaborar a legislação concretizadora dos direitos sociais, incluída a Lei Orçamentária, pertence ao Poder Legislativo.

---

respeito da inclusão dos direitos sociais entre as cláusulas pétreas, conferir Paulo Bonavides, *Curso de Direito Constitucional*, 8. ed., São Paulo: Malheiros, 1999, p. 588-99 e Ingo W. Sarlet, A *Eficácia dos Direitos Fundamentais*, cit., p. 400-12.

Na doutrina constitucional brasileira, Ingo W. Sarlet, depois de referir a controvérsia doutrinária que há nesse campo,[27] ressalta que argumento vigoroso no sentido da exigência da mediação do legislador se manifesta no fato de ser difícil ou até impossível delimitar em nível constitucional o conteúdo de uma prestação social. Aqui parece residir o principal problema que envolve os direitos sociais em geral: enquanto no terreno dos direitos individuais o legislador pode, por autorização constitucional, intervir no âmbito de proteção já existente, estabelecendo limites para solucionar colisões com outros direitos fundamentais ou bens constitucionais, no campo dos direitos fundamentais sociais, ao contrário, sua atuação é, "em" e "por" princípio, exigida para definir o próprio âmbito de proteção e o conteúdo desses direitos.

Referiu-se que a atuação do legislador é exigida "em princípio". A verdade é que no direito constitucional brasileiro são reconhecidas hipóteses de prestações materiais originárias que conferem direito subjetivo. Quem se detém longamente no tema é Ingo W. Sarlet, reportando exemplos inclusive do direito estrangeiro.[28] Aqui cuidar-se-á de anotar especialmente exemplos relacionados ao direito brasileiro.

Hipótese de direito prestacional originário que, portanto, envolve prestação não disponível (*nicht vorhandene Leistung*), é a garantia de um mínimo existencial voltado à preservação da dignidade humana. No direito alemão, essa garantia é compreendida como única exceção à regra geral da eficácia meramente jurídico-objetiva dos direitos que o Estado Social de Direito deve assegurar. No Brasil, Ingo W. Sarlet qualifica-a como direito subjetivo não-escrito e que abrangeria cinco distintos direitos da nossa Constituição: salário mínimo, assistência social, previdência social, saúde e moradia.[29] O autor observa que o fato de parte desses direitos integrar os direitos prestacionais derivados, relativamente aos quais o legislador editou legislação concretizadora inclusive antes da vigência da atual Constituição, não deixa de ensejar investigação sob a perspectiva de direitos subjetivos fundados diretamente na Constituição. Entre outros, Ingo W. Sarlet exemplifica com o direito à saúde, seara em que a não-efetivação dos direitos sociais assume contornos mais trágicos. A isso pode-se agregar que os direitos sociais visam a assegurar patamar superior ao mínimo existencial. De outro lado, as favelas e cortiços precários e insalubres que dominam amplas faixas nas periferias e zonas centrais das grandes cidades brasileiras evidenciam que não se assegura o mínimo existencial compatível com a dignidade humana a milhões de brasileiros. Pouca valia terão outras prestações integrantes desse mínimo, sem uma habitação segura e higiênica. Contrariando a imposição constitucional relativa à dignidade, o que se costuma ver na televisão é a truculência de forças policiais que, em atendimento a

---
[27] Ingo W. Sarlet, *A Eficácia dos Direitos Fundamentais*, cit., p. 310.
[28] Idem, ibidem, p. 312-59.
[29] Idem, ibidem, p. 312-4.

ordens judiciais, desalojam com violência famílias que habitam miseráveis barracos em loteamentos dos quais não possuem a propriedade.

Não obstante o que se observou acerca do direito a um mínimo existencial como direito subjetivo, o desenvolvimento da temática pela doutrina brasileira ainda é tímido e o mesmo ocorre com a jurisprudência,[30] não se encontrando decisão que explicitamente tenha garantido o mínimo existencial com base no princípio da dignidade humana.

É de se esperar que essa paisagem logo se altere, em razão da disposição expressa do artigo 5º, III, da Lei Complementar nº 101/00, que impõe contenha a lei orçamentária anual

> (...) reserva de contingência, cuja forma de utilização e montante, definido com base na receita corrente líquida, serão estabelecidos na lei de diretrizes orçamentárias (que também é anual), destinada ao: (...) b) atendimento de passivos contingentes e outros riscos e eventos fiscais imprevistos.

Ainda no terreno jurisprudencial, pode-se referir o direito ao salário-maternidade de 120 dias, reconhecido pelo art. 7º, XVIII, como mais uma hipótese a sustentar a possibilidade de direito subjetivo a prestações materiais originárias, em que pese a posição contrária de alguns, logo que promulgada a Constituição, sob o argumento da inexistência de fonte de custeio para que o direito fosse assegurado de imediato. No Recurso Extraordinário nº 220613, julgado em 04-4-00, o STF assim decidiu:

> Ementa. Licença-maternidade. Art. 7º, XVIII, da CF. Norma de eficácia plena. Benefício devido desde a promulgação da Carta de 1988, havendo de ser pago pelo empregador, à conta da Previdência Social, independentemente da definição da respectiva fonte de custeio. Entendimento assentado pelo STF. Recurso não conhecido.

O art. 203, V, da Constituição garante "um salário mínimo de benefício mensal à pessoa portadora de deficiência e ao idoso que comprovem não possuir meios de prover à própria manutenção ou de tê-la provida por sua família, conforme dispuser a lei". A norma se insere na assistência social. Pode-se sustentar que é concretização do princípio da dignidade humana. Não obstante remeta à lei, que acabou por tomar o nº 10.741/03, a norma constitucional assegura direito subjetivo porque identifica o âmbito de proteção e os respectivos titulares.

Um derradeiro exemplo encontra-se no art. 208, § 1º, ao definir que "o acesso ao ensino obrigatório e gratuito é direito público subjetivo". Sem dúvida, trata-se de regra constitucional que rompe abertamente com o tradicional entendimento de que direitos sociais, especialmente em sua feição de prestações originárias, não asseguram direitos subjetivos.

---

[30] Cf. Andreas J. Krell, Realização dos direitos fundamentais sociais mediante controle judicial da prestação dos serviços públicos básicos (uma visão comparativa). *RIL*, Brasília, out./dez. 1999, (144): 247. O mesmo autor voltou ao tema em Controle judicial dos serviços públicos básicos na base dos direitos fundamentais sociais. In: Ingo W. Sarlet (Org.), *A Constituição concretizada – construindo pontes entre o público e o privado*. Porto Alegre: Livraria do Advogado, 2000, p. 42-4.

A corrosão inflacionária sem a atualização monetária correspondente das prestações destinadas à garantia do mínimo existencial, fato corriqueiro, acaba diminuindo o nível de proteção da existência digna, circunstância que evidencia confronto com a designada "proibição do retrocesso" em matéria de direitos sociais. Nesse terreno as vacilações são enormes, conforme será visto quando do exame específico desse tema.[31]

Em termos de síntese, pode-se afirmar, então, que os direitos fundamentais sociais, enquanto prestações materiais originárias, em regra não garantem direito subjetivo. Mas exceções encontram-se, como visto, na Constituição e em decisões do STF, sendo certo que a inexistência de prestações materiais onde elas deveriam estar disponíveis, *v.g.*, no campo da saúde, tem ensejado renovadas demandas judiciais e controvérsia quanto à judicialização da tarefa concretizadora dos direitos sociais. Parece certo – e o desenvolvimento da temática relativa ao exercício dos direitos de participação da Sociedade no terreno da concreção dos direitos sociais pretende ser uma tentativa de contribuir à solução do problema – que a efetividade dos direitos fundamentais sociais se vincula também, e sobretudo, ao desenvolvimento de políticas públicas voltadas à extensão desses direitos a todos, especialmente à legião dos que não possuem condições individuais de utilizar a via judicial para obtê-los.[32] O problema está em como contornar a omissão dos governantes que descumprem o dever de implementar políticas públicas dirigidas à garantia do efetivo exercício dos direitos sociais.

Consoante disserta Luiza Cristina Fonseca Frischeisen,

> (...) a função do Ministério Público não comporta somente a atuação para corrigir os atos comissivos da administração que porventura desrespeitem os direitos constitucionais do cidadão, mas também a correção dos atos omissivos, ou seja, para a implantação efetiva de políticas públicas visando a efetividade da ordem social prevista na Constituição Federal de 1988.[33]

Portanto, uma das soluções está na atuação do Ministério Público, o qual, mediante ações civis públicas, pode influir na extensão dos direitos sociais aos indivíduos empobrecidos e sem possibilidades de, individualmente, exigirem o cumprimento dos direitos sociais.

3.3.2. *Direitos prestacionais derivados*

Os direitos prestacionais derivados dizem respeito àquelas prestações materiais sociais que já se encontram à disposição da Sociedade por meio de estruturas organizadas que têm em vista seu adimplemento. Pode-se exemplificar com os órgãos que integram o Serviço Nacional de Seguridade Social (por exemplo, o Sistema Único de Saúde – SUS) e o sistema de estabelecimentos de ensino.

---

[31] Ver adiante, item 5.
[32] Cf., também, Ingo W. Sarlet, *A Eficácia dos Direitos Fundamentais*, cit., p. 354-5.
[33] Luíza Cristina Fonseca Frischeisen, *Políticas Públicas – A responsabilidade do administrador e o ministério público*. São Paulo: Max Limonad, 2000, p. 126.

Esses direitos são deduzidos do princípio da igualdade em geral e do princípio especial que se traduz no tratamento isonômico, a significar que pessoas que se encontrem sob circunstâncias idênticas àquelas consideradas como pressuposto para o fornecimento de prestações materiais para pessoa determinada também possuem pretensão ao recebimento das mesmas prestações.[34] Este é o aspecto essencial a ser considerado quando se trata de direitos prestacionais derivados.

O princípio geral referido comporta adequações, ou seja, prestações podem ser negadas contanto que o tratamento desigual não repouse no arbítrio ou atente contra vedação de diferenciações especiais.[35] Portanto, a exclusão arbitrária de uma pessoa do acesso ao sistema de prestações existente dá origem a direito subjetivo e ação, mediante a qual a discriminação possa ser eliminada e, em conseqüência, garantido o acesso à prestação sonegada. Aqui está em questão a igualdade material dos indivíduos. Ressalva Ingo W. Sarlet que um tratamento discriminatório favorecedor de determinado grupo é possível, contanto que haja motivo justo, cujos parâmetros devem ser fornecidos pelo princípio do Estado Social.[36]

Questão importante a interpelar o intérprete e aplicador do direito relaciona-se com a "reserva do possível", quando se trata de prestações derivadas.[37] Nesse terreno parece inexistirem maiores controvérsias, na medida em que impossível postular melhoria das prestações, se inexistem recursos. Contudo, o assunto terá análise mais atenta no item que segue.

4. CONDICIONAMENTO DOS DIREITOS FUNDAMENTAIS SOCIAIS PELA "RESERVA DO POSSÍVEL"

A ampliação e a qualidade dos direitos sociais de caráter prestacional é confrontada, também no direito brasileiro, com a denominada cláusula da "reserva

---

[34] Cf. Dieter Murswiek, Grundrechte als Teilhaberechte, soziale Grundrechte, in: Josef Isensee e Paul Kirchhof (Org.), *Handbuch des Staatsrechts der Bundesrepublik Deutschland*. Heidelberg: C. F. Müller, v. V, 1992, p. 272, Rn 69.

[35] Dieter Murswiek (Grundrechte als Teilhaberechte, soziale Grundrechte, cit., p. 272, Rn 69) refere que o legislador e a administração possuem indistintamente amplo espaço para diferenciações com base em fundamentos objetivos. No entanto, "somente quando a negação de uma prestação, que é garantida para outros, for 'arbitrária' ou infringir uma vedação de diferenciação especial, produz-se a partir do princípio do tratamento isonômico uma pretensão prestacional derivada, desde que seja preenchido um outro pressuposto: a garantia da prestação tem de ser a única possibilidade de evitar-se a infringência da igualdade". (Texto original: Nur wenn die Verweigerung einer Leistung, die anderen gewährt wird, 'willkürlich' wäre oder gegen ein spezielles Differenzierungsverbot verstieße, ergibt sich aus dem Gleichbehandlungsgebot ein derivativer Leistungsanspruch, sofern noch eine weitere Voraussetzung erfüllt ist: Die Gewährung der Leistung muß die einzige Möglichkeit sein, den Gleichheitsverstoß zu vermeiden"). Conferir, também, José Carlos Vieira de Andrade (*Os Direitos Fundamentais na Constituição Portuguesa de 1976*, 2. ed., Coimbra: Livraria Almedina, 2001, p. 387).

[36] Ingo W. Sarlet, *A Eficácia dos Direitos Fundamentais*, cit., p. 303-4. O princípio do Estado Social é examinado no capítulo seguinte desta 2ª Parte.

[37] Ver, acima, nota 20.

do possível". Há decisões do STF que invocam esse princípio. Também parte da doutrina se ocupa do assunto.[38]

A reserva do possível na esfera dos direitos a prestações sociais foi referida na já citada decisão do Tribunal Constitucional alemão conhecida como *numerus clausus*. Nela foi examinada pretensão alusiva à ampliação de vagas em escolas de ensino superior. O Tribunal indagou na decisão se, de par com o direito a prestações derivadas (que já se encontram à disposição), as decisões valorativas fundamentais implicavam um encargo constitucional objetivo, de natureza social-estatal, mediante o qual satisfatória capacidade de ensino devesse ser posta à disposição nas diversas áreas. Questionou-se, ainda, se em face desse encargo constitucional, pretensões individuais no sentido da criação de vagas eram exercitáveis. Não houve resposta a essas perguntas nem posterior jurisprudência do Tribunal Constitucional e de outros tribunais tratou de dar significação prática ao tema.[39] Entretanto, no caso, o Tribunal decidiu que está na esfera de atribuições do legislador dispor sobre a possibilidade de ampliação de prestações originárias (ainda não disponíveis), levando em conta a denominada "reserva do possível".[40]

Segundo se pode ler, debate-se na decisão acerca daquilo que o indivíduo pode, razoavelmente, exigir da Sociedade, mas, conforme menciona a doutrina citada, até agora pouca conseqüência prática foi extraída da decisão pelos tribunais alemães. O aspecto que de qualquer modo merece ser sublinhado é que a decisão enfatiza que a "reserva do possível" respeita àquilo que razoavelmente pode ser exigido da *Sociedade*. Naturalmente aqui se trata da riqueza, do nível de desenvolvimento econômico, da situação econômica concreta e da capacidade financeira de Sociedade determinada.[41]

Sem dúvida, a Constituição define vinculações ponderáveis da despesa pública à saúde e à educação, quando determina em percentuais da receita a

---

[38] Neste particular, ver Ingo W. Sarlet, *A Eficácia dos Direitos Fundamentais*, cit., p. 286 e ss.

[39] Cf. Pieroth/Schlink, *Grundrechte – Staatsrecht II*, cit., p. 24, Rn 90 e Konrad Hesse, *Grundzüge des Verfassungsrechts der Bundesrepublik Deutschland*. 20. ed., Heidelberg: C. F. Müller, 1999, p. 132.

[40] A paradigmática decisão relativa ao *numerus clausus* (BVerfGE 33, 303/333) dispõe que os direitos a prestações "encontram-se sob a reserva do possível, no sentido daquilo que o particular pode razoavelmente exigir da *sociedade*. Isso compete, em primeira linha, por responsabilidade própria, ao legislador decidir ao dispor sobre o orçamento, no que tem de considerar também outros interesses da comunidade". [Texto original: "stehen sie doch unter dem Vorbehalt des Möglichen im Sinne dessen, was der Einzelne vernünftigerweise von der Gesellschaft beanspruchen kann. Dies hat in erster Linie der Gesetzgeber in eigener Verantwortung zu beurteilen, der bei seiner Haushaltswirtschaft auch andere Gemeinschaftsbelange zu berücksichtigen (...) hat"]. (sem itálico no original). Comparar, também, com a nota 20. Portanto, não se trata propriamente de recursos do *Estado*, que os governantes sempre sustentam serem escassos. Mesmo que se considere essa diminuta capacidade financeira, é preciso destacar que ela decorre, em grande parte, da pilhagem a que os recursos públicos são expostos no Brasil. Notícias acerca de corrupção, com desvio ou mau uso de verbas públicas, há tempo tornaram-se lugar comum entre nós, sem que haja a punição devida aos responsáveis, e muito menos a reparação dos danos.

[41] Pieroth/Schlink, *Grundrechte – Staatsrecht II*, cit., p. 84-5, Rn 362. Quando se observa em seu conjunto Sociedade como a brasileira, sua pobreza se faz notar. Entretanto, isso não significa ausência de riqueza. Na realidade, ela se encontra sob controle de pequena camada, de 10%, que se apropria de aproximadamente 50% da renda e da riqueza.

reserva orçamentária às respectivas dotações, nos termos dos seus art. 198, §§ 2º e 3º, e art. 212.

Contudo, quanto ao mais, as instâncias políticas encarregadas de elaborar o orçamento de um país exercem com relativa liberdade a competência para decidir acerca do quanto pode ser exigido de uma Sociedade. Classicamente, é assunto para o legislador, cuja vontade, entretanto, complementa à do Poder Executivo que encaminha a proposta orçamentária. O que o Estado acaba fazendo ou não no terreno das prestações sociais depende, em último caso, da capacidade de os setores interessados nessas prestações transformarem esse interesse em vontade política da Sociedade como um todo. A conversão dessa vontade em vontade estatal é o objetivo final a ser visado.

A relação dos direitos sociais com o desenvolvimento econômico de um país implica que o nível de riqueza alcançado pela respectiva Sociedade seja parâmetro para a definição do que é devido em termos de prestações sociais. O problema, já identificado em estudo sobre o assunto,[42] está em como evitar que também este instituto da reserva do possível, a exemplo do que sucede com a doutrina das normas programáticas, sirva para justificar o imobilismo político e jurídico, além de comprometer a efetividade dos direitos sociais no Brasil.

Nenhuma Sociedade possui recursos ilimitados para atender a demanda por direitos sociais. Esse dado, contudo, não autoriza o esvaziamento do princípio da igualdade de oportunidades. Ao contrário. Quanto mais limitados os recursos, maior a necessidade de concreção desse princípio. A decisão acerca da destinação dos (limitados) recursos existentes é determinante para que a igualdade de oportunidades possa ter maior grau de efetividade. E tendo em vista que a Constituição vincula indistintamente os poderes da República, importa verificar qual a tarefa que a cada um compete nesse terreno da efetividade dos direitos sociais de natureza prestacional.

O orçamento público é o instrumento legal em que é definida a destinação dos recursos existentes e o art. 165, II e III, da Constituição, prevê a iniciativa do Executivo para leis que estabelecem o plano plurianual, as diretrizes orçamentárias e os orçamentos anuais.

O § 5º desse artigo dispõe que a lei orçamentária anual compreenderá: "I – o orçamento fiscal (...); II – o orçamento de investimento das empresas em que a União, direta ou indiretamente, detenha a maioria do capital social com direito a voto; III – o orçamento da seguridade social (...)". Já o § 7º determina que "os

---

[42] Ver Andreas J. Krell, Realização dos direitos fundamentais sociais mediante controle judicial da prestação dos serviços públicos básicos (uma visão comparativa), cit., (144): 239-60. Em recente livro (*Direitos sociais e controle judicial no Brasil e na Alemanha*. Porto Alegre: Sergio Fabris, 2002), o mesmo autor torna ao tema, dedicando-lhe capítulo designado de "A falácia da 'reserva do possível': fruto de um direito constitucional comparado equivocado". Dentre vários aspectos importantes, Andreas J. Krell, tendo presente o nosso deplorável quadro de distribuição de renda, refere (p. 54) que "a discussão européia sobre os limites do Estado Social e a redução de suas prestações e a contenção dos respectivos direitos subjetivos não pode absolutamente ser transferida para o Brasil, onde o Estado Providência nunca foi implantado".

orçamentos previstos no § 5°, I e II, deste artigo, compatibilizados com o plano plurianual, terão entre suas funções a de reduzir desigualdades inter-regionais, segundo critério populacional".

Na forma do art. 166 da Constituição, ao Congresso Nacional compete votar os projetos de lei relacionados ao plano plurianual, às diretrizes orçamentárias e orçamentos anuais. Finalmente, determina o art. 195, § 2°, da Constituição que:

> (...) a proposta de orçamento da seguridade social será elaborada de forma integrada pelos órgãos responsáveis pela saúde, previdência social e assistência social, tendo em vista as metas e prioridades estabelecidas na lei de diretrizes orçamentárias, assegurada a cada área a gestão de seus recursos.

Todas essas normas envolvem atos do Poder Executivo e do Legislativo. O que estaria reservado ao Poder Judiciário? A posição doutrinária clássica é no sentido de que o Judiciário não possui competência para decidir sobre temas que envolvam acréscimo de despesa. Essa, sem dúvida, é regra a ser resguardada. Sem embargo, admite-se que decisões judiciais assegurem o mínimo existencial, ainda que inexistente previsão orçamentária específica, e mesmo além dos limites da reserva de contingência referida no art. 5°, III, da Lei Complementar n° 101, da responsabilidade fiscal, sinalizando que o princípio da dignidade humana impõe prioridade absoluta em relação às diversas dotações contempladas, não podendo ficar subordinado à previsão ou não de recursos específicos no orçamento. Portanto, não há se falar em "reserva do possível" quando se trata de assegurar o mínimo existencial.[43] O mesmo tratamento parece deve merecer o direito público subjetivo ao ensino obrigatório e gratuito (§ 1° do art. 208 da Constituição). Sabe-se que em muitas unidades federativas esse direito vem sendo desconsiderado, sendo de esperar que ações interventivas nessas unidades sejam levadas a cabo por meio do Ministério Público, dando-se conseqüência ao disposto no § 2° do referido art. 208. Em suma, direitos prestacionais originários de fundamental importância para a ordem constitucional, excepcionalmente, devem permitir a interferência do Judiciário no orçamento.

De par com os exemplos citados, toma vulto na questão orçamentária o problema da sua inexecução pelo Executivo,[44] acarretando a redução quantitativa e

---

[43] Não deve passar despercebido que a reserva do possível foi invocada diante de pretensão voltada ao aumento de vagas na Universidade. Argumentar com a mesma reserva do possível quando o que é demandado são prestações que no caso brasileiro podem respeitar ao fornecimento de alimentação, à alfabetização, à uma moradia salubre, ao saneamento e outros bens necessários à vida digna evidentemente não é possível porque, no caso, trata-se de direito subjetivo, por exceção diretamente deduzido do princípio do Estado Social. Nesse sentido, ver capítulo seguinte. Acerca das "situações de necessidade ou injustiça extremas", que permitem se cogite derivar diretamente da Constituição o direito a determinada prestação, confira-se José Carlos Vieira de Andrade (*Os Direitos Fundamentais na Constituição Portuguesa de 1976*, cit., p. 384).

[44] A inexecução orçamentária no Brasil, especialmente no campo dos direitos sociais, tem sido escandalosa ao longo dos sucessivos governos, mais empenhados em fazer da liberação das verbas orçamentárias moeda de troca quando da votação de matérias importantes – para o governo – no Congresso Nacional. Sobre a inexecução orçamentária relativa aos direitos sociais, cf. Andreas J. Krell, Realização dos direitos fundamentais sociais mediante controle judicial da prestação dos serviços públicos básicos (uma visão comparativa), cit., (144): 253.

qualitativa das prestações sociais, o que, certamente, exige a ação firme do Ministério Público, conforme imposição da Lei nº 7.347/85. Em conseqüência, neste caso o Judiciário não estará refugindo à sua competência (aumento de despesas não previstas), mas exercendo dever constitucional que o obriga a impor o cumprimento da lei (o orçamento é lei e ainda quando considerada autorizativa, sê-lo-á apenas em parte) também e sobretudo pelos poderes da República.

5. PROIBIÇÃO DO RETROCESSO SOCIAL E DIREITOS FUNDAMENTAIS SOCIAIS

Haverá possibilidade jurídico-constitucional que autorize o retrocesso social a patamares inferiores àqueles uma vez alcançados em nível de fornecimento de prestações sociais? Talvez porque no Brasil o referido nível nunca alcançou patamar razoável, dificultando a diferenciação entre o ruim e o péssimo, o tema chama pouca atenção.

Em sua obra acima referida, Andreas J. Krell traça comparação entre a proibição do retrocesso social e a reserva do possível. O autor ressalta que "não fica claro se as leis orçamentárias nos três níveis federativos poderiam diminuir o valor das verbas destinadas aos fins sociais básicos e se as leis ordinárias existentes sobre o assunto não podem mais ser revogadas".[45] Ele também destaca inexistir até o momento decisão judicial no Brasil que tenha declarado a inconstitucionalidade de lei ou ato que tivesse diminuído prestação social.[46]

Também Ingo W. Sarlet examinou o tema, ainda que especificamente do ponto de vista da proibição do retrocesso em perspectiva de garantia da propriedade privada. O autor ressalta que o fato de inexistirem normas expressas na Lei Fundamental alemã que protejam diretamente as posições jurídico-prestacionais sociais de direito público importou a invocação analógica da garantia fundamental da propriedade. Destaca que no caso brasileiro também prevalece a proibição de retrocesso social, mas sem caráter absoluto. Em favor da vedação desse retrocesso, pelo menos do ponto de vista normativo, ele menciona a circunstância de os direitos fundamentais sociais estarem incluídos nas cláusulas pétreas (art. 60, § 4º, IV, da Constituição).[47] Também em sentido contrário a determinações rígidas no terreno dos direitos sociais, mas sim da preservação de aberturas democráticas e alternativas no que concerne às opções axiológicas fundamen-

---

[45] Andreas J. Krell, mesma obra, (144): 243.

[46] Idem, (144): 243. O autor questiona acerca de quem, em países como o Brasil, "possui a legitimidade para definir o que seja 'o possível' na área das prestações sociais básicas" (p. 246).

[47] Ingo W. Sarlet. O Estado Social de Direito, a proibição de retrocesso e a garantia fundamental da propriedade. *Revista Ajuris*, jul./1998, (73): 232.

tais a eles relacionadas, é a doutrina de José Carlos Vieira de Andrade. O autor, entretanto, ressalva "a proibição de revogação sem substituição das normas conformadoras dos direitos sociais", ou seja, do conteúdo mínimo garantido em preceito constitucional.[48]

---

[48] José Carlos Vieira de Andrade (*Os Direitos Fundamentais na Constituição Portuguesa de 1976*, cit., p. 394).

Capítulo III – O Princípio do Estado Social

1. APONTAMENTOS DE HISTÓRIA

A origem da cláusula ou do princípio do Estado Social na história jurídica encontra-se no direito alemão. Por intermédio de uma medida reguladora (*Regulativ*) de 1839, reformas liberais introduzidas na Prússia em outubro de 1807 foram complementadas com componentes sociais que não se relacionavam a direitos de defesa, mas sim "ao vencimento de um *crise estrutural da Sociedade*".[1] A finalidade era a conservação da dignidade humana, bem assim afirmar os direitos e deveres (*Staatsbürgerstellung*) e a liberdade moral de grupos sociais desfavorecidos. Ao que com isso também se visava era a recusa ao Estado do Bem-Estar designado de "boa polícia" (*gute Policey*), do século XV ao século XVIII, e a sua política previdenciária de orientação paternalista dirigida a súditos sem maioridade política.[2]

De acordo com Rolf Gröschner, Lorenz von Stein foi no século XIX o primeiro teórico de um Estado Social constituído liberalmente.[3] É sabido que as medidas social-reformistas de Otto von Bismarck, quais sejam, as leis de previdência social do final do século XIX, tiveram uma substancial influência no Estado Social contemporâneo. Apesar da motivação política subjacente (prevenir-se contra

---

[1] Rolf Gröschner, Art. 20 (Sozialstaat), in: Horst Dreier, *Grundgesetz. Kommentar.* Artigos 20-82, Tübingen: Mohr Siebeck, v. II, 1998, p. 81, Rn 3. (Texto original: "die Bewältigung einer *Strukturkrise der Gesellschaft*"). Na nota de rodapé 9, o autor esclarece que "a crise estrutural da Sociedade foi analisada cientificamente, de maneira abalizada, em primeiro lugar por *Lorenz von Stein* e mais tarde por *Karl Marx*". (Texto original: "Die gesellschaftliche Strukturkrise wurde in maßgeblicher Weise zuerst von *Lorenz von Stein*, später von *Karl Marx* wissenschaftlich analysiert").

[2] Rolf Gröschner, Art. 20 (Sozialstaat), cit., p. 81, Rn 4. Segundo o autor, essas características é que permitiram a identificação dessa forma estatal como "Estado de Polícia". Na realidade, nela o indivíduo era considerado como *objeto* da atenção do Estado, e não como *sujeito* de direitos prestacionais.

[3] Rolf Gröschner, Art. 20 (Sozialstaat), cit., p. 82, Rn 5. O autor assim escreve: "Orientado às condições reais – de nenhum modo só materiais – da autodeterminação, Lorenz von Stein se fez o protagonista de '*liberdade real*'". (Texto original: "Mit der Orientierung an den wirklichen – keineswegs nur materiellen – Bedingungen der Selbstbestimmung ist Lorenz von Stein der Protagonist '*realer Freiheit*' geworden".)

a péssima situação do operariado e sua força explosiva, revolucionária), essas leis foram "um passo decisivo rumo ao Estado Social moderno, o qual se coloca como tarefa a justiça social e o equilíbrio social, justificando a partir daí, ao mesmo tempo, a sua existência".[4]

No direito alemão, o início da história constitucional do princípio sob exame se encontra na Constituição de Weimar.[5] No art. 20 (1) da Lei Fundamental de 1949, o princípio assumiu caráter de fundamento jurídico-constitucional, situando-se no mesmo nível constitucional do princípio democrático.[6] Aliás, nos desenvolvimentos deste capítulo far-se-á uso, especialmente, da literatura jurídica alemã e da jurisprudência do Tribunal Constitucional desse país, uma vez que referência em matéria de Estado Social.

No âmbito constitucional europeu, também merecem referência as constituições de Portugal (1976) e da Espanha (1978), especialmente por causa da influência que tiveram sobre a Assembléia Constituinte brasileira de 1987-8 e por adotarem o princípio do Estado Social nos arts. 2º e 1º, respectivamente.[7] Antes de examinar se a Constituição brasileira faz idêntica opção, importa explicitar o significado e a finalidade do princípio ou cláusula do Estado Social.

2. O SIGNIFICADO E AS FUNÇÕES DO PRINCÍPIO DO ESTADO SOCIAL

Sob o conceito de Estado Social entende-se a responsabilidade estatal pela *proteção dos socialmente fracos*. O círculo desses beneficiários, dos socialmente fracos, pode-se alterar no curso do tempo.[8] Corolário disso é que a cláusula do Estado Social em princípio não garante direito subjetivo individual.

---

[4] Frotscher/Pieroth, *Verfassungsgeschichte*. 2. ed., München: C. H. Beck, 1999, p. 238, Rn 444. (Texto original: "ein entscheidender Schritt zum modernen Sozialstaat, der sich soziale Gerechtigkeit und sozialen Ausgleich zur Aufgabe macht und daraus zugleich seine Existenz rechtfertigt").

[5] O art. 151, I, da Constituição de Weimar dispunha: "A ordem da vida econômica deve corresponder aos princípios da justiça com o objetivo da garantia de uma existência humanamente digna para todos. Nesses limites deve ser assegurada a liberdade econômica do indivíduo". (Texto original: "Die Ordnung des Wirtschaftslebens muß den Grundsätzen der Gerechtigkeit mit dem Ziele der Gewährleistung eines menschenwürdigen Daseins für alle entsprechen. In diesen Grenzen ist die wirtschaftliche Freiheit des einzelnen zu sichern").

[6] O art. 20 (1) da Lei Fundamental dispõe: "A República Federal da Alemanha é um Estado federal democrático e social".

[7] O art. 2º da Constituição portuguesa fixa como objetivo do Estado de direito democrático português a "realização da democracia econômica, social e cultural (...)". E o art. 1º da Constituição espanhola assim inicia: " A Espanha constitui-se em Estado Social e democrático de direito (...)". Abordagem acerca do Estado Social no direito espanhol é feita por Francisco Balaguer Callejón (A Dimensão Constitucional do Estado Social de Direito na Espanha. *Revista Brasileira de Direitos Fundamentais e Justiça*. Porto Alegre: HS Editora, jan./mar.2008, (2): 105-31. Tradutor: Hugo César Araújo de Gusmão.

[8] Conforme Rolf Gröschner, Art. 20 (Sozialstaat), cit., p. 87, Rn 16.

Em comparação com o princípio do Estado de Direito, o do Estado Social ostenta diminuta força jurídica.[9] A razão disso está em que, enquanto o princípio do Estado de Direito tem suas raízes no Estado Liberal do século XIX, em que era exigida a abstenção ou a ausência do Estado,[10] o Estado Social do século XX impunha a presença estatal nos domínios social e econômico, dando lugar à reação de poderes sociais e econômicos e origem a conflitos de ordem ideológica.[11]

Em sentido jurídico, não há contradição entre o princípio do Estado de Direito e o princípio do Estado Social. Em países em que o Estado tem por objetivo fazer-se presente nos domínios social e econômico, o princípio do Estado Social é direito diretamente vigente,[12] ou seja, vincula os exercentes das funções estatais. Isso significa que esse princípio orienta a criação e implementação de regras de direito social, encargo primordial do legislador e do administrador. Mas não só isso. O princípio sob exame possui influência na interpretação e aplicação de normas constitucionais, especialmente de direitos fundamentais.[13] É de se notar que ele não conduz a um Estado assistencial que sufoca a responsabilidade própria do indivíduo. Isso atentaria contra a liberdade e a dignidade da pessoa. O que prioritariamente deve ser criado por meio da concretização desse princípio são os pressupostos da liberdade. Não se trata de uma liberdade formal, liberal, mas sim da liberdade real, esta que é visada pela Constituição que adota o princípio do Estado Social.

Referiu-se que, "em princípio", a cláusula do Estado Social não garante direito subjetivo. No direito alemão, as exceções ocorrem em hipóteses relativas a pressupostos mínimos para a existência humana digna ou para um mínimo existencial.[14] No item seguinte, tratar-se-á do princípio do Estado Social na Constituição do Brasil e de suas implicações para a ordem jurídica brasileira.

---

[9] Conferir Hans D. Jarass, Sozialstaatsprinzip, in: Jarass/Pieroth, *Grundgesetz für die Bundesrepublik Deutschland*. 5. ed., München: C. H. Beck, 2000, p. 502, Rn 102.

[10] Pode-se ver a propósito Hans F. Zacher, Das soziale Staatsziel, in: Josef Isensee e Paul Kirchhof (Org.), *Handbuch des Staatsrechts der Bundesrepublik Deutschland*. 2. ed., Heidelberg: C. F. Müller, v. I, 1995, p. 1102, Rn 95.

[11] Esse conflito ocorre, hoje, entre os defensores e os adversários do neoliberalismo. Em países nos quais o princípio do Estado Social produziu poucas conseqüências práticas e nos quais a disputa pela riqueza se desenvolve em condições brutas, como é o caso do Brasil, esse conflito naturalmente tende a ser mais violento.

[12] Hans D. Jarass, Sozialstaatsprinzip, cit., p. 502, Rn 102.

[13] Ver Hans D. Jarass, Sozialstaatsprinzip, cit., p. 504, Rn 109. O autor cita como exemplo a igualdade de oportunidades. O princípio também pode legitimar a restrição a direitos fundamentais (op. cit., p. 504-5, Rn 110). Para Rolf Gröschner [Art. 20, (Sozialstaat), cit., p. 92, Rn 30], trata-se de "um princípio no sentido de um mandado de otimização jurídico-constitucional com *vigência direta* no rumo do art. 20, III, da Lei Fundamental e não somente um apelo sem compromisso, com caráter programático. Em casos de colisão ele deve ser ponderado com princípios constitucionais opostos e deve ser levado à concordância prática". (Texto original: "ein Prinzip im Sinne eines verfassungsrechtlichen Optimierungsgebotes mit *unmittelbarer Geltung* i. S. d. Art. 20 III GG und nicht nur um einen unverbindlichen Appell mit programmatischem Charakter. Im Kollisionsfalle ist es mit entgegenstehenden Verfassungsprinzipien abzuwägen und in praktische Konkordanz zu bringen").

[14] Nessa matéria vale conferir decisão do Tribunal Constitucional alemão (*BVerfGE* 82, 60/80). Segundo o Tribunal, a indeterminação do princípio do Estado Social não se deduz a garantia de prestações sociais de determinada abrangência e que "é obrigatório, somente, que o Estado crie os pressupostos mínimos para uma existência humana digna de seus cidadãos". (Texto original: "Zwingend ist lediglich, dass der Staat die Min-

3. O PRINCÍPIO DO ESTADO SOCIAL NA CONSTITUIÇÃO BRASILEIRA

A vigente Constituição de 1988 não contém norma escrita relativa ao princípio em apreço. Apesar disso, não há dissenso na doutrina brasileira acerca do caráter social do Estado brasileiro.[15] A adoção do princípio sob exame se revela em distintos artigos da Constituição de 1988. Já no preâmbulo, os constituintes firmaram que a finalidade da Assembléia Constituinte era a instituição de um "Estado Democrático, destinado a assegurar o exercício dos direitos sociais e individuais (...)". Entre os princípios fundamentais, o art. 3°, III, inscreve o objetivo de "erradicar a pobreza e a marginalização e reduzir as desigualdades sociais e regionais". Outras ilustrações encontram-se nos títulos da Ordem Econômica e da Ordem Social da Constituição. Assim, o art. 170, *caput*, ordena que a Ordem Econômica possui a tarefa de "assegurar a todos existência digna, conforme os ditames da justiça social (...)" e o art. 193, que "a ordem social tem como base o primado do trabalho, e como objetivo o bem-estar e a justiça sociais".

Países como a Noruega, Áustria e Suíça também não registram em suas constituições norma explícita acerca da adoção do princípio do Estado Social, o que não impede tenham intensa estatalidade social (*Sozialstaatlichkeit*).[16] Assim sendo, somente uma compreensão formal da Constituição brasileira poderia prender-se à falta de enunciação expressa do princípio para negar o caráter social do Estado brasileiro. As citadas normas constitucionais excluem essa possibilidade. Ao contrário, vinculam positivamente os poderes públicos a um dever objetivo, qual seja, o de se empenharem pela construção do Estado Social.

A pergunta que pode ser feita é se os direitos fundamentais sociais e os direitos de participação que a Constituição de 1988 reconhece, em especial, na Ordem Social,[17] são expressão do princípio do Estado Social. Nesse sentido, e na tentativa de clarificar conceitos como o do princípio sob exame e o dos direitos fundamentais sociais, inicialmente pode-se fixar que ambos possuem significado distinto. O Estado Social é um princípio fundamental e, como tal, possui alto grau de indeterminação. Por isso necessita de concretização por meio dos poderes do Estado, a começar pelo legislador,[18] também obrigando o Executivo e o Judiciário, como anteriormente referido.

---

destvoraussetzungen für ein menschenwürdiges Dasein seiner Bürger schafft"). Para mais comprovações, ver também Hans D. Jarass, Sozialstaatsprinzip, cit., p. 502, Rn 103 e p. 506, Rn 113.

[15] Nesse sentido, Paulo Bonavides, *Curso de Direito Constitucional*. 7. ed., São Paulo: Malheiros, 1997, p. 336; Ingo W. Sarlet, *A Eficácia dos Direitos Fundamentais*. 5. ed., Porto Alegre: Livraria do Advogado, 2005, p. 95-6. Com terminologia distinta, ver José Afonso da Silva, *Curso de Direito Constitucional Positivo*. 19. ed., São Paulo: Malheiros, 2001, p. 119.

[16] Rolf Gröschner, Art. 20 (Sozialstaat), cit., p. 86, Rn 13.

[17] Desenvolvimentos a respeito do caráter jusfundamental dos direitos de participação são feitos no Capítulo III da 3ª Parte.

[18] Hans D. Jarass, Sozialstaatsprinzip, cit., p. 502, Rn 103.

Já os direitos fundamentais sociais reconhecidos pela Constituição brasileira, na realidade, são expressões ou manifestações do princípio do Estado Social. Entretanto, diferenciado é o grau dessa determinação, sendo, pois, necessário esforço para sistematizá-los adequadamente com o fim de obter maior clareza acerca dos efeitos jurídicos que deles possam ser extraídos. Isso procurou-se fazer no capítulo anterior.

Como direitos prestacionais em sentido estrito (criação e distribuição de prestações materiais), os direitos fundamentais sociais são expressão do Estado Social.[19] Em sentido amplo, pode-se afirmar que o reconhecimento de direitos sociais como aqueles do art. 6° e dos correspondentes direitos que obtiveram desdobramentos na Ordem Social traduz objetivação do princípio do Estado Social. Quando assumem a forma de prestações derivadas, esses direitos asseguram um direito subjetivo.[20]

Ainda sob o ângulo do caráter prestacional dos direitos sociais merece realce a opinião de Ingo W. Sarlet, para quem os direitos específicos dos trabalhadores, principalmente aqueles do art. 7° da Constituição (que dão ensejo a prestações oriundas de uma relação de emprego ou de trabalho prestado com dependência, sendo devidas pelo tomador da prestação laboral), também são expressão do Estado Social de Direito.[21] As prestações oriundas dos direitos do art. 7° integram o rol dos direitos fundamentais com eficácia direta contra particulares ou terceiros (*Drittwirkung*). O que se observa nesses direitos é o entrecruzamento de várias funções, subjetivas e objetivas, dos direitos fundamentais, ou seja: a função de prestação, de eficácia direta contra terceiros, e especialmente a função de proteção voltada ao indivíduo fragilizado em sua relação com forças sociais e econômicas de poder.

Dessa maneira, confirma-se que o que já se referiu no item precedente, ou seja, que o Estado de Direito e o Estado Social não são contraditórios. Hans F. Zacher considera os direitos fundamentais como elemento essencial do Estado Social.[22] Naturalmente, ele se refere aos direitos clássicos porque é sabido que a Lei Fundamental alemã renunciou, em regra, a incluir direitos sociais no rol dos direitos fundamentais. Essa compreensão e concreta opção, entretanto, deve

---

[19] Esta é a opinião de Ingo W. Sarlet (*A Eficácia dos Direitos Fundamentais*, cit., p. 210-1). Para o autor, os direitos de prestação em sentido amplo são direitos que se relacionam às funções do Estado de Direito de matriz liberal. Dentre essas prestações pode-se nominar o acesso ao Poder Judiciário.

[20] Comparar com o Capítulo II da 2ª Parte.

[21] Ingo W. Sarlet, *A Eficácia dos Direitos Fundamentais*, cit., p. 223. Ao dispor em seu *caput* que "são direitos dos trabalhadores urbanos e rurais, além de outros que visem à melhoria de sua *condição social*" (destaquei), o art. 7° da Constituição define a natureza dos direitos nele arrolados, ou seja, estão voltados à concreção do Estado Social.

[22] Hans F. Zacher, Das soziale Staatsziel, cit., p. 1104, Rn 98. O autor entende que os "direitos fundamentais, na forma como a Lei Fundamental os garante, surgiram contra o Estado e devem também no Estado Social, primeiro e necessariamente, ser entendidos como direitos de defesa. Eles constituem a dialética do Estado e da Sociedade". (Texto original: "Grundrechte, wie sie das Grundgesetz gewährleistet, sind gegen den Staat entstanden, und sie müssen auch im Sozialstaat zuerst und unbedingt als Abwehrrechte verstanden werden. Sie konstituieren die Dialektik von Staat und Gesellschaft").

ser avaliada com base na experiência histórica desse país no terreno dos direitos sociais: de um lado, a existência de estrutura administrativa autônoma, constituída ainda no século XIX, que garante o atendimento de prestações sociais em consonância com a legislação social; de outro, em vista da experiência negativa de Weimar, a decisão de somente incluir no rol dos direitos fundamentais aqueles que expressassem direito subjetivo e o temor de conferir poder de intervenção excessivo ao Estado.

Outra, evidentemente, é a história de cinco séculos do Brasil, no qual a função administrativa ainda não adquiriu a necessária autonomia frente à função de governo. O patrimonialismo estatal[23] concorre para que se impeçam mudanças nessa estrutura. O déficit de liberdade e igualdade na Sociedade brasileira em grande parte pode ser atribuído à ausência do Estado, e não à sua atividade interventora. A área do ensino público é um dos exemplos mais candentes dessa histórica omissão estatal.[24] Nesse contexto, a inserção de direitos fundamentais sociais na Constituição brasileira, obra da mobilização popular e sindical, constitui opção que compele os poderes estatais, pelo caráter vinculativo da Constituição, a orientarem suas tarefas, no exercício das competências próprias de cada um, à concretização dos direitos fundamentais sociais. E isso com prioridade, uma vez que esses direitos constituem elemento essencial do Estado Social brasileiro.

Também o direito de a Sociedade participar de ações do governo e da administração, com direito à co-decisão, como será visto na 3ª Parte, constitui inovação extraordinária quando se pensa nas medidas a serem adotadas para a concretização do Estado Social. Essa participação pode ser qualificada como elemento específico, próprio do Estado Social brasileiro.

Em que pese a isso e embora seja incontroverso que a Constituição brasileira tenha adotado o princípio do Estado Social, nas decisões do STF o exame do tema praticamente inexiste. Como já mencionado, o STF tem resistido a conter a atuação inconstitucional do Executivo em tema de medidas provisórias. Seus

---

[23] Raymundo Faoro (*Os Donos do Poder – formação do patronato político brasileiro*. 11. ed., São Paulo: Globo, v. II, 1997, p. 736) ressalta que no Brasil a estrutura patrimonial resiste há séculos. Para Faoro, "num estágio inicial, o domínio patrimonial, desta forma constituído pelo estamento, apropria as oportunidades econômicas de desfrute dos bens, das concessões, dos cargos, numa confusão entre setor público e privado, que, com o aperfeiçoamento da estrutura, se extrema em competências fixas, com divisão de poderes, separando-se o setor fiscal do setor pessoal. O caminho burocrático do estamento, em passos entremeados de compromissos e transações, não desfigura a realidade fundamental, impenetrável às mudanças. O patrimonialismo pessoal se converte em patrimonialismo estatal, que adota o mercantilismo como a técnica de operação da economia".

[24] Exames em diversas áreas do conhecimento promovidos periodicamente pela Organização para a Cooperação e Desenvolvimento Econômico (OCDE), envolvendo dezenas de países, têm reservado as últimas colocações aos estudantes brasileiros do nível médio (*Folha de São Paulo*, 30-11-07, C5). Conquanto censos do IBGE, como o de 2000, indiquem que o ensino primário vai sendo estendido à maioria das crianças, é sabido que a capacidade cognitiva dos estudantes de primeiro e segundo grau vem decaindo, gerando-se crescente número de analfabetos funcionais que compromete tanto sua pespectiva profissional como a de cidadãos com discernimento, capazes de incidir na vida pública. As legiões de estudantes que ingressam e se "formam" nas universidades e faculdades que proliferaram no país nos últimos tempos manifestam as mesmas deficiências apontadas. Na realidade, apesar do muito que se diz publicamente em favor da educação, a observação do que acontece revela a inconseqüência desses discursos desacompanhados de ações efetivas.

pronunciamentos também se revelam tímidos quando se trata de declarar, por meio de decisões em ações diretas de inconstitucionalidade por omissão, que o Legislador e o Executivo se encontram em débito na adoção de medidas exigidas pela Constituição. Decisões em Mandados de Injunção em geral vem trilhando o mesmo caminho, limitando-se o STF a declarar situação de débito do legislador. Essa tradição parece tornar remota a possibilidade desse tribunal vir a formular jurisprudência que leve o Executivo a tomar medidas orientadas à concretização da estatalidade social. Entretanto, vale referir decisão do Mandado de Injunção 721-7, Rel. Min. Marco Aurélio, de 30-8-07, em que o STF atribuiu caráter mandamental, e não meramente declaratório, ao Mandado de Injunção, decidindo pela garantia do exercício do direito à aposentadoria especial de servidor público. Diante da falta de disciplina legal específica relativa ao art. 40, § 4º, da Constituição Federal, determinou a observância do art. 57, § 1º, da Lei nº 8.213/91, aplicável aos trabalhadores em geral.

De qualquer sorte, a realização dos direitos fundamentais sociais é, conforme as normas sobre a ordem social constantes na Constituição brasileira, dever do Estado. E como será visto na 3ª Parte, à Sociedade, por suas organizações representativas, cumprirá exercer o direito de co-decidir no sentido da ampliação quantitativa e qualitativa dos direitos sociais, necessários à *liberdade real* de todos os brasileiros. Com efeito, para evitar experiência totalitária, o princípio do Estado Social haverá de estar integrado ao princípio do Estado de Direito e ao princípio democrático, uma vez que somente Sociedade de indivíduos realmente livres pode garantir o Estado Democrático e de Direito propugnado pela Constituição.

4. ELEMENTOS GERAIS DO PRINCÍPIO DO ESTADO SOCIAL

Ao se examinarem os elementos gerais do princípio do Estado Social ou da estatalidade social, verifica-se que a doutrina alemã, a qual efetivamente se debruça sobre o tema, contém abordagem substancialmente uniforme.[25] Esses elementos dizem respeito a um mínimo existencial compatível com a dignidade humana, à igualdade social, à seguridade social e à justiça social. Os doutrinadores pesquisados que deles se ocupam destacam quatro subelementos, vale dizer, a ajuda social, a reparação social, a economia social de mercado e a *Daseinsvorsorge*,[26] mas não há consenso a respeito da sua classificação. Como na Constituição brasileira os referidos dois primeiros subelementos possuem relação de pertença com

---

[25] Para o desenvolvimento do tema, faz-se uso especialmente da doutrina de Hans F. Zacher (Das soziale Staatsziel, cit., p. 1062 ss., Rn 27-56), de Hans D. Jarass (Sozialstaatsprinzip, cit., p. 502-7, Rn 102-15) e de Rolf Gröschner [Art. 20 (Sozialstaat), cit., p. 94 ss., Rn 36-57]. Na literatura brasileira, Ingo W. Sarlet dedicou-se ao exame do Estado Social (O Estado Social de Direito, a proibição de retrocesso e a garantia fundamental da propriedade, *Revista Ajuris*, jul./98 (73): 211-36).

[26] A expressão é utilizada no original porque de difícil tradução. Em traços gerais significa provisão de subsistência, no sentido de tornar disponível o que é necessário à existência.

a seguridade social, é sob este elemento do princípio do Estado Social que ambos serão classificados, enquanto a economia social de mercado e a *Daseinsvorsorge* se remetem ao da justiça social ou Ordem Social justa. Passa-se, pois, ao exame dos principais elementos.

4.1. Um mínimo existencial compatível com a dignidade humana

Para Hans D. Zacher, a responsabilidade do Estado Social para com as necessidades da existência (*Existenznotwendige*) é a primeira fase de seu desenvolvimento na Alemanha.[27] Essa responsabilidade moveu-se no século XIX do plano comunal para o plano estatal e encontra expressão na moderna garantia do mínimo existencial por meio da ajuda social.

A responsabilidade própria do indivíduo para assegurar a sua existência possui anterioridade e a da coletividade ocupa posição secundária ou subsidiária.[28] Os pressupostos para essa responsabilidade própria, contudo, devem ser garantidos em primeiro lugar pela Sociedade e pelo Estado. Pode-se, nesse sentido, falar de uma "ajuda para a auto-ajuda" (*Hilfe zur Selbsthilfe*). Como criança, deve o indivíduo encontrar seu primeiro apoio na família. Mas também a família, notadamente a mãe, deve receber proteção e promoção do Estado Social.[29] O desenvolvimento da própria autonomia também tem de encontrar apoio na livre escolha da profissão e na garantia de um lugar de trabalho, tarefas essas dificultadas pela atual crise no mundo do trabalho.

O direito a um mínimo existencial corresponde ao direito à subsistência de que fala Pontes de Miranda.[30] Esse direito exclui a idéia de caridade. Se a organização social e econômica não possibilita ao indivíduo a obtenção dos meios necessários à subsistência, consolida-se o seu direito para que o Estado a assegure, garantia que envolve o direito a uma moradia, ao ensino básico, ao direito de se formar para obter uma profissão e a prestações de natureza previdenciária. Ressalta-se que, não obstante possa ser controvertido o que esteja abarcado pela noção de mínimo existencial, a sua garantia constitui exigência que se deriva da dignidade humana, princípio vinculante para os poderes estatais. É justamente nesse sentido a reflexão de José Carlos Vieira de Andrade que, depois de ressaltar a força normativa inerente aos direitos fundamentais sociais, indaga se não é constitucionalmente insuportável a situação do cidadão que não tem satisfeitas essas prestações, e isso independentemente de opções legislativas. O autor, trazendo à lembrança o valor da dignidade humana, perquire:

---

[27] Hans F. Zacher, Das soziale Staatsziel, cit., p. 1062, Rn 27.

[28] Idem, p. 1062, Rn 28.

[29] Hans F. Zacher, Das soziale Staatsziel, cit., p. 1063, Rn 29. Apoio concreto é, por exemplo, aquilo que no imposto de renda deve ficar isento de tributação. O Tribunal Constitucional alemão decidiu em várias ocasiões nesse sentido, especialmente no referente à proteção de famílias com crianças, conforme se verifica em decisões constantes na *NJW*, 1999: 557-8 e 561-2; na *BVerfGE* 82, 60/86 ss. Sobre o mínimo existencial a ser fixado pelo legislador pode-se conferir as *BVerfGE* 87, 153/171 e 91, 93/110.

[30] Pontes de Miranda, *Direito à Subsistência e Direito ao Trabalho*. Coleção dos 5 direitos do homem (a editora e ano de publicação são desconhecidos).

Mas, a ser assim, não implicará isso um direito à sobrevivência, enquanto direito social de personalidade, entendido com(o) um direito análogo aos direitos, liberdades e garantias e gozando, portanto, do respectivo regime, designadamente da sua imediata aplicabilidade?.[31]

Por tudo isso, justifica-se porque a garantia do mínimo existencial assegura direito subjetivo que, por exceção, é diretamente dedutível do princípio do Estado Social. Nesse sentido, programas governamentais que garantem renda a milhões de famílias abandonadas à própria sorte são medidas que podem preparar o terreno para que elas superem a marginalização. Entretanto, se esses programas não vierem gradativamente acompanhados de medidas tendentes a que homens e mulheres possam se fazer responsáveis pela sua existência, sobretudo mediante educação e trabalho dignos, a dependência do aporte governamental de recursos terminará por fomentar a indignidade dessas pessoas.

Se não bastasse a histórica omissão do Estado por intermédio de suas várias instâncias de poder quando se pensa em medidas dirigidas à efetivação dos direitos asseguradores do mínimo existencial, impressiona o fato de, no Brasil, haver legislação e decisões judiciais ofensivas ao resguardo do mínimo existencial. Quanto à legislação, é de examinar o art. 46 da Lei nº 8.541/92, com base no qual é imposta a retenção de imposto de renda relativo a valores oriundos de decisão judicial e, em sua maioria, integrantes do mínimo existencial por serem resultantes de ações trabalhistas envolvendo *prestações* mensais não fornecidas no momento devido, quer pelo particular, quer por entes públicos. Além de não garantir na vida prática o mínimo existencial aos cidadãos pobres, o Estado, por meio de atos de seus três poderes, ainda lhes subtrai parte daquilo que, com seu trabalho, adquiriram e é indispensável à sua sobrevivência digna.[32] Relativamente aos rendimentos pagos mediante precatório ou requisição de pequeno valor em decorrência de decisão da Justiça Federal, os quais em grande parte dizem respeito a prestações previdenciárias não fornecidas no devido tempo, a Lei nº 10.833/03 fixa a alíquota de 3% (três por cento) a ser deduzida a título de imposto de renda. Essa disciplina legal pelo menos corrige distorção anterior, estando mais próxima do que possa ser qualificado como garantia do mínimo existencial.

Embora na literatura jurídica brasileira o tema concernente ao mínimo existencial venha despertando a atenção,[33] na jurisprudência do STF não há, até o momento, explicitação de seu conteúdo.

---

[31] José Carlos Vieira de Andrade, *Os Direitos Fundamentais na Constituição Portuguesa de 1976*, 2. ed., Coimbra: Livraria Almedina, 2001, p. 388). Em nota de rodapé o autor reporta doutrina e jurisprudência do *BVerfG* alemão relativa à garantia do mínimo existencial e sua conexão com a dignidade humana e o princípio do Estado Social. Comparar com Capítulo II da 2ª Parte, notas 29 e 43.

[32] José Carlos Vieira de Andrade (*Os Direitos Fundamentais na Constituição Portuguesa de 1976*, cit., p. 388), em atenção ao direito à sobrevivência, ressalta que subsiste "o *direito à não-tributação do rendimento necessário ao mínimo de existência*". Comparar com a nota 29.

[33] Um dos autores que trata do tema é Ricardo Lobo Torres (A metamorfose dos direitos sociais em mínimo existencial. In: Ingo Wolfgang Sarlet (Org.). *Estudos de Direito Constitucional, Internacional e Comparado*. Rio de Janeiro: Renovar, 2003, p. 1-37).

4.2. Igualdade social

Se o assunto é a igualdade social, especialmente a igualdade democrática e jurídica, a dissolução do sistema feudal é um dos momentos mais relevantes da história moderna. A supressão dos privilégios permanentes teve significação essencial para a igualdade no sentido do Estado de Direito.[34] Na medida em que dá suporte ao pensamento político moderno, em constante mutação, a igualdade social não é um conceito empírico que descreve a realidade social, mas sim um conceito jurídico que serve à justificação e crítica das relações sociais.[35]

A igualdade social se vincula de forma primária com a igualdade na Sociedade e a igualdade econômica. A desigualdade entre o capital e o trabalho, empresas e trabalhadores, não foi dissolvida pelas revoluções dos séculos XVIII e XIX, fato demonstrado pelo recrudescimento da pobreza e do desemprego em meio à revolução industrial na Europa. No século XX surgiram, principalmente como conseqüência da Primeira Guerra Mundial, novas desigualdades sociais, afetando pequenos agricultores, migrantes, inquilinos, famílias com grande número de filhos, mães, crianças e adolescentes e outros lesados pela guerra. A desigualdade cresceu após a Segunda Guerra Mundial, não somente em grupos sociais, mas também em situações de vida (por exemplo, idosos), regiões (zonas limítrofes), e em âmbitos materiais (por exemplo, na saúde e na educação).[36] Por fim, ela aumentou entre nações ricas e pobres, mantendo-se em escala ascendente, ainda no início do presente século XXI.

O que a igualdade social postula é que haja a igualdade de direitos e de tratamento de todos os membros da Sociedade.[37] Nisso não há uma meta absoluta, até porque o absoluto é inalcançável. Tanto é que aos próprios direitos de liberdade podem ser traçados limites, ou seja, também inexistem direitos de liberdade absolutos. A confirmação de que a igualdade absoluta é inatingível revela-se em que intervenções, efetuadas com o propósito de eliminar desigualdades sociais, muitas vezes levaram a novas desigualdades.[38]

Incontestável, apesar disso, é que o alargamento da igualdade social propicia liberdade real entre os cidadãos.[39] É nesse ponto que o Estado Liberal se coloca em xeque, uma vez que prometeu liberdade sem considerar a concreta situação de populações inteiras. Sem educação, postos de trabalho e sistema de seguridade social não se assegura, de maneira alguma, a possibilidade de fazer uso da liberdade.

---

[34] Nesse particular, Hans F. Zacher (Das soziale Staatsziel, cit., p. 1065, Rn 32) ressalta: "Evoluções essenciais rumo à igualdade estão vinculadas à passagem da constituição feudal-monárquica para a igualdade democrática: assim, antes de tudo, a abolição dos privilégios estamentais". (Texto original: "Wesentliche Entwicklungen zur Gleichheit sind mit dem Übergang von der feudalistisch-monarchistischen Verfassung zur egalitären Demokratie verbunden: so vor allem die Abschaffung ständischer Vorrechte").

[35] Esse é o ensinamento de Peter Koller (Grundlagen der Legitimation und Kritik staatlicher Herrschaft, in: Dieter Grimm (Org.), *Staatsaufgaben*. Baden-Baden: Suhrkamp Taschenbuch Verlag, 1996, p. 757).

[36] Nesse sentido, Hans F. Zacher, Das soziale Staatsziel, cit., p. 1066, Rn 33.

[37] Assim Peter Koller, Grundlagen der Legitimation und Kritik staatlicher Herrschaft, cit., p. 757.

[38] Nesse sentido Hans F. Zacher, Das soziale Staatsziel, cit., p. 1069, Rn 37.

[39] Ver Hans F. Zacher, Das soziale Staatsziel, cit., p. 1070, Rn 38.

O que no terreno da igualdade social possui importância é a garantia de iguais oportunidades. Aqui não se trata de uma igualdade de tratamento, cujo conteúdo jurídico geral é a igualdade frente à lei, mas sim de pressupostos de fato para adquirir bens materiais e imateriais que concretamente possibilitam o gozo da liberdade.[40] Hans D. Jarass lembra que um ajuste (*Angleichung*) é possível por meio de fornecimento de prestações materiais, organização e procedimentos, havendo um encargo jurídico-objetivo diretamente dedutível do princípio do Estado Social, que no âmbito da liberdade profissional implica a criação de postos de trabalho e, além disso, a possibilidade de assegurar educação e de prover suficientes moradias.[41] No tocante à educação fundamental, contudo, vale ter presente que o art. 208, § 1º, da Constituição brasileira estabelece que "o acesso ao ensino obrigatório e gratuito é direito público subjetivo".

Retomando o que se escreveu acima acerca da conceituação jurídica da igualdade social, conclui-se, então, que ela tem a ver com a criação de condições que possibilitem à pessoa se fazer responsável por sua própria existência.

4.3. A seguridade social

A seguridade social significa a proteção em casos de doença, invalidez, velhice, morte do alimentante, desemprego. Providência frente às "vicissitudes da vida" é um distintivo, uma marca, na construção da estatalidade social.[42] Contra as incertezas da vida, o Estado Social possui o encargo de criar sistema de seguridade social e, antes de tudo, de proteger os fracos. Isso não significa que se impeça ao indivíduo correr riscos que resultam da vida em sociedade.[43]

No final do século XIX, verificou-se na Europa a difusão de medidas previdenciárias no terreno social. Essas medidas gerais tiveram de romper com o tipo fundamental até então prevalecente, que era a previdência oficial restrita ao funcionário estatal. Como na multiplicidade da vida laboral esse fato (ser funcionário) era setorial, em 1881 foram introduzidas medidas previdenciárias gerais sob a forma de seguridade social na Prússia.[44]

No Brasil, a construção de um sistema público de seguridade social teve início na década de 30 do século passado com a criação de Institutos Nacionais de Aposentadoria para diferentes categorias profissionais. Algumas regras começa-

---

[40] Hans D. Jarass, Sozialstaatsprinzip, cit., p. 503, Rn 106.
[41] Idem, ibidem.
[42] Idem, Das soziale Staatsziel, cit., p. 1071, Rn 40.
[43] Idem, Sozialstaatsprinzip, cit., p. 503, Rn 105.
[44] Idem, Das soziale Staatsziel, cit., p. 1071, Rn 40. O autor esclarece que com essa nova concepção possibilitou-se a separação entre relação de trabalho e relação de previdência social. Por isso foi possível "combinar a relação de emprego individual, regrada privadamente, com as regras gerais, de direito público, da previdência e das relações prestacionais". (Texto original: "das individuelle, privatrechtlich geregelte Erwerbsverhältnis mit der allgemeinen, öffentlich-rechtlichen Regelung der Vorsorge und Leistungsverhältnisse zu kombinieren").

ram a aparecer nas Constituições a partir da de 1934.[45] Mas a abrangente consolidação em nível constitucional somente foi alcançada com a Constituição de 1988, a qual dedica o Capítulo II do Título VIII (Ordem Social) à seguridade social e que abarca tanto a previdência social como a saúde e a assistência social. Depois, vieram as Emendas Constitucionais nº 20/98 e nº 41/02 que introduziram alterações especialmente voltadas ao financiamento das aposentadorias e à ampliação do tempo necessário para a sua obtenção e, sobretudo, à uniformização dos regimes de previdência pública e privada, com o propósito de nivelar por baixo a proteção previdenciária pública.[46]

Não obstante as alterações introduzidas por essas Emendas, o tema relativo à ampliação do tempo de contribuição para a aposentadoria na área pública e privada por certo não desaparecerá da pauta política nos próximos anos. De outro lado, assim como já feito na área da educação, cresce a pressão para se fazer da previdência social e da saúde um negócio privado.

Um sistema de previdência não repousa somente na *necessidade* que dele têm as pessoas. A capacidade de prestar serviço e a capacidade contributiva são fatores que lhe são pressupostos,[47] ainda mais que na finalidade da "previdência social" se compreende muito mais do que o mínimo existencial, ou seja, a obtenção de prestações (proventos) quando da aposentadoria, embora esse *plus* esteja reservado àqueles que possam prestar antecipadamente, ou seja, contribuir para o sistema.

Manifestação especial da seguridade social se revela na assim designada "reparação social". A idéia de compensar o dano por meio de reparação encontrou expressão jurídica nos §§ 74 e 75 da introdução ao direito estadual geral da Prússia, em 1794.[48] Ela "serviu por longo tempo somente para a compensação de danos patrimoniais oriundos de intervenções administrativas".[49] Na época de Weimar, a fórmula compreendia os danos relacionados a catástrofes políticas (por exemplo, reparações de guerra) e ainda os que as vítimas alegavam ter sofrido no interesse da coletividade. Desenvolvimento mais ampliado das reparações sociais exteriorizou-se com o seguro contra acidentes.[50] Posteriormente, inseriram-se na

---

[45] João Antônio G. Pereira Leite (*Curso Elementar de Direito Previdenciário*. São Paulo: LTr, 1977, p. 29 e ss.) aborda a evolução legislativa e constitucional em tema de previdência social no Brasil. O autor refere que a Lei Elói Chaves (Decreto Legislativo nº 4.682/23) foi o principal marco anterior ao início da construção do sistema público. Essa lei, contudo, era restrita a algumas categorias de trabalhadores – inicialmente aos ferroviários e posteriormente também aos trabalhadores dos portos e do serviços telegráficos. Pereira Leite também menciona (p. 31) a Lei nº 3.724/19, que impôs a responsabilidade objetiva do empregador pela reparação de dano em caso de acidentes do trabalho.

[46] Ver, a propósito, Daniel Machado da Rocha. *O Direito Fundamental à Previdência Social – Na perspectiva dos princípios constitucionais diretivos do sistema previdenciário brasileiro*. Porto Alegre: Livraria do Advogado, 2004, p. 175 e ss.

[47] Hans F. Zacher, Das soziale Staatsziel, cit., p. 1071, Rn 40.

[48] Idem, p. 1072, Rn 41.

[49] Idem, ibidem. (Texto original: "diente lange Zeit nur der Kompensation von Vermögensschäden aus administrativen Eingriffen").

[50] Idem, ibidem.

Lei Fundamental alemã outras regras a respeito da matéria. São exemplos o art. 74, 1, frase 12 (competência em tema de legislação sobre a seguridade social, incluído o seguro-desemprego), e o art. 120, 1, frase 4 (subsídios da União destinados ao seguro-desemprego e à ajuda aos desempregados). Cabe reportar também o art. 28, alínea 1, frase 1, que obriga os estados-membros a terem uma ordem constitucional compatível com o Estado Social de Direito.

Na Constituição brasileira, a reparação social está ancorada principalmente em direitos fundamentais decorrentes de relação de emprego. Assim, o art. 7°, I, e o art. 10 do ADCT asseguram indenização em caso de despedida do emprego, embora essa indenização seja de integral responsabilidade do empregador. Já o art. 7°, II, garante seguro-desemprego e o inciso XXVIII do mesmo artigo, o seguro contra acidentes do trabalho, a cargo do Estado, sem excluir a indenização devida pelo empregador em caso de dolo ou culpa. O financiamento do seguro-desemprego é regido por legislação específica (Leis n° 7.998/90 e n° 8.900/94). A respeito do direito à indenização devida pelo empregador, que engloba também a reparação por doenças ocupacionais, é importante destacar a virada jurisprudencial que se verificou em 2005, quando o STF decidiu que a competência nessa matéria pertence à Justiça do Trabalho.

Finalmente, a ajuda social em termos amplos para a população desprovida de meios para fazer frente às necessidades deve ser assegurada por meio de benefícios de tipo assistencial independentemente de contribuição à seguridade social, na forma do art. 203 da Constituição Federal.

4.4. Ordem social justa

O Estado, especialmente por meio do legislador, está obrigado a providenciar uma Ordem Social justa.[51] A criação de Ordem Social justa não depende da virtude daqueles que exercem funções estatais.[52] Disso pode-se deduzir que no Estado Social não há lugar para idéias caritativas ou paternalistas quando se trata de ações governamentais.[53] O Estado possui deveres jurídico-constitucionais

---

[51] Raimund Waltermann (*Sozialrecht*. 2. ed., Heidelberg: C. F. Müller, 2001, p. 19, Rn 36) escreve que a "*justiça social* é alcançada quando toda e qualquer pessoa possui a oportunidade de obter na Sociedade posição social compatível com suas forças e capacidades individuais". (Texto original: *Soziale Gerechtigkeit* ist erreicht, wenn jeder Mensch die Chance hat, die seinen individuellen Kräften und Fähigkeiten entsprechende soziale Stellung in der Gesellschaft zu erlangen").

[52] Para Rolf Gröschner [Art. 20 (Sozialstaat), cit., p. 100, Rn 49], "O conceito de justiça social *não é um conceito de virtude*; no retrospecto de sua história, e com relação à Lei Fundamental, é ele um *conceito de ordenação*". (Texto no original: "Der Begriff der sozialen Gerechtigkeit ist *kein Tugendbegriff*; im Rückblick auf seine Geschichte und im Hinblick auf das Grundgesetz ist er ein *Ordnungsbegriff*"). O que Rolf Gröschner escreve acerca da ordem jurídica alemã evidentemente é válido para a ordem constitucional brasileira, especialmente para os responsáveis primeiros pela concretização da Constituição, que são os exercentes dos três poderes da República. O que fazem no exercício de suas funções em favor da concretização da justiça social não é, do ponto de vista jurídico, expressão de virtude pessoal e sim decorrência de dever a que estão obrigados pela Constituição.

[53] As prestações sociais que particulares espontaneamente oferecem em prol do bem-estar geral podem ser compreendidas sob o conceito de solidariedade e caridade, sem caráter obrigatório. O que juridicamente é inaceitável é que o Estado se esquive da tarefa de proporcionar o *devido*, esperando pela caridade da população. Segundo

objetivos. Por isso, tomar em consideração e cuidar da situação social não é expressão da virtude de um chefe de governo ou de um funcionário, mas imposição real-valorativa.

O que fundamentalmente deve ser assegurado por intermédio da aplicação do princípio do Estado Social é a dignidade humana, fim esse a que a ordem econômica necessariamente deve estar orientada, segundo regra do art. 170 da Constituição. Até onde a responsabilidade estatal-social para a garantia do mínimo existencial pode levar, isso depende do modelo e da riqueza de *Sociedade* determinada.[54] Portanto, o ponto nodal não se encontra somente na sempre lembrada "reduzida capacidade financeira" do Estado. A questão tem muito mais a ver com o quanto o Estado pode ou deve exigir das diferentes camadas da Sociedade e de dar a destinação devida aos recursos, de modo a garantir o mínimo existencial para todos.[55]

A concretização do princípio exige, por isso, decisões políticas cruciais do legislador, o qual deve atribuir a cada uma das referidas camadas responsabilidade proporcional à sua riqueza. Naturalmente, aqui não se trata de conjecturar se o legislador tem revelado capacidade e mesmo vontade política de assumir essa tarefa. Mas do ponto de vista jurídico-constitucional ele está obrigado a encontrar soluções que permitam vida digna para todos e não somente para determinada classe social.

Passa-se ao exame de dois subelementos que possam concorrer para a instauração de Ordem Social justa.

4.4.1. A economia social de mercado

No conceito de economia social de mercado comparecem duas possibilidades: 1) a produção e distribuição de bens, principalmente por meio de sujeitos econômicos que operem em regime de concorrência; 2) a alternativa a isso, que é a produção e distribuição por meio do Estado democrático. Esta alternativa é tomada em consideração em circunstâncias nas quais *a)* embora a economia de mercado tivesse interesse em pôr à disposição determinados bens, o Estado assume a sua oferta porque uma estrutura jurídico-estatal ou uma igualdade *a priori* se mostra necessária (por exemplo, no ensino); *b)* a economia de mercado não é

Pontes de Miranda (*Direito à Subsistência e Direito ao Trabalho*, cit., p. 30), "o direito à subsistência torna sem razão de ser a caridade, a esmola, humilhação do homem ante o homem. Delitos são esmolar e dar esmolas. Não se peça a outrem, porque falte; exija-se do Estado, porque este deve. Em vez da súplica, o direito. Em vez da mão estendida, a *actio popularis*: a exibição da caderneta pessoal e a afirmação de que não tem o que comer, ou vestir, ou o edifício em que habitar".

[54] Cf. nota 41 do capítulo anterior.

[55] Pieroth/Schlink (*Grundrechte – Staatsrecht II*. 21. ed., Heidelberg: C. F. Müller, 2005, p. 85, Rn 362) noticiam que de acordo com a jurisprudência do Tribunal Constitucional, "o Estado não pode subtrair e nem tributar o rendimento obtido pelo particular, que seja necessário para a manutenção do mínimo existencial, devendo prestar ajuda quando o particular, por razões a ele não debitáveis, não possa manter-se a si mesmo". (Texto original: "darf der Staat das vom einzelnen erzielte Einkommen, das zur Erhaltung des Existenzminimums nötig ist, nicht entziehen und auch nicht besteuern und muß er Hilfe leisten, wenn der einzelne aus von ihm nicht zu vertretenden Gründen sich nicht selbst erhalten kann").

capaz o bastante para pôr à disposição bens suficientes; *c*) a economia de mercado não distribui os bens para todos os que deles necessitam.[56]

A norma mais importante que regula a relação entre mercado e atividade econômica do Estado é o princípio da subsidiariedade. Além disso, reduzir ao máximo o dano da atividade econômica administrativa à economia de mercado, bem como observar o princípio da conformidade com o mercado (*Marktkonformität*) (medidas político-econômicas não se destinam, em princípio, a substituir mecanismos relativos a preços, concorrência e decisões econômicas do particular) são imperativos a serem levados em conta.[57] Por fim, a nota distintiva da economia de mercado encontra-se na produção e na distribuição de bens, sendo tarefa da política social resguardar a igualdade nesse processo de distribuição. A oposição entre a liberdade, buscada pelo mercado, e a igualdade, a ser promovida pela política social, entra em cena. Por meio da política social, deve a liberdade dos fortes ser diminuída em favor da liberdade dos fracos.[58] Recorde-se que a liberdade real é decorrência da maior igualdade material.

No direito alemão, o princípio do Estado Social não está sujeito a limitações em razão da economia de mercado.[59] Isso sem dúvida também vale para o sistema constitucional brasileiro. A propósito, é digno de nota o fato de o art. 219 da Constituição brasileira, que inclui o mercado interno no patrimônio nacional, estar inserido no título da Ordem Social e não no da Ordem Econômica e Financeira. Dispõe o texto dessa norma que o mercado destina-se a viabilizar o desenvolvimento socioeconômico e o bem-estar da população. Trata-se de mercado que deve concorrer para o alcance da dignidade humana e da justiça social preconizadas no *caput* do art. 170 da Constituição, com prevalência para o valor do trabalho humano.[60] Observa-se que todas essas normas impõem que o mercado no Brasil atenda, com prioridade, os interesses sociais, subordinado que está ao princípio do Estado Social. Não obstante isso, o tratamento que a mídia costuma dar a assuntos relativos ao "mercado" passa a idéia de que o mercado constitui assunto estritamente econômico-financeiro.

4.4.2. Estado Social e "daseinsvorsorge"

Daseinsvorsorge é um conceito desenvolvido pelo publicista alemão Ernst Forsthoff e que deve ser apreendido na perspectiva do Estado Liberal. Ele se re-

---

[56] Assim Hans F. Zacher, Das soziale Staatsziel, cit., p. 1080, Rn 52.

[57] Hans F. Zacher, Das soziale Staatsziel, cit., p. 1081, Rn 53.

[58] Idem, p. 1081-2, Rn 55.

[59] Acerca disso, pode-se conferir Hans D. Jarass, Sozialstaatsprinzip, cit., p. 504, Rn 109. O Tribunal Constitucional decidiu (*BVerfGE* 4, 7/17) que "a Lei Fundamental não garante nem a neutralidade político-econômica dos Poderes Executivo e Legislativo, nem uma 'economia social de mercado' somente dirigível por meios conformes com o mercado". (Texto original: "Das Grundgesetz garantiert weder die wirtschaftspolitische Neutralität der Regierungs- und Gesetzgebungsgewalt noch eine nur mit marktkonformen Mitteln zu steuernde 'soziale Marktwirtschaft'"). Na realidade, somente os direitos fundamentais colocam limites para o legislador. Semelhantes diretivas foram sublinhadas em outra decisão do Tribunal Constitucional (*BVerfGE* 50, 290/338).

[60] Cf. José Afonso da Silva, *Curso de Direito Constitucional Positivo*, cit., p. 766.

laciona com serviços e bens a todos pertinentes e que numa sociedade são necessários ou como tais avaliados. Nele não tem lugar a pergunta se alguém é rico ou pobre, se poderia obter serviços ou bens duma ou de outra forma, caso o Estado não os pusesse à disposição.[61]

Diferente de se "pôr à disposição" bens ou serviços, o dever ou encargo para com o social tem sua atenção orientada aos socialmente fracos, a fim de que não sejam desfavorecidos ou excluídos.[62] *Daseinsvorsorge* e dever ou encargo para com o social são círculos convergentes da política social.[63] A diferença está em que a *Daseinsvorsorge* visa a segurança do abastecimento em geral, enquanto para o Estado Social, ao contrário, a prioridade é criar o acesso efetivo, isto é, fático, aos bens e serviços para todos.[64] Enquanto naquele sistema busca-se colocar os bens e serviços à disposição de quem os possa adquirir, no Estado Social a tarefa consiste em criar meios que permitam o acesso a esses bens e serviços a quem inclusive não possui capacidade financeira para tanto.

5. DESTINATÁRIOS DO PRINCÍPIO DO ESTADO SOCIAL

O primeiro responsável pela concretização do princípio do Estado Social é o legislador. Essa concretização resulta em despesa pública, o que exige autorização orçamentária legislativa.[65] Embora o princípio em apreço obrigue o legislador a criar novas prestações, essa obrigação não importa deveres específicos. Por isso, na concretização do princípio o legislador possui uma ampliada margem de conformação.[66]

Em comparação com o Poder Legislativo, os Poderes Executivo e Judiciário possuem deveres secundários quando o assunto é a concretização do princípio em exame. Contudo, ambos estão obrigados "a considerar o princípio do Estado Social no quadro da interpretação conforme à Constituição e na aplicação da legisla-

---

[61] Hans F. Zacher, Das soziale Staatsziel, cit., p. 1082, Rn 58. O autor esclarece que a *"Daseinsvorsorge* por princípio não escalona seus 'preços' socialmente. Não é ela necessariamente mais cara para os 'mais ricos', nem é necessariamente barata ou grátis para os 'mais pobres'". (Texto original: "Daseinsvorsorge staffelt ihre 'Preise' grundsätzlich nicht sozial. Weder ist sie für den 'Reicheren' notwendig teurer, noch ist sie für den 'Ärmeren' notwendig billiger oder gratis").

[62] Hans F. Zacher, Das soziale Staatsziel, cit., p. 1082, Rn 59.

[63] Idem, p. 1083, Rn 60. Em ambos os casos o objetivo comum é o de se "evitar a necessidade e tornar serviços e bens acessíveis ao maior número possível de pessoas e do modo mais igual possível". (Texto no original: "Not zu vermeiden und Dienste und Güter möglichst vielen möglichst gleich zugänglich zu machen").

[64] Por isso Hans D. Jarass (Sozialstaatsprinzip, cit., p. 503, Rn 105) esclarece que "por causa do princípio da solidariedade que decorre do princípio do Estado Social, socialmente fracos podem ser favorecidos". (Texto original: "Wegen des aus dem Sozialstaatsprinzip fließenden Solidarprinzips können sozial Schwache begünstigt werden").

[65] Conforme Hans D. Jarass, Sozialstaatsprinzip, cit., p. 506, Rn 114.

[66] Hans D. Jarass, Sozialstaatsprinzip, cit., p. 506, Rn 114. Comparar com item 1 do Capítulo II da 1ª Parte.

ção infraconstitucional".⁶⁷ O princípio resultará não observado quando a proteção social de numerosas pessoas for descuidada ou relegada ao desleixo.⁶⁸

Assim como no caso de outros princípios constitucionais, é "tarefa da jurisprudência e da ciência jurídica precisar o conteúdo do princípio do Estado Social por meio do desenvolvimento, um a um, de *princípios parciais, subprincípios e princípios reitores*".⁶⁹ Lamentavelmente, pode-se afirmar que no Brasil, salvo exceções, jurisprudência e ciência jurídica se mantêm alheias a essa tarefa, o que não deixa de revelar ausência de compromisso com a Constituição. Nesse contexto, a pressão político-ideológica contra o princípio em apreço é ainda mais facilitada para seus detratores. De qualquer modo, se em outros tempos a implementação dos princípios parciais, subprincípios e princípios reitores do Estado Social era tida como incompatível com o Estado de Direito, hoje, ao contrário, isso parece ser uma exigência para a própria preservação do Estado de Direito.

---

⁶⁷ Hans D. Jarass, Sozialstaatsprinzip, cit., p. 506, Rn 115. (Texto original: "das Sozialstaatsprinzip im Rahmen der verfassungskonformen Auslegung und Anwendung des einfachen Rechts zu berücksichtigen".) Sobre o significado da interpretação conforme a Constituição, ver Capítulo I, item 5.1, da 1ª Parte, especialmente notas 50 e 52.

⁶⁸ Para confronto, pode-se ver Hans D. Jarass, Sozialstaatsprinzip, cit., p. 507, Rn 115 e *BVerfGE* 68, 80/84.

⁶⁹ Rolf Gröschner, Art. 20, (Sozialstaat), cit., p. 92-3, Rn 32. (Texto original: "Aufgabe von Rechtsprechung und Rechtslehre, den Inhalt des Sozialstaatsprinzips durch die Entwicklung von einzelnen *Teil-, Unter- oder Leitprinzipien* zu präzisieren".)

Terceira Parte

A formação da vontade política da Sociedade e do Estado. Sistematização dos direitos de participação dirigidos à efetividade dos direitos sociais

Capítulo I – Formação da vontade política da Sociedade e do Estado

1. SOCIEDADE E ESTADO: CONSIDERAÇÕES PRELIMINARES

Sociedade e Estado podem ser qualificados como institutições, estruturas ou organismos a serem apreendidos dentro do desenvolvimento da história. A própria formação e organização dessas duas instituições teve início nos países ocidentais do globo num período relativamente recente. Quando se toma em consideração a Europa, então pode-se observar que, até o fim do feudalismo, Sociedade e Estado não tinham estruturação com características próprias e distintas. As classes sociais que existiam lado a lado possuíam um grupo dirigente autônomo e fechado, o qual, em cada domínio, pertencia às camadas superiores – os aristocratas. A forma de Estado, tal como ela hoje é conhecida no mundo ocidental, começou a organizar-se no século XVIII por meio da instituição monárquico-burocrática.[1]

Já a filosofia iluminista dos séculos XVII e XVIII e as revoluções que ocorreram na Inglaterra, nos EUA, na França e na Alemanha projetaram o que hoje se conhece como sendo a Sociedade. A separação entre as esferas da Sociedade e do Estado mantém vínculos históricos com o reconhecimento constitucional dos direitos fundamentais individuais e da democracia representativa.[2] Na Alemanha,

---

[1] Observações nesse sentido estão em Hans H. Rupp, Die Unterscheidung von Staat und Gesellschaft, in: Josef Isensee e Paul Kirchhof (Org.), *Handbuch des Staatsrechts der Bundesrepublik Deutschland*. 2. ed., Heidelberg: C.F. Müller, 1995, v. I, p. 1189, Rn 3.

[2] Frotscher/Pieroth, *Verfassungsgeschichte*. 2. ed., München: C. H. Beck, 1999, p. 162, Rn 305, esclarecem: "Uma exigência principal do liberalismo foi a garantia de direitos fundamentais com força constitucional. A burguesia lutou por uma *esfera social livre do estado*, na qual espírito e matéria, idéias e capital, e justamente 'liberdade e propriedade' puderam se desenvolver. Na verdade, o Estado também deveria poder intervir nisso de forma reguladora, certamente só por meio de leis que fossem aprovadas pela maioria de um Parlamento (a assim designada reserva legal)". [Texto original: "Eine Hauptforderung des Liberalismus war die verfassungskräftige Verbürgung von Grundrechten. Das Bürgertum strebte nach einer *staatsfreien gesellschaftlichen Sphäre*, in der

esse espírito revolucionário encontrou resistência[3] e somente pôde desenvolver suas conseqüências mais tarde, a partir de 1848, quando revoluções varreram toda a Europa.[4]

Há controvérsias acerca da afirmação segundo a qual o Brasil teria experimentado uma espécie de "feudalismo americano". Os defensores dessa idéia sustentam que o colonizador português teria introduzido o feudalismo europeu no Brasil,[5] com o que buscam explicar a base em que assentou a história econômica, política e social do Brasil. Autores como Raymundo Faoro rejeitam essa explicação.[6]

Por 300 anos, até o início do século XIX, o Brasil foi colônia portuguesa e, a partir de 1822, converteu-se em monarquia. A Constituição outorgada de 1824 instituiu, ainda que não formalmente, alguns direitos fundamentais, entre os quais o direito ao ensino fundamental gratuito. Na primeira Constituição republicana, de 1891, o catálogo de direitos fundamentais foi ampliado. Na realidade, tratou-se muito mais da introdução tardia e formal na Constituição de princípios políticos e de direitos fundamentais individuais oriundos da experiência revolucionária estrangeira, não tendo, por isso mesmo, a virtualidade de proporcionar transformações de relevo na estrutura política e social do Estado brasileiro.[7] Assim, a

---

sich Geist und Materie, Gedanken und Kapital, eben 'Freiheit und Eigentum' entfalten konnten. Zwar sollte der Staat auch insofern regulierend eingreifen können, allerdings nur durch Gesetze, die von einem Parlament mehrheitlich gebilligt wurden (sog. Vorbehalt des Gesetzes)"].

[3] Hans H. Rupp (Die Unterscheidung von Staat und Gesellschaft, cit., p. 1190, Rn 4) refere a situação preponderante na Alemanha no século XIX: "Enquanto nas grandes revoluções do ocidente a burguesia lutou pelo direito à autodeterminação e, com isso, ao fim e ao cabo combateu o 'Estado', em solo alemão a revolução burguesa foi condenada ao fracasso e se desenvolveu aquele, para a Alemanha, típico retrocesso da doutrina da liberdade, sob renúncia à autodeterminação política e maioridade, para se contentar com as liberdades civis, particularmente com a liberdade de propriedade (...)". (Texto original: "Während in den großen Revolutionen des Westens das Bürgertum das politische Selbstbestimmungsrecht und damit letztlich den 'Staat' erkämpft, ist die bürgerliche Revolution auf deutschem Boden zum Scheitern verurteilt, und es entwickelt sich jene für Deutschland typische Umbiegung der Freiheitslehre, unter Verzicht auf politische Selbstbestimmung und Mündigkeit sich mit den bürgerlichen Freiheiten, insbesondere mit der Eigentumsfreiheit, zu begnügen...").

[4] Frotscher/Pieroth (*Verfassungsgeschichte*, cit., p. 163, Rn 306) referem que somente com a Constituição de 1849 "foi alcançada a integração ao modelo de direitos fundamentais do mundo ocidental". (Texto original: "wurde der Anschluß an den Grundrechtsstandard der westlichen Welt erreicht").

[5] Gilberto Freire (*Casa-Grande & Senzala*. 28. ed., Rio de Janeiro: Record, 1992, p. 30) refere que em seus primórdios a administração colonial tinha "tendências feudais".

[6] Raymundo Faoro (*Os Donos do Poder – formação do patronato político brasileiro*. 11. ed., São Paulo: Globo, v. I, 1997, p. 20) afirma que, já na Idade Média, Portugal tinha um regime patrimonial. Para ele, "o sistema patrimonial, ao contrário dos direitos, privilégios e obrigações fixamente determinados do feudalismo, prende os servidores numa rede patriarcal, na qual eles representam a extensão da casa do soberano. Mais um passo, e a categoria dos auxiliares do príncipe comporá uma nobreza própria, ao lado e, muitas vezes, superior à nobreza territorial". Faoro também sustenta (p. 130-1) que a empresa colonial portuguesa patrocinou um capitalismo mercantil. O rei português favorecera os donatários das terras com obséquios e os próprios olhos com vantagens futuras. Faoro descreve o esquema colonial: "Não havia, no sistema brasileiro, nem o feudo nem o vínculo de vassalagem, triturados ambos pela economia mercantil, derretidos pelo açúcar. O rei subordinava as pessoas, o governo dirigia as ações – prontos a quebrarem as resistências (...)". As observações de Faoro certamente ensejam comparações do patrimonialismo colonial com os resquícios do patrimonialismo em órgãos da administração pública, nos quais cargos são apropriados e distribuídos como se fossem propriedade privada de quem transitoriamente ocupa o poder.

[7] Sérgio Buarque de Holanda (*Raízes do Brasil*. 26. ed., São Paulo: Companhia das Letras, 1995, p. 179) cita aspectos dessa impressionante contradição, a qual deitou raízes pelo século XX afora em nossa história constitucional. O autor, referindo-se às nações ibero-americanas, destaca: "Emancipando-se da tutela das metrópoles

origem de nosso constitucionalismo está marcada pelo reconhecimento de direitos fundamentais que, em lugar de expressarem conquista do povo, em geral foram concessões formais dos donos do poder, incorporadas às nossas constituições a partir de sua importação de outras de países europeus e dos EUA.

Também no século XX, o número dos direitos fundamentais nos textos constitucionais brasileiros mereceu notável incremento, mas "no âmbito da realidade constitucional (não) é de constatar uma correspondente resposta no sentido da construção dos direitos civis como mecanismo de inclusão".[8] Para prová-lo, tomem-se como exemplo os direitos eleitorais. Embora o direito de voto fosse formalmente declarado, a vontade expressada nas urnas continuou a ser fraudada pelos grandes proprietários ao longo de toda a República Velha.[9]

Na esfera do Estado, a organização político-democrática no Brasil somava reveses, tanto no período da República Velha (1889-1930) quanto na segunda metade do século XX. De 1937 a 1944, sob uma ditadura civil, e de 1964 a 1985, sob a ditadura militar, a democracia sofreu duros golpes no país. Graças à reorganização da Sociedade civil e ao movimento de diferentes segmentos sociais, veio a constituinte de 1987-88.

A estrutura democrática que a Constituição de 1988 adotou, sem dúvida contribuiu para que se começasse a fazer frente a seqüelas que o autoritarismo de 20 anos produziu na forma de exercício do poder no país. Mas o exercício autoritário do poder tem raízes fundas, até agora não removidas. Expressão desse autoritarismo, no Executivo, tem sido o uso arbitrário, abusivo e inconstitucional das

---

européias, cuidaram elas de adotar, como base de suas cartas políticas, os princípios que se achavam então na ordem do dia. As palavras mágicas Liberdade, Igualdade e Fraternidade sofreram a interpretação que pareceu ajustar-se melhor aos nossos velhos padrões patriarcais e coloniais, e as mudanças que inspiraram foram antes de aparato do que de substância". A contradição entre o ampliado catálogo de direitos fundamentais das nossas constituições e a pobreza extrema ou indigência de pelo menos um quarto dos brasileiros evidencia que a Constituição não é vista como norma que obriga. Marcelo Neves (Zwischen Subintegration und Überintegration: Bürgerrechte nicht ernstgenommen. *KJ*, Baden-Baden, 1999, (32): 575) também realça o fato de os direitos constantes nas declarações das constituições brasileiras servirem mais a uma dimensão político-simbólica, em detrimento da sua função jurídico-normativa.

[8] Marcelo Neves (Zwischen Subintegration und Überintegration: Bürgerrechte nicht ernstgenommen, cit., (32): 575). (Texto original: "im Bereich der Verfassungswirklichkeit eine entsprechende Antwort im Sinne des Aufbaus der Bürgerrechte als Inklusionsmechanismus zu konstatieren ist").

[9] Raymundo Faoro (*Os Donos do Poder – formação do patronato político brasileiro*, cit., p. 620-54) oferece um panorama relativo à manipulação das eleições no Brasil no curso de décadas. Nem mesmo a República dignificou a soberania popular. A própria população, ciente de que as eleições eram uma farsa, comparecia em baixíssimo número às urnas. O desprezo pela soberania popular ficava evidente na história de logros e fraudes do processo eleitoral. Somente com a criação da Justiça Eleitoral, por meio da Constituição de 1934, é que essas fraudes começam a ser parcialmente contidas. Hoje, com o uso da moderna tecnologia, a Justiça Eleitoral está aparelhada para garantir a veracidade na apuração dos votos do eleitorado. Independentemente desse aspecto, a vontade do eleitorado ainda continua sendo fraudada com a crônica doença revelada pelo "troca-troca" partidário. As legendas partidárias acabam sendo tomadas de aluguel por muitos candidatos a cargos eletivos, com o olho voltado ao sucesso eleitoral, para o que o voto, não raro, é objeto da lógica mercantil. O papel dos partidos políticos tem sido insignificante quando se pensa na tarefa que deveriam desempenhar na formação da vontade política do povo. Comparar com itens 3.2.1 e 3.2.3 deste capítulo. Cumpre referir, diante da sempre adiada "reforma política", que em decisão proferida em 2007 o STF impôs limites ao abuso oriundo do referido "troca-troca", fixando que o mandato não pertence ao parlamentar, e sim ao partido pelo qual concorreu ao cargo eletivo.

medidas provisórias pelos diferentes governos, corroendo as bases da democracia. De outro lado, longa é distância que separa os direitos fundamentais reconhecidos na mesma Constituição de sua concretização nas relações sociais e econômicas, para o que concorre, também, o desconhecimento ou desvalor da Constituição por aqueles obrigados a implementá-la no exercício do poder estatal. Constata-se, no início deste século XXI, que a autonomia da Sociedade brasileira continua deficitária. Verifica-se que grande parcela do povo está longe de possuir as condições necessárias para exercer a autonomia nas relações privadas, muito menos na relação com os poderes do Estado.

Parece que as seqüelas deixadas pelo autoritarismo gestado ao longo do regime militar e a tibieza ética e moral, de dirigentes e cidadãos, impedem que os processos de depuração nos costumes político-administrativos postos em marcha nos três poderes do Estado, nos últimos quinze anos, alcancem eficácia plena.

2. SOCIEDADE E ESTADO: SEPARAÇÃO *VERSUS* DIFERENCIAÇÃO

2.1. Desdobramentos históricos

A idéia da separação da Sociedade e do Estado encontra explicação no Liberalismo. A Filosofia do Direito de Hegel supostamente teria contribuído para gestar essa noção.[10] Rolf Gröschner é de opinião que Hegel somente diferenciara o "Estado da necessidade ou natural" (*"Noth- und Verstandesstaat"*) da Sociedade civil do "Estado ético" (*"sittlichen Staat"*) para reforçar a efetividade da liberdade e que isso nada tem a ver com a separação da Sociedade e do Estado, os quais estariam dialeticamente relacionados.[11]

O Estado Liberal desenvolveu-se sob idéias ou representações políticas que negavam a vinculação entre a Sociedade e o Estado. O indivíduo que possuía propriedade e formação se sentia autônomo na Sociedade. A sua liberdade é *liber-*

---

[10] O filósofo é conhecido por meio do esquema dialético por ele desenvolvido, traduzido pela oposição de uma antítese a uma tese preexistente, e que conduziria a uma síntese superior. Família, Sociedade e Estado fariam parte, respectivamente, desse esquema. A esse propósito, pode-se examinar Georg Wilhelm Friedrich Hegel. *Grundlinien der Philosophie des Rechts*. 5. ed., Hamburg: Philosophische Bibliothek, 1995, p. 149, § 157.

[11] Rolf Gröschner, Art. 20, (Sozialstaat), in: Horst Dreier, *Grundgesetz. Kommentar.* Artikel 20-82, Tübingen: Mohr Siebeck, v. II, 1998, p. 89, nota de rodapé nº 72. Hegel (*Grundlinien der Philosophie des Rechts*, cit., p. 208, § 258) assim escreveu: "O Estado é como a realidade da *vontade* substancial, realidade que ele possui na singular *auto-consciência* que alcança de sua generalidade, o racional em si e para si. Essa unidade substancial é um fim em si mesmo absoluto e imóvel, no qual a liberdade alcança seu mais elevado direito, assim como esse fim último possui o mais elevado direito contra os particulares, cujo *mais elevado dever* é ser membro do Estado". (Texto original: "Der Staat ist als die Wirklichkeit des substantiellen *Willens*, die er in dem zu seiner Allgemeinheit erhobenen besonderen *Selbstbewußtsein* hat, das an und für sich Vernünftige. Diese substantielle Einheit ist absoluter unbewegter Selbstzweck, in welchem die Freiheit zu ihrem höchsten Recht kommt, sowie dieser Endzweck das höchste Recht gegen die Einzelnen hat, deren *höchste Pflicht* es ist, Mitglieder des Staats zu sein").

dade em face do Estado.[12] Relações entre Sociedade e Estado foram admitidas por meio do exército, da polícia e do Judiciário, na medida em que essas instituições serviam à garantia da segurança e da propriedade da burguesia.[13]

A história brasileira revela peculiaridades nos vínculos entre Sociedade e Estado que não permitem seja essa relação subsumida no esquema tradicional do Estado Liberal europeu. A independência, proclamada em 1822, não se originou de uma revolução social e política. E a Constituição *outorgada* de 1824 evidencia que a nova organização estatal e os direitos individuais formalmente reconhecidos não derivaram da influência popular. A independência em face de Portugal se deveu muito mais a interesses políticos da Coroa e seus apaniguados, bem como a interesses internacionais, especialmente dos ingleses, do que à conveniência do "povo brasileiro" porque ainda não se constituíra uma esfera autônoma – a Sociedade – frente ao Estado. Uma espécie de camada intermediária, aliás, se formou entre a maioria da população e o aparelho estatal ao longo dos séculos,[14] estamento que se nutria das relações íntimas que mantinha com os negócios do Estado. Nesse contexto, a genuína representação dos interesses gerais da Sociedade frente ao Estado naturalmente estava comprometida. Como já visto, a deturpação da representação política era flagrante, fundada que estava na fraude à soberania popular.[15]

A noção clássica de Estado Liberal (defesa da liberdade e da propriedade dos indivíduos frente ao Estado) mantém sintonia restrita com a história brasileira porque aqui até hoje inexistiu uma burguesia autônoma frente ao Estado, seja no plano comercial, industrial ou financeiro. Embora no século XX a Sociedade brasileira tenha ganho autonomia, a maioria da população continuou enfrentando enorme carência nesse terreno porque nem os direitos de liberdade reconhecidos nas Constituições são realmente exercidos por todos, nem o acesso à propriedade foi democratizado. A causa da ausência de "liberdade real" está no deficiente acesso aos bens da vida essenciais, como sejam a moradia digna, a educação, a saúde e a existência de meios para prover condignamente ao próprio sustento. Uma razão histórica determinante dessa realidade certamente é o regime escravagista de séculos, abolido legalmente no final do século XIX, mas que ainda hoje continua a manifestar seus efeitos não só no terreno econômico, mas também no ambiente social, cultural, jurídico etc.

O Estado brasileiro organizou-se administrativa e burocraticamente. Contudo, a instituição estatal conforme aos mandamentos constitucionais e legais en-

---

[12] Pieroth/Schlink, *Grundrechte – Staatsrecht II*. 21. ed., Heidelberg: C. F. Müller, 2005, p. 21, Rn 77.

[13] Idem, ibidem.

[14] Segundo Raymundo Faoro (*Os Donos do Poder – formação do patronato político brasileiro*, cit., p. 88), "o estamento, quadro administrativo e estado-maior de domínio, configura o governo de uma minoria. Poucos dirigem, controlam e infundem seus padrões de conduta a muitos. O grupo dirigente não exerce o poder em nome da maioria (...). É a própria soberania que se enquista, impenetrável e superior, numa camada restrita, ignorante do dogma do predomínio da maioria".

[15] Conforme nota 9.

contra resistência em velhos métodos políticos e administrativos enraizados na cultura do país e na falta de compromisso com a Constituição. Essa falta se manifesta na ausência de regulamentação adequada da Constituição pelo Legislativo, nas medidas provisórias do Executivo e na sua ação política que até agora não se desvencilhou do clientelismo,[16] bem como na ausência de vinculação integral do Judiciário à Constituição, especialmente aos direitos fundamentais, o que causa danos à organização estatal fundada no Direito.

2.2. Remodelando a noção de liberdade

A noção de liberdade com matiz liberal descrita no item anterior rompeu-se na Europa já no final do século XIX. Pobreza e péssimas condições de vida de grande parte da população fizeram da realidade do Estado Liberal um paradoxo: poucos indivíduos possuíam propriedade e formação para levar uma vida "livre do Estado". A sociedade que se constituiu na Europa depois das duas Guerras Mundiais do século XX desacreditou por completo o modelo de Estado Liberal. É que ficou claro que a esfera vital da pessoa era dependente de prestações estatais. Enquanto o Estado de Direito liberal praticamente excluía a intervenção na liberdade do indivíduo, no Estado Social de Direito ficou assente que o Estado "qualificado como social, antes de tudo, teria de *criar e assegurar as condições da liberdade*".[17]

Os direitos de liberdade não são, nos dias de hoje, redutíveis a direitos que o indivíduo possa exercer contra o Estado. Na medida em que a pessoa é capaz de discernimento, ela terá condições de perceber que o Estado lhe diz respeito, permitindo-lhe se interessar por ele, fazendo uso da liberdade para de novo constituí-lo e conservá-lo, de modo a que crie e assegure condições de liberdade real para aqueles desprovidos do acesso aos bens vitais. Diante disso, uma estrita diferenciação entre Sociedade e Estado não sobrevive no plano prático e, em conseqüência, também não no plano teórico.

2.3. Sociedade e Estado: um *modus* de interação

Na literatura jurídica alemã, Rolf Gröschner é de opinião que a Lei Fundamental "compõe" uma ordem livre e um Estado Social. A concepção alusiva a uma esfera social livre e, por conseguinte, também a pergunta acerca da diferenciação entre Sociedade e Estado são questões fundamentais da dogmática do Estado Social. Isso somente se tornou claro por meio da determinação do conceito de Sociedade.[18]

---

[16] Prova disso tem sido a facilitação, nesses anos todos, do acesso a recursos do orçamento em troca do apoio aos projetos de interesse do Executivo no Congresso Nacional.

[17] Pieroth/Schlink, *Grundrechte – Staatsrecht II*, cit., p. 21, Rn 77. (Texto original: "er müsse als sozialer überhaupt erst die *Bedingungen der Freiheit schaffen und sichern*".)

[18] Rolf Gröschner, Art. 20, (Sozialstaat), cit., p. 88-90, Rn 21-2. O autor enfatiza que a Sociedade não é "nenhuma unidade composta de pessoas com capacidade de ação, mas sim um *contexto de interação*, o qual 'resulta do conjunto das relações e manifestações vitais dos participantes'. Sociedade não é, portanto, algo orientado, mas

Rolf Gröschner também se ocupa com o conceito de Estado, o qual pediria uma transformação tal como o de Sociedade.[19] O autor firma distinção fundamental: não se deve pensar numa separação entre Sociedade e Estado; postule-se, sim, uma diferenciação.[20]

A natureza da relação entre Sociedade e Estado pode ser identificada em múltiplos aspectos, envolvendo a conexão entre a formação histórica, cultural, social e política de uma nação. Por isso as questões concernentes a essa relação somente podem ser postas e respondidas convenientemente tendo-se em consideração um sistema político-constitucional determinado e concreto.[21]

No caso brasileiro, é certo que a própria Constituição promove a interação entre a Sociedade e o Estado, na medida em que ela reconhece não só o direito de participação da Sociedade em seu sentido clássico, por meio de eleições, mas também nas próprias ações do governo e da administração.[22] Ao mesmo tempo, ela prevê competências que são reservadas, unicamente, aos três poderes do Estado. A essa temática se voltará com mais detalhes no Capítulo II desta 3ª Parte, quando serão examinadas as manifestações constitucionais e legais da democracia participativa no Brasil.

3. O PROCESSO DE FORMAÇÃO DA VONTADE POLÍTICA DA SOCIEDADE

3.1. Elementos do processo de formação da vontade

O pressuposto para a formação política numa sociedade é a existência de uma ordem política livre e aberta nessa mesma sociedade.[23] O que, entretanto,

---

nasce 'como efeito espontâneo do conjunto de disposições individuais e de interações particulares de todos os participantes'". (Texto original: "keine aus Menschen zusammengesetzte und durch Menschen handlungsfähige Einheit, sondern ein *Interaktionszusammenhang*, der 'aus der Gesamtheit der Lebensverhältnisse und Lebensäußerungen der Beteiligten resultiert'. Gesellschaft ist also nicht intendiert, sondern entsteht 'als unwillkürlicher Effekt sämtlicher einzelner Dispositionen und partikularer Interaktionen aller Beteiligten'".)

[19] Rolf Gröschner, Art. 20, (Sozialstaat), cit., p. 89, Rn 23. Segundo ele, "também a associação política do Estado – originalmente a *polis* grega e a *res publica* romana, hoje o Estado Constitucional – por isso mesmo não se constitui de pessoas, mas é um *modo de interação*, em verdade, da consciente, necessariamente expressa, interação com vista à convivência social organizada". (Texto original: "Auch der politische Verband des Staates – einst die griechische *Polis* und die römische *res publica*, heute der Verfassungsstaat – besteht deshalb nicht aus Menschen, sondern ist ein *Modus der Interaktion*, und zwar der bewußten, ja ausdrücklichen Interaktion zum Zwecke des organisierten gesamtsozialen Zusammenlebens...").

[20] Cf. Rolf Gröschner, Art. 20, (Sozialstaat), cit., p. 90, Rn 24. Já Klaus Stern (*Das Staatsrecht der Bundesrepublik Deutschland*. München: C. H. Beck, v. II, 1980, p. 550-1, § 36 V 2a) admite a existência de um processo de interação recíproco entre a Sociedade e o Estado. Mas o publicista é de opinião que essa interação não suprime a separação, uma vez que esta seria um fator de limitação do poder.

[21] Nesse sentido, a opinião de Hans H. Rupp, Die Unterscheidung von Staat und Gesellschaft, cit., p. 1189, Rn 2.

[22] Para Maria da Gloria Gohn (*Conselhos Gestores e Participação sociopolítica*. São Paulo: Cortez, Coleção questões da nossa época, v. 84, 2001, p. 85), se bem representativos, os conselhos gestores resultantes da adoção da democracia participativa poderão gerar nova institucionalidade pública, "uma nova esfera social-pública não estatal. Trata-se de um novo padrão de relações entre Estado e sociedade, porque eles viabilizam a participação de segmentos sociais na formulação de políticas sociais (...)".

[23] Ernst- W. Böckenförde, Demokratie als Verfassungsprinzip, in: Josef Isensee e Paul Kirchhof (Org.), *Handbuch des Staatsrechts der Bundesrepublik Deutschland*. 2. ed., Heidelberg: C. F. Müller, v. I, 1995, p. 912, Rn 38, le-

significa "formação da vontade política"? Para responder a essa pergunta, primeiramente deve ser observado que os direitos fundamentais não são redutíveis à significação individualista que lhe foi imposta sob o Estado Liberal.[24] Segundo Peter Häberle, eles – os direitos fundamentais – também possuem função social e nessa medida passaram a ser direitos de conformação. O autor disserta sobre o significado social dos direitos fundamentais: "precisamente nessa função social eles são um 'elemento edificador' para a ordem social como um todo. Em sua função social, os direitos fundamentais se afirmam como elementos constitutivos do sistema de valores jurídico-constitucional".[25] Na mesma linha, Walter S. Glaeser menciona que os direitos fundamentais possibilitam ao indivíduo "cooperar na vida política da comunidade estatal e introduzir idéias e valores próprios na conformação da coletividade".[26]

A formação da vontade política se realiza no processo social e encontra-se vinculada ao exercício dos direitos fundamentais. Dela são elementos determinantes a liberdade de pensamento e de reunião, a liberdade de manifestação e a liberdade de associação e de coalizão.[27]

A liberdade de pensamento é qualificada por Walter S. Glaeser como a "expressão direta da personalidade na sociedade".[28] Na Constituição brasileira, a liberdade de manifestação do pensamento está reconhecida no art. 5°, IV. A liber-

---

ciona: "A vontade comum democrática, que resulta da liberdade de cooperação democrática dos indivíduos, não está de antemão vinculada em seu conteúdo; este resulta muito mais do processo, livre e aberto, da formação da vontade política e do alcance de decisão estatal". (Texto original: "Der demokratische Gemeinwille, der auf der Grundlage der demokratischen Mitwirkungsfreiheit der Bürger zustande kommt, ist nicht ein vorab inhaltlich gebundener; sein Inhalt ergibt sich vielmehr aus dem freien und offenen Prozeß politischer Willensbildung und staatlicher Entscheidungsfindung").

[24] Comparar com o Capítulo I, item 4.1, da 1ª Parte.

[25] Peter Häberle. *Die Wesensgehaltgarantie des Art. 19 Abs. 2 Grundgesetz*. 3. ed., Heidelberg: C. F. Müller, 1983, p. 11. (Texto original: "Sie sind gerade in dieser sozialen Funktion ein 'Baustein' für die soziale Ordnung als ganze. In ihrer sozialen Funktion bewähren sich die Grundrechte als konstitutive Elemente des verfassungsrechtlichen Wertsystems.")

[26] Walter S. Glaeser, Die grundrechtliche Freiheit des Bürgers zur Mitwirkung an der Willensbildung, in: Josef Isensee e Paul Kirchhof (Org.), *Handbuch des Staatsrechts der Bundesrepublik Deutschland*. 2. ed., Heidelberg: C.F. Müller, v. II, 1998, p. 52, Rn 3. (Texto original: "am politischen Leben der staatlichen Gemeinschaft mitzuwirken und die eigenen Vorstellungen und Werte bei der Ausformung des Gemeinwesens einzubringen."). Comparar com 1ª Parte, Capítulo 1, nota 28.

[27] Na literatura jurídica há acordo acerca dos distintos elementos do processo de formação da vontade política do povo e de que eles são expressão da liberdade. Para Dietrich Murswiek (Grundrechte als Teilhaberechte, soziale Grundrechte, in: Josef Isensee e Paul Kirchhof (Org.), *Handbuch des Staatsrechts der Bundesrepublik Deutschland*. Heidelberg: C. F. Müller, v. V, 1992, p. 250, Rn 15), "nisso alguns direitos de liberdade se deixam acrescer aos direitos políticos ativos, quando eles garantem a participação do indivíduo na formação da vontade política do povo: a liberdade de opinião e de imprensa, a liberdade de reunião e de manifestação, a liberdade de associação e, não menos importante, a liberdade de partidos." (Texto original: "Einige Freiheitsrechte lassen sich insofern den politischen Aktivenrechte zurechnen, als sie die Beteiligung des einzelnen an der politischen Willensbildung des Volkes gewährleisten: die Meinungs- und Pressefreiheit, die Versammlungs- und Demonstrationsfreiheit, die Vereinigungsfreiheit und nicht zuletzt die Parteienfreiheit.")

[28] Walter S. Glaeser, Die Grundrechtliche Freiheit des Bürgers zur Mitwirkung an der Willensbildung, cit., p. 52, Rn 5. (Texto original: "unmittelbare Ausdruck der Persönlichkeit in der Gesellschaft"). O autor sublinha que por meio do asseguramento da esfera pessoal é possibilitada uma livre participação conformativa na vida política da comunidade. Também nesse sentido a decisão *BVerfGE* 7, 198/208.

dade de informação, de sua vez, comparece como pressuposto para a liberdade de se exteriorizar o pensamento. Já o acesso à informação é garantido por meio do art. 5°, XIV. Outras normas infraconstitucionais encontram-se na Lei de Imprensa (Lei n° 5.250/67), que fixa regras relativas à liberdade de manifestação do pensamento e da informação. Naturalmente, na liberdade de imprensa também estão abrangidas a radiodifusão e a televisão.

A liberdade de informação necessita de canais adequados, que não cerceiem ou manipulem os dados. Sabe-se que na Idade Média não havia a separação entre o público e o privado. É com o surgimento do Estado moderno que essa separação começa a se operar. Segundo Jürgen Habermas, nas sociedades européias dos séculos XVII e XVIII formou-se uma esfera pública burguesa moderna. E o nexo entre a esfera pública e a privada apareceu "nas formas de reunião e de organização de um público leitor, composto de pessoas privadas burguesas, que se aglutinavam em torno de jornais e periódicos".[29]

Com a consolidação do Estado moderno, o parlamento passou a ser o local para o qual foi transferida a discussão das grandes questões. Segundo Sírio López Velasco, o parlamento é uma continuação do salão, do café. Entretanto, os parlamentos experimentaram a decadência e, com isso, também caducou a esfera pública burguesa. A partir de então, a discussão parlamentar degenerou em negociação que se faz "por debaixo dos panos". Nesse contexto, tanto mais urge que a Sociedade civil recobre espaço onde a opinião pública possa ser formada.[30]

Os meios de comunicação de massa[31] passaram a ocupar em grande parte o papel antes reservado ao parlamento. Mas os problemas que se originam da atividade da mídia são conhecidos na medida em que também ela vem seguindo a lógica da empresa capitalista. Isso ocorre, por exemplo, quando forças econômicas, proprietárias de meios de comunicação de massa, não vacilam em causar dano ou manipular informações dirigidas ao público a fim de beneficiar os interesses de seus próprios donos e patrocinadores.[32]

---

[29] Jürgen Habermas, *Direito e democracia – entre facticidade e validade*. Rio de Janeiro: Tempo Brasileiro, v. II, 1997, p. 98. Tradutor: Flávio Beno Siebeneichler – UGF.

[30] Sírio López Velasco, A Teoria da Esfera Pública e a Teoria da Ação Comunicativa em Jürgen Habermas, in: Hildemar Luiz Rech (Org.), *Teoria da Organização nos clássicos e uma incursão na Filosofia Política contemporânea*. Rio Grande: Ed. da Universidade de Rio Grande, 1991, p. 155.

[31] Segundo Michael Kloepfer, (Öffentliche Meinung, Massenmedien, in: Josef Isensee e Paul Kirchhof [Org.], *Handbuch des Staatsrechts der Bundesrepublik Deutschland*. 2. ed., Heidelberg: C. F. Müller, v. II, 1998, p. 175, Rn 7), "com os conceitos mídia de massa ou meios de comunicação de massa são caracterizados meios de difusão que indireta, pública e unilateralmente transmitem informações, opiniões e entrevistas a um grande círculo de pessoas." (Texto original: "Mit den Begriffen Massenmedien oder Massenkommunikationsmittel werden technische Verbreitungsmittel bezeichnet, die indirekt, öffentlich und einseitig an einen großen Personenkreis Informationen, Meinungen und Unterhaltung vermitteln.")

[32] Pesquisa feita no início desta década pelo Epcom – Instituto de Estudos e Pesquisas em Comunicação, de Porto Alegre-RS, indicava que as redes de televisão são, desde a década de 60, o elemento estruturador do mercado de mídia no Brasil. A essas redes estão afiliados outros veículos de comunicação como as rádios AM e FM e jornais, que redistribuem a programação nas regiões do país. Segundo essa pesquisa, as seis redes privadas (Globo, SBT, Record, Bandeirantes, Rede TV! e CNT) relacionavam-se com 138 grupos de afiliados, formando o impressionante grupo de 667 veículos de comunicação. Com tal concentração da mídia, que se exacerba con-

Diante desse quadro, mostra-se relevante a observação de Pieroth/Schlink que, após destacarem que a liberdade de imprensa é um instituto garantido pela Lei Fundamental, ressaltam: "Entretanto, a imprensa livre é um dado social e não um instituto jurídico-privado, nem uma instituição de direito público".[33] Essa evidência demonstra que a proteção do processo de formação da vontade e do pensamento frente ao monopólio da mídia constitui direito da sociedade que deve permanecer intacto. Por se tratar de direito fundamental com função social, a liberdade de imprensa, e, por extensão, da mídia, não pode permanecer à mercê de interesses particulares exclusivos de empresário capitalista. Isso é uma necessidade para se garantir a democracia.[34] Assim, mostra-se imperativo que na concessão de rádios e televisões sejam, *de lege ferenda*, estabelecidos limites, para as empresas interessadas, no que concerne a sua concomitante atuação em empreendimentos econômicos cuja finalidade seja outra que não a de prestar informação para os indivíduos. Ademais, é condição indispensável que no processo de produção da informação seja assegurado o respeito à multiplicidade de opiniões.[35]

O segundo dos possíveis elementos para se desenvolver a formação da vontade política é a liberdade de reunião, direito que na Constituição brasileira está garantido no art. 5°, XVI. Walter S. Glaeser é de opinião que a reunião é um "sismógrafo instalado para a opinião pública e para suas modificações".[36] É evidente que sem liberdade de reunião democracia alguma pode subsistir. A liberdade de reunião lembra a *polis* grega, na qual os cidadãos se reúnem para decidir sobre o futuro da cidade, ou seja, do Estado.

---

tinuamente, resulta praticamente impossível produzir e veicular informação de forma plural, nem assegurar o livre acesso previsto no art. 5°, XIV, da Constituição. Em face disso, recentemente o Ministério Público Federal de Santa Catarina propôs Inquérito Civil Público contra o Grupo RBS, afiliado da Rede Globo. O objeto da ação do Ministério Público é combater o oligopólio de mídia ostentado por esse Grupo na Região Sul do Brasil, com anulação de compra de um jornal, redução do montante das estações de radiodifusão e o cumprimento do preceito constitucional da programação local.

[33] Pieroth/Schlink, *Grundrechte – Staatsrecht II*, cit., p. 19, Rn 72. (Texto original: "Aber die freie Presse ist ein gesellschaftlicher Befund und weder privatrechtliches Institut noch öffentlich-rechtliche Institution".)

[34] A esse respeito, ver Ernst-W. Böckenförde, Demokratie als Verfassungsprinzip, cit., p. 913-4, Rn 40.

[35] A Emenda Constitucional n° 36, de 28-5-02, alterou o art. 222 da Constituição, abrindo às pessoas jurídicas, inclusive estrangeiras, a possibilidade de terem 30% do capital das empresas jornalísticas, de radiodifusão e de sons e imagens, ressalvada a fixação do conteúdo da programação a brasileiros. Essa Emenda não restringe a atividade empresarial àquela informativa. Segundo veiculado pela imprensa, a oposição de então aceitou a mudança constitucional condicionando-a ao funcionamento do já existente Conselho de Comunicação Social, previsto no art. 224 da Constituição e criado pela Lei n° 8.389/91. No direito estrangeiro, conselhos similares visam a garantir a qualidade da programação. Robert Alexy (*Theorie der Grundrechte*. 2. ed., Frankfurt am Main: Suhrkamp, 1994, p. 449-50) reporta vacilação da jurisprudência do Tribunal Constitucional alemão que em 1971 considerava a radiodifusão como "uma atividade com obrigações frente ao público em geral". Dez anos depois, nova decisão (*BVerfGE* 31) reforça o aspecto subjetivo do âmbito da organização da radiodifusão. Assim, passou a considerar que o exercício da liberdade de comunicação se revela tanto pelo direito dos particulares a criar emissoras, pelo direito de informar-se e formar sua opinião, pelos direitos dos que trabalham em emissoras de radiodifusão e pelos direitos dos grupos sociais a fazerem ouvir sua voz nas emissoras.

[36] Walter S. Glaeser, Die grundrechtliche Freiheit des Bürgers zur Mitwirkung an der Willensbildung, cit., p. 54, Rn 7. (Texto original: "installierter Seismograph für die öffentliche Meinung und ihre Veränderungen").

A liberdade de manifestação – terceiro dos elementos referidos – pode ser vista como uma espécie da liberdade de reunião, também reconhecida pela Constituição brasileira em seu art. 5º, XVI. A liberdade de manifestação não se caracteriza pela discussão, como ocorre com a reunião. Trata-se antes de uma opinião comum que é veiculada por uma intensiva demonstração com cartazes, faixas, palavras de ordem, entre outros.[37]

Como quarto e quinto elementos, comparecem a liberdade de associação e de coalizão. Incluem-se nessas liberdades as associações da Sociedade civil, os sindicatos e os partidos políticos. Na Constituição brasileira, esses direitos são declarados, com as respectivas restrições ao seu exercício, no art. 5º, XVII, XVIII, XIX e XX, e nos artigos 8º e 17. Importa enfatizar desde logo a importância que essas organizações intermediárias, posicionadas entre o indivíduo e o Estado, possuem como promotoras de direitos e interesses que o particular fragilizado em sua esfera existencial não consegue, por falta de condições ou de meios, dinamizar.

Por último, expressão moderna do processo de formação da vontade política é a assim designada "iniciativa cidadã". Aqui não se trata do interesse de uma associação determinada ou de um ou mais partidos, mas sim, dos interesses de indivíduos que buscam trazer ao debate público questões pontuais ou temporalmente localizadas.[38]

Em exame retrospectivo, pode-se constatar o largo espectro das formas de expressão da liberdade, o qual abrange desde elementos mais íntimos e restritos até aqueles de dimensão pública e de abrangência ampliada.

Ao lado dos já examinados elementos, existem ainda a liberdade de crença religiosa, de convicção, de arte, e a liberdade científica como outros direitos fundamentais importantes para o processo de formação da vontade política do povo. As liberdades de consciência e de crença estão expressamente garantidos pelo art. 5º, VI, da Constituição brasileira.

3.2. Meios coletivos voltados à formação da vontade

Consoante examinado, a liberdade de associação e de coalizão são dois meios para se formar e praticar o processo de afirmação da vontade da Sociedade. Trata-se de meios com os quais a vontade é organizada e que serão mais detidamente examinados nos subitens que seguem. Uma pergunta ulterior que pode ser proposta é se e em que medida o processo de formação da vontade política pode ser submetido à regulamentação.

---

[37] Walter S. Glaeser, Die grundrechtliche Freiheit des Bürgers zur Mitwirkung an der Willensbildung, cit., p. 54, Rn 8.

[38] Para Walter S. Glaeser (Die grundrechtliche Freiheit des Bürgers zur Mitwirkung an der Willensbildung, cit., p. 55, Rn 11), essas "iniciativas cidadãs" possibilitam uma "opinião pública ativa". Da mesma forma como numa reunião, essas iniciativas propiciam ao indivíduo "introduzir no processo de formação da vontade, de maneira relativamente direta, a particularidade de sua personalidade". (Texto original: "die Eigenart seiner Persönlichkeit relativ unmittelbar in den Willensbildungsprozeß einzubringen.")

3.2.1. Associações

Uma associação é expressão da autonomia coletiva dos indivíduos e um dos meios mais importantes para se exercerem os direitos de liberdade. Numa sociedade democrática, essa possibilidade pede responsabilidade da parte do indivíduo, o qual não deve se isolar dentro dos estritos limites da associação de que toma parte. A participação na formação da vontade política não é um tema ocasional, chegando a ser questão permanente para determinados segmentos profissionais. Por meio das associações, o indivíduo pode tomar parte na esfera pública organizada.[39]

Visão crítica acerca das associações possui Ernst- W. Böckenförde, o qual não vê legitimação democrática em grupos sociais ou em associações.[40] Segundo o autor, embora eles tomem e tenham parte no processo de formação da vontade e da opinião políticas, esses grupos ou associações não seriam representantes legítimos do conjunto dos cidadãos.[41] Em vez de darem livre curso à pretensão de se legitimarem democraticamente, a democratização dessas associações, no entender do citado autor, deveria ter prioridade.[42] Ao fim e ao cabo, essa pretensão de se legitimar democraticamente, a começar pelos sindicatos, visando a um mandato político geral, levaria "a uma comparação e relação de concorrência com as instâncias políticas democrática e representativamente legitimadas".[43]

A posição de Böckenförde é digna de consideração, mas está sujeita a questionamentos. O autor parte do suposto de que os partidos políticos são os legítimos representantes de todos os interesses da sociedade. Entretanto, no atual desenvolvimento do sistema democrático é incontroverso que as agremiações partidárias perderam grande parte de sua legitimação enquanto únicos representantes de sociedades cada vez mais complexas.

O direito não deve desviar os olhos da realidade político-social. Em países como o Brasil, milhares de associações populares se organizam fora dos partidos políticos, cujas velhas estruturas não oferecem espaço para articulação ao redor de necessidades novas e que exigem respostas quase imediatas. Que essas organizações defendam interesses próprios e imediatos, isso não se questiona. Entretanto,

---

[39] Nesse sentido, Walter S. Glaeser, Die grundrechtliche Freiheit des Bürgers zur Mitwirkung an der Willensbildung, cit., p. 54, Rn 9. Acerca das relações entre opiniões internas e externas das associações, o autor esclarece às p. 54-5, Rn 10: "as opiniões dos membros são aqui interna e previamente clarificadas, ajustadas e enfeixadas, de modo que a associação respectiva possa falar com 'uma voz' e com isso obtenha peso específico". (Texto original: "Die Meinungen der Mitglieder werden hier intern vorgeklärt, ausgeglichen und gebündelt, so daß der jeweilige Verband mit 'einer Stimme' zu sprechen vermag und damit spezifisches Gewicht erhält".)

[40] Ernst- W. Böckenförde, Demokratie als Verfassungsprinzip, cit., p. 906-7, Rn 29-30.

[41] Idem, p. 906, Rn 29.

[42] Idem, p. 906, Rn 30. O autor faz a seguinte observação sobre as associações: "Seu significado está em fortalecer as posições jurídico-individuais de seus membros e não deixar que a estrutura interna da associação se torne oligárquica". (Texto original: "Ihre Bedeutung liegt darin, die individualrechtliche Position der Mitglieder zu stärken und die interne Verbandsstruktur nicht oligarchisch werden zu lassen.")

[43] Idem, ibidem. (Texto original: "in eine Nebenstellung und ein Konkurrenzverhältnis zu den demokratisch-repräsentativ legitimierten politischen Instanzen bringen".)

por vezes o atendimento de interesses à primeira vista particulares pode redundar, afinal, em benefício do interesse social. É o caso, por exemplo, da luta por moradia, por segurança, que, se bem sucedida, acaba resultando em benefício comum. Outro não é o caso da luta pela terra, que no Brasil encontra no Movimento dos Trabalhadores Sem Terra (MST) seu principal agente. Trata-se de interesse próprio e imediato que de forma mediata também diz respeito a toda a sociedade, já que posta em discussão a sempre tão necessária quanto adiada reforma agrária.

Diante da situação conflitiva das sociedades atuais, as vias tradicionais do Estado para canalizar, equilibrar e superar os conflitos oriundos de interesses contrários não oferecem solução satisfatória. Na constituição de um novo interesse público, o protagonismo das associações da Sociedade civil adquire maior relevo. Evidentemente, um Estado, para ser democrático, não pode converter-se num aglomerado de grupos que só veiculam seus interesses próprios.

3.2.2. Sindicatos

A livre constituição de sindicatos, sejam profissionais, sejam econômicos, é corolário do direito de associação. Como representantes dos trabalhadores ou de segmentos econômicos, naturalmente os sindicatos têm interesses próprios – muitas vezes legítimos – da categoria ou da corporação para defender. Contudo, também a eles está reservada função social no processo de formação da vontade política.[44] Os sindicatos dos trabalhadores brasileiros jogaram dois papéis de relevância nas décadas de 70 e 80 na Sociedade brasileira. Primeiro como opositores da ditadura militar e co-participantes da redemocratização. Em segundo lugar, eles também tiveram influência decisiva na convocação da Assembléia Nacional Constituinte e, depois, no reconhecimento de direitos fundamentais sociais e coletivos, bem como na organização que o Estado brasileiro veio a ter a partir da Constituição de 1988.

A preocupação com questões profissionais por certo é (ou deveria ser) prioridade para os sindicatos dos trabalhadores nestes tempos de desemprego e de mudanças. O que se nota ultimamente é a degeneração da idéia de representação da categoria em defesa dos interesses de grupos que se eternizam nas direções dos sindicatos. A possibilidade de recuperarem postura ativa voltada à formação política dos seus membros e da própria sociedade é questão em aberto quando se pensa nos sindicatos de hoje.

3.2.3. Partidos políticos

Os partidos políticos são associações de pessoas naturais que são postos sob proteção especial pela Constituição e, como tal, são instituições jurídico-consti-

---

[44] Walter S. Glaeser, Die grundrechtliche Freiheit des Bürgers zur Mitwirkung an der Willensbildung, cit., p. 60, Rn 22.

tucionais.⁴⁵ Numa democracia representativa, eles são estruturas intermediárias, posicionadas entre os indivíduos e os órgãos do Estado. São medianeiros por meio dos quais a vontade do cidadão também pode ser realizada pela voz das urnas.⁴⁶

Ao tratar dos partidos políticos, o art. 17 da Constituição brasileira não estabelece nenhum objetivo.⁴⁷ Isso poderia levar a pensar que o único objetivo dessas agremiações seja a conquista do poder. Contudo, uma representação ou idéia dessa natureza seria inconciliável tanto com o princípio democrático, que inclusive atribui papel de relevância à oposição, quanto com a responsabilidade dos partidos pela educação política do povo.

A responsabilidade dos partidos políticos se relaciona com a promoção da participação ativa do indivíduo na formação da vontade política da coletividade e no aprofundamento de sua educação política. Associações e meios de comunicação de massa influenciam na formação dessa vontade, o que leva os partidos políticos a se relacionarem com eles. A contrapartida evidentemente também vale: associações com interesses específicos, iniciativas dos cidadãos e meios de comunicação de massa procuram ganhar influência sobre os partidos.⁴⁸

Similarmente ao que ocorre nas associações, pertence aos partidos políticos a tarefa de reconciliar em seu interior opiniões, disputas e interesses opostos e ao mesmo tempo alcançar o equilíbrio entre os seus membros. A conjugação de todos esses fatores internos é necessária para que se possam dirigir ações unificadas e fechadas, voltadas a objetivos exteriores. Para isso, requer-se a preparação de quadros que devem ser capazes de assumir posições políticas de dianteira.⁴⁹

Certamente, num partido político, oferecem-se oportunidades maiores para a expressão de mais opiniões e interesses do que noutra associação qualquer. Um partido normalmente aspira ao poder e, para alcançar esse objetivo, tem ele necessidade de admitir um ampliado espectro de opiniões e interesses. Se esse espectro é reduzido, o alcance do poder estatal dependerá de coalizões, alianças, com outros partidos políticos, que possivelmente defendam opiniões e interesses parcialmente contrastantes. Isso significa dizer que, pelo menos no caso de uma coalizão política, o partido estará confrontado com opiniões e interesses diferentes, com os quais terá de ser capaz de lidar.

---

⁴⁵ Walter S. Glaeser, Die grundrechtliche Freiheit des Bürgers zur Mitwirkung an der Willensbildung, cit., p. 56-7, Rn 12. O art. 17, § 2°, da Constituição brasileira atribui aos partidos natureza jurídica privada. De outro lado, quanto a também serem qualificáveis como instituições, ver José Afonso da Silva, *Curso de Direito Constitucional Positivo*. 19. ed., São Paulo: Revista dos Tribunais, 2001, p. 407.

⁴⁶ Nesse sentido, *BVerfGE* 44, 125/145.

⁴⁷ Diferentemente da Constituição brasileira, o art. 21 da Lei Fundamental alemã estabelece a finalidade dos partidos na sua primeira alínea: "Os partidos colaboram na formação da vontade política do povo". Contudo, isso não significa que eles possuam o monopólio do processo de formação da vontade. Conferir Klaus Stern (*Das Staatsrecht der Bundesrepublik Deutschland*. 2. ed., München: C. H. Beck, v. I, 1984, p. 460, § 13 IV 4).

⁴⁸ Walter S. Glaeser, Die grundrechtliche Freiheit des Bürgers zur Mitwirkung an der Willensbildung, cit., p. 56-7, Rn 13.

⁴⁹ Nesse sentido, Walter S. Glaeser. *Die grundrechtliche Freiheit des Bürgers zur Mitwirkung an der Willensbildung*, cit., p. 57, Rn 14.

A apresentação e a eleição de candidatos para cargos eletivos são alguns dos momentos mais importantes na atividade partidária. É neste momento que os partidos políticos ingressam no nível estatal institucionalizado[50] e "assumem influência sobre o desenvolvimento político no parlamento e no governo, assim como introduzem no processo de formação da vontade estatal os objetivos políticos por eles elaborados".[51] A observação de Walter S. Glaeser faz lembrar os objetivos políticos que movem os partidos políticos nas democracias representativas de hoje. Os partidos estão antes empenhados em vencer as eleições do que em implantar no processo de formação da vontade estatal os objetivos e projetos para toda coletividade que deveriam ter elaborado. Ou seja, uma vez com a máquina governamental e seu aparato de cargos sob controle, a transformação de estruturas estatais e a implementação de programa partidário são idéias fadadas ao esquecimento. E isso vale para as agremiações partidárias de todo o espectro político.[52] Certamente, isso concorre para o desencanto geral com os políticos e a "política" por eles levada a efeito.

É necessário que os partidos políticos recuperem seu papel mais universal no processo de formação da vontade política da Sociedade. Mas o mais decisivo é que, no processo de formação da vontade do Estado, os membros desses partidos, quando alçados a legisladores, exerçam o dever constitucional de formular regras que propiciem soluções justas para a generalidade da Sociedade.

3.3. A organização do processo de formação da vontade na Sociedade

A pergunta que se pode formular é se há necessidade de regras para se exercerem os direitos fundamentais hábeis para influir no processo de formação da vontade. Se a resposta é "sim", a questão que remanesce é ver onde se situa o limite entre essas regras e a organização como tal do referido processo.

A resposta à primeira pergunta é positiva, no mínimo quando se trata do exercício da autonomia coletiva. Neste âmbito o exercício da liberdade necessita de regras, de sorte que haja a garantia de seu exercício por todos. Regras são necessárias porque no exercício dos direitos de liberdade podem surgir colisões de direitos fundamentais. Essas colisões pedem soluções adequadas, a fim de que possa haver influência igual no processo de formação da vontade. De outro modo, estar-se-ia frente a uma liberdade "natural" que, contudo, poderia conduzir à contradição com o Estado Constitucional porque o uso ilimitado dos direitos de liberdade representaria risco para todos.

---

[50] Ver nota 9.

[51] Walter S. Glaeser, Die grundrechtliche Freiheit des Bürgers zur Mitwirkung an der Willensbildung, cit., p. 57, Rn 15. (Texto original: "nehmen sie Einfluß auf die politische Entwicklung in Parlament und Regierung und führen die von ihnen erarbeiteten politischen Ziele in den Prozeß der staatlichen Willensbildung ein".)

[52] Essa conduta dos partidos, antes de tudo dispostos a alcançar o poder e dele fazer uso em benefício dos seus dirigentes, também contamina as associações de classe, associações profissionais e sindicatos. Em tempos de disputas eleitorais, formulam-se, às pressas, longos programas, logo esquecidos nas gavetas ou em arquivos uma vez ganha a eleição, mas ressuscitados com figurino adequado em campanha eleitoral futura...

O que essas regras devem manter intocado é o processo de formação de vontade em si. Ou seja, as referidas regras não podem expressar um programa estatal. Elas devem deixar incólume a essência do processo. Organizá-lo e estabelecer as suas regras é assunto de seus titulares, as associações, os partidos políticos e a mídia.[53] A livre concorrência nesse processo deve ser antecipadamente fixada e assegurada, a fim de que possa ser evitada a constituição de elites.[54]

A idéia democrática nuclear é que, no processo de formação da vontade política da sociedade, o "poder sempre se deve constituir de baixo para cima e não de cima para baixo".[55] O que, contudo, opera contra esse princípio é a deficiente qualificação dos indivíduos para incidir e a dominância das organizações (por exemplo, dos meios de comunicação de massa, partidos e poderosas associações de interesses) que ambicionam apoderar-se do processo de formação da vontade política do povo e que buscam impor sua própria "imagem de pessoa humana".[56] Riscos se produzem quando na vida interna das associações uma oligarquia assume o poder e a direção do processo de formação da opinião. De outro lado, a necessária liberdade de imprensa para se formar a opinião pública traz consigo a possibilidade de que essa opinião seja produto de manipulação. Assim sendo, evitar essa oligarquização e manipulação constitui problema dos mais importantes no conjunto do processo de formação da vontade política.

---

[53] Dietrich Murswiek (Grundrechte als Teilhaberechte, soziale Grundrechte, cit., p. 251, Rn 17) ressalta que "o exercício dos direitos de liberdade política com o fim de participação na formação da vontade política nada tem a ver com o ter parte em sentido jurídico: ele se implementa no ambiente social não regulamentado pelo Estado". (Texto original: "Die Ausübung der politischen Freiheitsrechte zum Zweck der Beteiligung an der politischen Willensbildung hat mit Teilhabe im Rechtssinne nichts zu tun: Sie vollzieht sich im gesellschaftlichen, staatlich nicht reglementierten Bereich.")

[54] Walter S. Glaeser, Die grundrechtliche Freiheit des Bürgers zur Mitwirkung an der Willensbildung, cit., p. 60, Rn 23. O autor acrescenta que "dessa maneira se leva em conta, em primeiro lugar, a elementar necessidade do indivíduo de poder dizer a sua opinião e acima de tudo poder se desenvolver (espiritualmente) na comunidade". (Texto original: "Auf diese Weise ist einmal dem elementaren Bedürfnis des einzelnen Rechnung getragen, seine Meinung sagen zu dürfen und sich überhaupt (geistig) in der Gemeinschaft entfalten zu können".)

[55] Walter S. Glaeser, Die grundrechtliche Freiheit des Bürgers zur Mitwirkung an der Willensbildung, cit., p. 63, Rn 29. (Texto original: "Herrschaft immer von unten nach oben und nicht von oben nach unten konstituieren muß"). Também para Ernst- W. Böckenförde (Demokratie als Verfassungsprinzip, cit., p. 912, Rn 37), "a liberação da formação de franca opinião e vontade política tem de ir de baixo para cima, a partir do indivíduo e da Sociedade em direção ao poder de decisão político-estatal". (Texto original: "Die Freisetzung offener politischer Meinungs- und Willensbildung von unten nach oben, von dem einzelnen und aus der Gesellschaft heraus auf die staatliche politische Entscheidungsgewalt hin"). No mesmo sentido, ainda, Dietrich Murswiek (Grundrechte als Teilhaberechte, soziale Grundrechte, cit., p. 250, Rn 15), o qual recorda que "o direito do cidadão de tomar parte na formação da vontade política não se exteriorize somente no voto em eleições (...)". (Texto original: "Das Recht des Bürgers auf Teilhabe an der politischen Willensbildung äußere sich nicht nur in der Stimmabgabe bei Wahlen...")

[56] Assim Walter S. Glaeser, Die grundrechtliche Freiheit des Bürgers zur Mitwirkung an der Willensbildung, cit., p. 68, Rn 39. Opinião semelhante possui Ernst- W. Böckenförde (Demokratie als Verfassungsprinzip, cit., p. 913-4, Rn 40), o qual sublinha que corresponde à garantia da democracia e liberdade democrática proteger o processo de formação da opinião e da vontade contra sua monopolização. E ele destaca: "Isso vale tanto em relação ao poder da mídia, ao poder da imprensa e ao poder da informação, que não raro estão cumulados de poder econômico, como em relação ao poder dos partidos políticos". (Texto original: "Das gilt ebenso im Hinblick auf Medienmacht, Pressemacht und Informationsmacht, die nicht selten mit Wirtschaftsmacht kumuliert sind, wie im Hinblick auf die Macht der politischen Parteien.")

3.4. A vontade política do povo orientada à formação da vontade estatal

O ganho de unidade que foi alcançado no processo de formação da vontade do povo não pode ser perdido no processo de decisão a cargo do Estado.[57]

Embora seja evidente que ambos os conceitos estão bem conectados, a diferença entre o processo de formação da vontade do povo e o do Estado deve ser precisamente assinalada, a fim de se evitarem confusões.[58] Dieter Murswiek se ocupa com um equívoco, por ele assim designado, que teria sido cometido pelo Tribunal Constitucional alemão em uma de suas decisões (*BVerfGE* 69, 315/346), na qual utilizara indistintamente os dois conceitos.[59]

Os processos de formação da vontade do povo e do Estado não devem ser confundidos, embora o primeiro deles deva ter influência sobre o segundo. O processo de formação da vontade do povo tem de permanecer aberto e sem interferência estatal. Só assim pode ser resguardada sua autenticidade. Quando ele permanece independente frente ao Estado, seu valor e força próprios se mantêm. É dessa maneira que ele pode ter uma influência legítima sobre as decisões dos órgãos estatais.[60]

Similarmente ao que se fixou acima acerca da interação que deve ocorrer entre Sociedade e Estado, também a interação entre o processo de formação da vontade do povo e o do Estado é essencial. Para evitar os riscos que essa interação pode produzir,[61] a comunidade e os responsáveis pelas ações estatais não devem

---

[57] Nesse sentido, Walter S. Glaeser, Die grundrechtliche Freiheit des Bürgers zur Mitwirkung an der Willensbildung, cit., p. 50, Rn 1.

[58] Em decisão mais antiga, o Tribunal Constitucional alemão assim se posicionou: "Opinião pública e formação da vontade política do povo, porém, não podem ser identificadas com formação da vontade pelo Estado, ou seja, com a exteriorização da opinião ou da vontade de um órgão estatal em forma oficial". [Texto original: "Öffentliche Meinung und politische Willensbildung des Volkes kann aber nicht identifiziert werden mit staatlicher Willensbildung, d. h. der Äußerung der Meinung oder des Willens eines Staatsorgans in amtlicher Form". (*BVerfGE* 8, 104/113)].

[59] Dietrich Murswiek, Grundrechte als Teilhaberechte, soziale Grundrechte, cit., p. 250-1, Rn 17. Para o autor, o erro comparece "onde o Tribunal Constitucional vinculou o 'ter parte' na formação da vontade política por meio de manifestações ao mesmo 'direito de ter parte' que é o do exercício do direito de voto. Aqui colaboração na formação da vontade do Estado e participação na formação da vontade do povo são metidos na mesma panela". (Texto original: "wo das Bundesverfassungsgericht die 'Teilhabe' an der Willensbildung durch Demonstrationen demselben 'Teilhaberecht' zuordnet wie die Ausübung des Wahlrechts. Hier werden Mitwirkung an der Staatswillensbildung und Beteiligung an der Willensbildung des Volkes in einen Topf geworfen.")

[60] Walter S. Glaeser, Die grundrechtliche Freiheit des Bürgers zur Mitwirkung an der Willensbildung, cit., p. 62, Rn 27. O autor fixa o seguinte (p. 62, Rn 28): "Nesse sentido o processo de formação da vontade do povo e o do Estado é de ser fundamentalmente diferenciado. Aqui necessariamente vale de um modo geral o mesmo que na relação Estado – Sociedade: ou seja, não há identidade, mas certamente uma ordenação concreta e diferenciada, que se realiza numa união específica, formada democraticamente. Processo de formação da vontade do povo e do Estado são parte de um todo, do processo de formação da vontade geral na democracia". (Texto original: "In diesem Sinne ist der Volks- und Staatswillensbildungsprozeß grundsätzlich zu unterscheiden. Hier gilt notwendigerweise das gleiche wie im Verhältnis Staat – Gesellschaft insgesamt: also keine Identität, sehr wohl aber konkrete und differenzierte Zuordnung, die sich in einer spezifisch demokratisch geformten Verbindung realisiert. Volks- und Staatswillensbildungsprozeß sind Teile eines Ganzen, des Gesamtwillensbildungsprozesses in der Demokratie.")

[61] Walter S. Glaeser, Die grundrechtliche Freiheit des Bürgers zur Mitwirkung an der Willensbildung, cit., p. 50, Rn 2, lembra esse risco: "Não existe mais a alternativa, segundo a qual o Estado é o público e o cidadão, o

nunca perder de vista os distintos fundamentos, estruturas e finalidades dos referidos processos.

4. A FORMAÇÃO DA VONTADE POLÍTICA DO ESTADO

4.1. Modelos tradicionais de formação da vontade estatal

4.1.1. Democracia representativa

Numa democracia representativa, o poder do povo é exercido por meio de órgãos do Estado. A formação da vontade estatal é garantida nos procedimentos institucionalizados dos órgãos estatais pelo princípio formal da democracia representativa.[62] Haja vista que na democracia o processo de formação da vontade do povo e o do Estado devem ser parte do processo de formação da vontade geral, é lícito que dos órgãos estatais possam ser esperadas decisões que tomem em conta a opinião pública do povo. É sabido que isso não ocorre com freqüência. Por outro lado, fora de cogitação também não está a necessidade de ser tomada uma decisão impopular, que contrarie a opinião pública, "e com isso, igualmente, dar-se expressão à 'melhor' vontade do povo".[63] O que aqui entra em consideração é o reconhecimento de que a relação entre o processo de formação da vontade do povo e o do Estado não possui necessariamente sentido único. A opinião pública também pode ser influenciada por decisões e manifestações estatais, contanto que estas se mantenham nos limites constitucionais.[64]

Na democracia representativa, a informação ao público exerce papel decisivo na atividade dos órgãos estatais, especialmente na do Poder Executivo. Os efeitos da decisão adotada dependem muitas vezes do consenso e da adesão que se obtém a respeito, em meio ao povo. Portanto, a propaganda e a forma utilizada para levar as decisões governamentais ao conhecimento do público são aspectos cruciais. O problema reside em como impedir que o poderio dos órgãos estatais,

---

privado. Contudo, também a ser rejeitado é o outro extremo, ou seja, a identidade entre Estado e Sociedade, a qual, pela confusão da existência privada e pública, conduz ao Estado total". (Texto original: "Die Alternative: Das Öffentliche ist der Staat, der Bürger ist privat, existiert nicht mehr. Abzulehnen ist allerdings auch das andere Extrem, die Identität von Staat und Gesellschaft, die mit der Ineinssetzung privater und öffentlicher Existenz zum totalen Staat führen muß".).

[62] Walter S. Glaeser, Die grundrechtliche Freiheit des Bürgers zur Mitwirkung an der Willensbildung, cit., p. 63, Rn 30. Compare-se com Bodo Pieroth, Politische Parteien, in: Jarass/Pieroth, *Grundgesetz für die Bundesrepublik Deutschland*. 5. ed., München: C. H. Beck, 2000, p. 519, Rn 11-2.

[63] Walter S. Glaeser, Die grundrechtliche Freiheit des Bürgers zur Mitwirkung an der Willensbildung, cit., p. 63, Rn 30. (Texto original: "und damit gleichsam den 'besseren' Willen des Volkes zum Ausdruck zu bringen".) Sobre a recíproca influência da vontade da Sociedade e do Estado, pode-se conferir a *BVerfGE* 44, 125/139 ss.

[64] Cf. Walter S. Glaeser, Die grundrechtliche Freiheit des Bürgers zur Mitwirkung an der Willensbildung, cit., p. 64, Rn 30. No mesmo sentido, *BVerfGE* 8, 104/113 e 44, 125/149-50. Nesta última decisão, o Tribunal firmou que a influência estatal na formação da opinião pública somente é admissível enquanto o governo cumpra suas tarefas e se mantenha na esfera de sua competência. Fundamentalmente, que o trabalho de convencimento do governo encontra seus limites onde começa a propaganda eleitoral.

especialmente do Poder Executivo, estorve o livre processo de formação da vontade do povo, mormente no período pré-eleitoral.[65]

4.1.2. Democracia semidireta

Uma democracia direta pura, no sentido daquela praticada na *polis* grega, é inimaginável nos populosos países de hoje. As constituições democráticas de agora possibilitam manifestações de democracia semidireta, geralmente exercitáveis de forma complementar com as instituições da democracia representativa.

O art. 14, I a III, da Constituição brasileira reconhece três possibilidades. A primeira delas é o plebiscito, que é um meio de participação popular mediante o qual os eleitores são chamados a se manifestarem, positiva ou negativamente, acerca da adoção de uma resolução política ou institucional. O legislador tem o correspondente dever de dispor no sentido da resolução adotada.

A segunda dessas possibilidades é o referendo, de acordo com o qual há a possibilidade de se obter dos eleitores a aprovação ou a desaprovação de projetos de lei votados pelo legislador.

A novidade da Constituição brasileira no terreno do exercício semidireto da democracia é a "iniciativa popular", que, na realidade, é conseqüência direta da forte iniciativa popular havida no seio da Assembléia Constituinte, traduzida na apresentação de mais de uma centena de emendas populares.

A iniciativa popular se insere dentro da tendência universal da denominada "iniciativa cidadã" e que na Constituição brasileira é reconhecida pelo princípio da cidadania (art. 3°). Esse princípio obteve concretização constitucional por meio do reconhecimento da iniciativa popular no tocante à apresentação de projetos de lei a serem submetidos ao Congresso Nacional. Os pressupostos estão previstos no art. 61, *caput* e § 2°, da Constituição e regulamentados na Lei n° 9.709/98.

O referendo e o plebiscito constituem formas restritas de participação popular na formação da vontade estatal. Essa limitação decorre do fato de a *pergunta*, acerca da qual a população decidirá, ser formulada "de cima". Aos "de baixo" cabe responder tão-somente sim ou não. Conseqüência disso é que a população não tem como tomar parte da elaboração das consultas, que acabam sendo exteriorizadas por alternativas abstratas, sem falar da linguagem técnica nem sempre compreensível para o leigo.

Já quanto à iniciativa popular, o procedimento tem sentido distinto. A iniciativa vem de baixo, e as questões são formuladas de fora para dentro do Poder, de modo que nesta hipótese as possibilidades da participação popular ganham vigor. De qualquer forma, a conversão da iniciativa popular em vontade estatal depende de decisão favorável do Poder Legislativo.

---

[65] Walter S. Glaeser, Die grundrechtliche Freiheit des Bürgers zur Mitwirkung an der Willensbildung, cit., p. 64, Rn 31.

4.2. Participação autônoma da Sociedade na formação da vontade do Estado

4.2.1. Elementos históricos

Exame da literatura jurídica alemã mostra que o tema "participação" é, via de regra, nomeado conjuntamente com co-decisão, democratização e colaboração. Klaus Stern noticia que já na Constituição de Weimar, paralelamente aos Conselhos de Empregados na economia, foram introduzidas Comissões de Funcionários (*Beamteausschüsse*) na Administração. Também depois de 1945 foram estabelecidas legalmente, na União e em Estados, representações de pessoal.[66] Direitos de participação em sentido clássico são reconhecidos na Lei Fundamental no tocante às eleições e ao plebiscito (Art. 20, alínea 3). Direitos de participação no sentido de colaboração em atividades administrativas se desenvolvem no direito comunal alemão. Ali esses direitos encontram fundamento no princípio democrático.[67]

No Brasil, já a Lei Eloy Chaves (art. 41 do Decreto Legislativo nº 4.682/23) assegurava a participação de representantes de empregados eleitos pelos ferroviários no Conselho de Administração da respectiva Caixa. Também o art. 103 da Lei nº 3.807/60 (Lei Orgânica da Previdência Social) garantia a representação de segurados e das empresas na gestão previdenciária, tradição rompida na ditadura militar que se iniciou em 1964.[68] A participação de segmentos profissionais e da comunidade em ações do Executivo voltou a ser reconhecida, mas desta vez com maior vigor, na Constituição de 1988 e vem obtendo constante ampliação no plano legislativo, conforme ainda será visto.

4.2.2. Vinculação entre participação autônoma, princípio democrático e direitos fundamentais de liberdade

Na precitada literatura alemã, os autores tendem a adotar o entendimento segundo o qual a colaboração ou a participação dos cidadãos na formação da vontade do Estado está vinculada ao princípio democrático, mas não com os direitos

---

[66] Klaus Stern, *Das Staatsrecht der Bundesrepublik Deutschland*, cit., v. I, p. 338, § 11, I 4. Para Peter Badura (*Staatsrecht, Systematische Erläuterung des Grundgesetzes für die Bundesrepublik Deutschland*. 2. ed., München: C. H. Beck, 1996, p. 238), "a palavra '*participação*' significa na linguagem política moderna determinadas formas de colaboração ou de ter parte em decisões políticas ou administrativas, que não são derivadas e fundamentadas a partir do interesse jurídico-individual do particular, mas sim da reivindicação democrática dos 'interessados' em um sentido mais amplo". (Texto original: "das Wort '*Partizipation*' bedeutet in der modernen politischen Sprache bestimmte Formen der Mitwirkung oder Teilhabe an politischen oder administrativen Entscheidungen, die nicht aus der individuellen Rechtsbetroffenheit des einzelnen, sondern aus dem demokratischen Anspruch der in einem weiteren Sinne 'Betroffenen' abgeleitet und begründet werden.")

[67] Cf. Dirk Ehlers, Verwaltung und Verwaltungsrecht im demokratischen und sozialen Rechtsstaat, in: Hans-Uwe Erichsen (Org), *Allgemeines Verwaltungsrecht*. 11. ed., Berlin/New York: Walter de Gruyter, 1998, p. 16 e Thomas Groß, Grundlinien einer pluralistischen Interpretation des Demokratieprinzips, in: Redaktion Kritische Justiz, *Demokratie und Grundgesetz*, Baden-Baden: Nomos, 2000, p. 99. Comparar, ainda, com a nota 72 deste capítulo.

[68] Cf. Wagner Balera, *Sistema de Seguridade Social*. São Paulo: LTr, 2000, p. 46.

de liberdade.⁶⁹ O publicista Peter Häberle é uma das exceções, sendo conhecido o fato de ter acrescido um quinto *status* à teoria dos *status* de Georg Jellinek: o *status activus processualis*.⁷⁰

Críticos de sua teoria afirmam que Peter Häberle reinterpretou a teoria de Jellinek e que com isso teria sido suprimida a distinção entre direitos democráticos de soberania e direitos de liberdade dos indivíduos. Por meio dessa reinterpretação – assim Hans H. Rupp –, as duas espécies de direitos seriam vinculadas "a um direito fundamental de co-decisão individual no processo de decisões coletivas".⁷¹

A opinião de Hans H. Rupp parte de uma concepção exageradamente restritiva dos direitos de liberdade, mesmo quando se compreendem esses direitos sob a democracia representativa clássica. Numa democracia moderna, os direitos fundamentais não devem servir somente a direitos subjetivos estritos ou a uma

---

⁶⁹ Dietrich Murswiek (Grundrechte als Teilhaberechte, soziale Grundrechte, cit., p. 249, Rn 14) escreve: "Os direitos dos cidadãos de colaborar na formação da vontade política do Estado têm um caráter fundamentalmente diferente do correspondente aos direitos de liberdade. Colaboração democrática e co-decisão não se permite pensar nem frente nem fora do Estado, mas seu objeto é o indivíduo integrado no Estado, o *citoyen*". (Texto original: "Die Rechte der Staatsbürger zur Mitwirkung an der Staatswillensbildung haben einen fundamental anderen Charakter als die Freiheitsrechte. Demokratische Mitwirkung und Mitentscheidung läßt sich nicht als vor- und außerstaatlich denken, sondern ihr Subjekt ist der in den Staat integrierte Bürger, der citoyen".) Posição semelhante tem Walter S. Glaeser (Die grundrechtliche Freiheit des Bürgers zur Mitwirkung an der Willensbildung, cit., p. 62, Rn 27): "As liberdades jurídico-fundamentais tão-somente embasam uma colaboração no processo de formação da vontade do povo e não do Estado. A colaboração de cidadãos no processo de formação da vontade política do Estado é uma questão da participação, que pode ser resolvida na Constituição dos estados ou na legislação ordinária. Ela, porém, não está jurídico-fundamentalmente garantida (...)". (Texto original: "Die grundrechtlichen Freiheiten begründen auch lediglich eine Mitwirkung am Volks-, nicht am Staatswillensbildungsprozeß. Die Mitwirkung von Zivilpersonen am Staatswillensbildungsprozeß ist eine Frage der Partizipation, die (landes-) verfassungsrechtlich oder einfach-gesetzlich eingerichtet sein kann. Diese ist aber nicht grundrechtlich gewährleistet..."). Aqui é preciso enfatizar, novamente, que os autores têm em vista a Lei Fundamental e que nesse tema há uma diferença essencial com a Constituição brasileira, a qual garante direitos de participação sob a forma de direitos fundamentais, consoante ainda será visto neste trabalho (Capítulo III desta 3ª Parte).

⁷⁰ Peter Häberle, Grundrechte im Leistungsstaat. VVDStRL, Berlin, 1972, (30): 80 ss. O autor escreve (p. 80-1) acerca da doutrina dos status de Jellinek: "Desde sua cabeça absolutista-tardia ela deve ser fincada sobre pés democráticos". (Texto original: "Sie ist von ihrem spätabsolutistischen Kopf auf demokratische Füße zu stellen".) Para o Estado de prestações, ele propõe, ao lado dos quatro status, o *status activus processualis*. Para o autor (p. 87 e 88), esse status liga os direitos fundamentais e o Estado de prestações a idéias procedimentais, sobretudo "procedimentos prévios", os quais, no dizer do autor, podem criar mais efetividade dos direitos fundamentais do que "procedimentos posteriores" da Justiça Administrativa. O autor acentua (pp. 89-90) a necessidade de se garantirem informações aos participantes e que "esta visão dos direitos fundamentais pressupõe um cidadão informado, que exerce seus direitos democráticos (art. 5°, 8° e 9° da Lei Fundamental) e se engaja pessoalmente, quando seus interesses jurídico-fundamentais concretos estão em jogo (...)". [Texto original: "Diese Sicht der Grundrechte setzt einen informierten Bürger voraus, der seine demokratischen Grundrechte (Art. 5, 8, 9 GG) wahrnimmt und sich persönlich engagiert, wenn seine konkreten (Grundrechts-)Interessen auf dem Spiel stehen..."]

⁷¹ Hans H. Rupp, Die Unterscheidung von Staat und Gesellschaft, cit., p. 1202, Rn 24. (Texto original: "zu einem Grundrecht der individuellen Mitbestimmung am Prozeß kollektiver Entscheidungen"). O autor também ressalta (p. 1203, Rn 24) que "os direitos fundamentais como *status libertatis* perdem seu sentido se são desnaturados num status de ter parte em procedimentos universais, coletivos e decisões majoritárias jurídico-fundamentalmente constitutivas; pois direitos de liberdade jurídico-fundamentais em princípio são direitos de auto-disposição". (Texto original: "Grundrechte als *status libertatis* verlieren ihren Sinn, werden sie zum status allseitiger kollektiver Verfahrensteilhabe und grundrechtskonstituierender Mehrheitsentscheidungen denaturiert; denn grundrechtliche Individualfreiheiten sind im Prinzip Selbstverfügungsrechte").

relação vertical entre os titulares de direitos fundamentais e o Estado. O indivíduo também é responsável pela vida do Estado. Dele se pede que faça uso dos seus direitos de liberdade, a fim de conservar e promover uma ordem estatal livre e democrática.[72]

Walter S. Glaeser assevera que a participação democrática está posicionada no centro dos direitos fundamentais. Segundo ele,

> (...) aqui o indivíduo atua ao mesmo tempo como cidadão e como parte no quadro das instituições estatais. Participação como fenômeno democrático é o instrumento variável de uma *ordenação diferenciada entre Estado e Sociedade*, e ela é expressão e conseqüência de uma moderna perspectiva da relação entre Estado e Sociedade: nem separação estrita nem identidade, mas uma ordenação integrada com a finalidade da formação de unidade política.[73] (Destaque no original)

Para confirmar a íntima relação entre o exercício dos direitos de liberdade e o direito democrático de soberania, pode-se pensar em possíveis demonstrações públicas contra exercentes de funções estatais cujo procedimento lese ou ponha em risco a ordem constitucional. Também se poderia acrescer que na democracia representativa o indivíduo faz uso de seus *status activi* principalmente por meio de partidos, os quais são organizações que possuem origem no exercício dos direitos de liberdade – no caso concreto, do direito de associação. Dos partidos normalmente se originam os quadros que vêm a exercer funções estatais.[74]

O direito de participação ora versado possui conexão não só com o princípio democrático, mas também com os direitos fundamentais de liberdade. Contudo, ele será distorcido se com base nele se constituírem os "profissionais da participação". O exercício autêntico do direito de participação é incompatível com a idéia

---

[72] Klaus Stern (Idee und Elemente eines Systems der Grundrechte, in: Josef Isensee e Paul Kirchhof (Org.), *Handbuch des Staatsrechts der Bundesrepublik Deutschland*. Heidelberg: C. F. Müller, v. V, 1992, p. 73-4, Rn 48) é de opinião que direitos de colaboração estão localizados no princípio democrático e que não devem ser deduzidos tão fortemente de direitos de liberdade pessoal. Contudo, o autor acentua que direitos de liberdade e direitos democráticos estão em relação "para constituir um status de liberdade comum. Por esse fundamento, direitos de colaboração política encontram-se em estreita conexão com os designados direitos de liberdade comunicacional do direito de opinião, de informação, de mídia, de associação e de reunião, que na mesma medida valem como constitutivos para a democracia em liberdade". (Texto original: "um einen Gesamtfreiheitsstatus zu konstituieren. Aus diesem Grunde stehen politische Mitwirkungsrechte im engen Zusammenhang mit den sogenannten kommunikativen Freiheitsrechten der Meinungs-, Informations-, Medien-, Vereinigungs- und Versammlungsfreiheit, die gleichermaßen als konstitutiv für die freiheitliche Demokratie gelten.")

[73] Walter S. Glaeser, Partizipation an Verwaltungsentscheidungen. *VVDStRL*, Berlin, 1973, (31): 236. (Texto original: "Hier handelt der einzelne als Staatsbürger im Rahmen und gleichsam als Teil der staatlichen Institutionen. Partizipation als demokratisches Phänomen ist das variable Instrument einer *differenzierten Zuordnung von Staat und Gesellschaft*, und sie ist Ausdruck und Folge einer moderner Sicht des Verhältnisses von Staat und Gesellschaft: weder strikte Trennung noch Deckungsgleichheit, sondern ineinandergreifende Zuordnung mit dem Ziel der Bildung politischer Einheit.")

[74] Isso também é observado por Walter S. Glaeser (Die grundrechtliche Freiheit des Bürgers zur Mitwirkung an der Willensbildung, cit., p. 62, Rn 27). Porém, ele novamente realça que "o processo de formação da vontade do povo justamente não deve converter-se numa mescla organizada com o processo de formação da vontade do Estado ou até tornar-se sua parte institucionalizada (...)" (Texto original: "Der Volkswillensbildungsprozeß darf gerade nicht in eine organisierte Vermischung zum Staatswillensbildungsprozeß treten oder gar zu seinem institutionalisierten Teil werden...")

de que alguém dele faça uso para se instalar prolongada ou definitivamente dentro de órgão do Estado, já que o direito em apreço difere essencialmente do direito de ser eleito para mandato parlamentar ou de governo. Nesse sentido, a referência de Dieter Murswiek ao "cidadão integrado no Estado" não deve ser idéia que possa vir a ser distorcida. Isso porque, exercendo direito de liberdade, o indivíduo não haverá de visar posição de permanência em órgão do Estado, sob pena de o direito de participação degenerar em "emprego público".

Klaus Stern não exclui do conceito de participação a presença dos indivíduos em procedimentos judiciais, nos quais os seus direitos subjetivos sejam objeto de controvérsia.[75] Mas, de acordo com o autor, essas formas de participação não criam uma participação direta na formação da vontade dos órgãos estatais.[76]

A Constituição brasileira de 1988 reconheceu direitos de participação que são concreção do princípio democrático-participativo. Ao mesmo tempo, eles expressam direitos fundamentais de liberdade, consoante se procurará demonstrar no Capítulo III desta 3ª Parte, relativo aos direitos fundamentais de participação. E eles são exercitáveis dentro da Administração Pública, por meio de representantes de organizações da Sociedade civil, que tomam parte de decisões governamentais e administrativas que se dirigem à efetividade dos direitos sociais.

---

[75] Klaus Stern, *Das Staatsrecht der Bundesrepublik Deutschland*, cit., v. I, p. 970, § 22, II, 5y. O autor esclarece que "um tal participante não é o *quivis ex populo* (qualquer do povo), o qual desejaria 'participar', mas alguém que por causa de seu interesse ocupa uma posição jurídica mais ou menos fortemente configurada frente a titulares de decisão estatal". (Texto original: "Ein derart Beteiligter ist nicht der *quivis ex populo*, der 'partizipieren' möchte, sondern jemand, der wegen seiner Betroffenheit eine rechtlich mehr oder weniger stark ausgestaltete Position gegenüber staatlichen Entscheidungsträgern besitzt".

[76] Klaus Stern, *Das Staatsrecht der Bundesrepublik Deutschland*, cit., v. I, p. 970.

Capítulo II – A democracia participativa na Constituição de 1988: sua instituição e suas manifestações constitucionais e infraconstitucionais

1. A ORIGEM DA PARTICIPAÇÃO COMO INSTITUTO CONSTITUCIONAL

1.1. O quadro político-social entre 1964-85

De 1964 a 1985, o Brasil esteve submetido a uma ditadura militar. Embora após o golpe de 31-3-64 os militares tivessem prometido a democratização do país, que supostamente teria estado em risco sob o governo civil de João Goulart, as liberdades civis e políticas, bem como as formas de organização popular, foram submetidas ao jugo militar por meio de sucessivos Atos Institucionais. Depois de extinguir os partidos políticos, o regime tratou de criar em seu lugar sistema bipartidário formal, com governo e oposição. Sindicatos somente podiam existir com autorização oficial. Medidas como essas não puderam disfarçar por longo tempo a face autoritária do regime. A contestação social e política por meio da ação partidária clandestina ensejou feroz repressão.

Nas constituições brasileiras anteriores a 1988 não se encontram normas similares como, por exemplo, à do art. 10 da Constituição atual (*Art. 10.* É assegurada a participação dos trabalhadores e empregadores nos colegiados dos órgãos públicos em que seus interesses profissionais ou previdenciários sejam objeto de discussão e deliberação).

Antes do golpe de 1964, trabalhadores e empregadores podiam, em razão de legislação infraconstitucional expressa, exercer direitos de participação em órgãos da seguridade social. Contudo, o governo militar excluiu gradativamente os empregadores e os trabalhadores dos órgãos de execução e dos institutos de direção previdenciária, conforme aponta Eduardo Gabriel Saad.[1] Também Wagner Balera recorda a antiga participação de trabalhadores e empregadores na direção da previdência social, a qual foi eliminada por meio de legislação relativa à seguridade social editada pelo regime autoritário.[2]

A crise econômica que teve início em 1973, oriunda da alta do preço do petróleo, contribuiu para dar origem, no final da década, a protestos e greves de trabalhadores, especialmente na região do ABC paulista. Movimentos sociais reapareceram. Depois das reformas políticas em 1979, novos partidos políticos puderam ser criados e, no decorrer dos anos 80, eleições diretas para o governo dos estados e para as prefeituras das grandes cidades voltaram a ser admitidas. Ademais, deu-se início ao processo de anistia política. Finalmente, movimentos sociais e associações de juristas reclamaram a convocação de uma Assembléia Nacional Constituinte, a qual deveria dar uma Constituição democrática ao Brasil.[3]

1.2. A iniciativa popular na Assembléia Nacional Constituinte 1987-8

A iniciativa popular teve um papel decisivo no desenvolvimento dos trabalhos da Assembléia Nacional Constituinte de 1987-8. Isso pode ser confirmado pela leitura dos debates que os constituintes travaram durante essa Assembléia. A admissão da iniciativa popular foi exigência do movimento social brasileiro da época que, devido a sua força, obteve ressonância até mesmo em setores políticos conservadores.[4]

Nas discussões que tiveram lugar na Assembléia Constituinte houve debates públicos dos quais tomaram parte representantes populares sem mandato parlamentar. Quando o primeiro Projeto de Constituição foi publicado, cerca de cento e vinte propostas de emendas populares, voltadas à sua alteração, foram apresen-

---

[1] A esse respeito, ver Eduardo Gabriel Saad, *Constituição e Direito do Trabalho*. São Paulo: LTr, 1989, p. 214 ss.

[2] Wagner Balera, Gestão Democrática da Previdência Social. *Revista de Previdência Social*, maio 1989, (102): 286.

[3] No ano de 1984, discurso do candidato de oposição à presidência da República, Tancredo Neves, dava uma idéia acerca do clima político então existente: "A Nova República pressupõe uma fase de transição, com início em 15 de março de 1985, na qual serão feitas, 'com prudência e moderação', as mudanças necessárias: na legislação opressiva, nas formas falsas de representação e na estrutura federal, fase que 'se definirá pela eliminação dos resíduos autoritários', e o que é mais importante, 'pelo início, decidido e corajoso, das transformações de cunho social, administrativo, econômico e político que requer a sociedade brasileira'". No mesmo discurso foi anunciado que essas alterações eram tarefa da Assembléia Nacional Constituinte (Conforme José Afonso da Silva, *Curso de Direito Constitucional Positivo*. 19. ed., São Paulo: Malheiros, 2001, p. 88).

[4] O constituinte Florestan Fernandes (*A Constituição Inacabada – vias históricas e significado político*. São Paulo: Estação Liberdade, 1989, p. 77) refere que a admissão da iniciativa popular no Regimento da Assembléia Constituinte teve de dobrar a resistência de "constituintes experimentados e renomados constitucionalistas". Para comprovar o reconhecimento da iniciativa popular por setores conservadores, confira-se o discurso do constituinte Geovani Borges, integrante do então Partido da Frente Liberal, legenda sabidamente de extração conservadora: "Não podemos desconhecer, neste momento de intensos debates democráticos, a crescente importância que vêm assumindo as organizações populares, principalmente na área urbana. Sociedades de amigos de bairro, associações de moradores têm incrementado seu nível de participação, junto aos organismos governamentais, na busca de soluções para os problemas da comunidade". (Anais da Assembléia Nacional Constituinte de 1987-8, p. 4980).

tadas.⁵ Mais de cinco (5) milhões de pessoas assinaram essas propostas,⁶ as quais tratavam especialmente de temas referentes à Ordem Social.⁷

Para se avaliar a força que o ideário democrático-participativo tinha no contexto do processo constituinte, vale ser lembrada a atuação, no seio da Assembléia Constituinte, de poderosa facção de direita, autodenominada de "Centrão" e composta por constituintes historicamente leais à ditadura militar.⁸ Esse grupo apresentou projeto de Constituição mediante o qual buscava suprimir os instrumentos de participação popular das decisões políticas e de controle contidas no projeto apresentado pela Comissão de Sistematização.⁹ Entretanto, na votação final do importante capítulo da seguridade social, quatrocentos e dezenove (419) dos quatrocentos e vinte (420) constituintes presentes decidiram a favor da manutenção do direito de participação de segmentos da Sociedade.¹⁰ Também na votação final de todo o Projeto de Constituição, mais de quinhentos (500) dos quinhentos e oitenta (580) constituintes votaram favoravelmente.

Diante disso, pode-se afirmar que o reconhecimento de direitos de participação em normas da Constituição não decorreu de simples "outorga" ou "concessão", tanto é que sofreu a oposição das forças conservadoras. Esse reconhecimento foi obra da mobilização social de segmentos da Sociedade para os quais a atividade positiva do Estado no terreno das prestações sociais é vital. Trata-se, na verdade, de uma espécie de revolução, pois representou ruptura com a história constitucional brasileira até então conhecida, em que os direitos fundamentais não raro se resumiam ao só traslado formal para as constituições nacionais de direitos inscritos em constituições de outros países.

2. DEMOCRACIA REPRESENTATIVA E DEMOCRACIA PARTICIPATIVA: A BUSCA DE COORDENAÇÃO

As formas de democracia que na história política costumam ser tomadas em consideração – normalmente de maneira antagônica – são a democracia direta e

---

[5] Anais da Assembléia Nacional Constituinte de 1987-8, p. 4314. Conferir, também, Ana Lúcia Lyra Tavares, A Constituição de 1988: subsídios para os comparatistas. *RIL*, 1991, (109): 84.

[6] Anais da Assembléia Nacional Constituinte de 1987-8, p. 4315.

[7] Anais da Assembléia Nacional Constituinte de 1987-8, p. 5032. O constituinte Floriceno Paixão então se manifestou: "As emendas populares, objeto dos debates na Comissão de Sistematização, estão compreendidas no Capítulo da Ordem Social, e todas elas refletem as mais antigas e justas aspirações das camadas mais desprotegidas da população. E aí se incluem os trabalhadores em geral, os servidores públicos, os aposentados, os agricultores, as donas-de-casa e outros segmentos". Essas propostas de origem popular encontram similar histórico nos "cahiers de doléance" apresentados à Assembléia francesa de 1879. Ver Capítulo I, nota 6, da 2ª Parte.

[8] O "Centrão", que mobilizava aproximadamente metade dos constituintes, pôde esvaziar vários direitos fundamentais, transferindo a regulamentação de aspectos polêmicos para a legislação infraconstitucional.

[9] Anais da Assembléia Nacional Constituinte de 1987-8, p. 6600.

[10] Anais da Assembléia Nacional Constituinte de 1987-8, p. 12175.

a indireta ou representativa.¹¹ É sabido que no Estado moderno a segunda dessas formas vem prevalecendo, não obstante cada vez mais sujeita a tenazes críticas. Importa investigar de que maneira a participação da Sociedade, nos moldes previstos na Constituição de 1988, é harmonizável com as formas democrático-representativa e de democracia semi-direta nela também admitidas.

2.1. A compreensão do constituinte

A interpretação genética recomenda que se investigue como os constituintes de 1987-88 apreenderam o significado da participação da Sociedade. Nesse sentido, parece importante registrar o que disseram constituintes proeminentes acerca da nova forma de democracia que estava sendo fundada com a Constituição.

O líder do Partido Democrático Social (PDS), Jarbas Passarinho, assim se manifestou: "Da 'democracia governada', em que o povo abandona a sua soberania em favor de seus representantes, estamos tentando passar para a *'democracia governante' em que é ampla a participação popular*".¹² (Sem destaque no original.) Acerca da relação entre democracia e descentralização, discursou o constituinte Fernando Henrique Cardoso, representante do Partido da Social Democracia Brasileira (PSDB): "(...) garantimos uma série de efetivos mecanismos para permitir que a democracia não conste apenas da letra da Constituição. Porém, mais do que isso, fizemos aqui uma reforma que significará a descentralização do poder no Brasil".¹³

Já o constituinte Ulysses Guimarães, presidente da Assembléia Nacional Constituinte, assim se expressou no encerramento dos trabalhos:

> Tem significado de diagnóstico a Constituição ter alargado o exercício da democracia, em participativa além de representativa. (...) A exposição panorâmica da lei fundamental (que) hoje passa a reger a Nação permite conceituá-la, sinoticamente, como a Constituição coragem, a Constituição cidadã, a Constituição federativa, *a Constituição representativa e participativa* (...).¹⁴ (Sem destaque no original)

Esses excertos denotam não ter havido discrepância entre diferentes correntes ideológicas da Assembléia Constituinte quanto ao novo conteúdo do poder estatal. Este, a partir da Constituição de 1988, deve ser exercido não somente em modo representativo, mas também de forma descentralizada e ampliada, assegurada a participação da Sociedade. As normas da Constituição em que essa participação é admitida revelam que na democracia brasileira representação e participação não-parlamentar não se excluem. Trata-se de formas diferenciadas e ao mesmo

---

¹¹ A democracia indireta ou representativa, que admite formas complementares ou semidiretas do exercício do poder, também é conhecida como "democracia de partidos", ou seja, a representação política da Sociedade no governo é mediada pelos partidos políticos e seus representantes.

¹² Anais da Assembléia Nacional Constituinte de 1987-8, p. 14316.

¹³ Idem, p. 14317.

¹⁴ Idem, p. 14381.

tempo complementares do exercício do poder estatal no Brasil. Ambas encontram seu fundamento no princípio democrático.[15]

A legislação federal alusiva aos direitos de participação no âmbito dos direitos sociais, que foi editada nos anos seguintes à promulgação da Constituição Federal, e que será examinada no Capítulo IV desta 3ª Parte, confirma a opção pela democracia participativa.[16] Finalmente, a opinião de diferentes autores da literatura jurídica vem respaldar essa afirmação, como será visto a seguir.

2.2. O entendimento na literatura jurídica

Antes de os constituintes se reunirem para elaborar a nova Constituição, a forma exclusiva de democracia representativa vinha sendo criticada. Em 1984, Sérgio Ferraz, então presidente do Instituto dos Advogados Brasileiros, referia que "através tão apenas da participação nos processos eleitorais a cidadania não se faz ouvir. Através tão apenas da renovação periódica dos mandatos dos governantes os cidadãos não exprimem totalmente a sua vontade (...)".[17]

Após promulgada a Constituição de 1988, manifestações da literatura jurídica vieram ao encontro do entendimento dos constituintes acerca do significado da participação política da Sociedade. Essa convergência é assim apreendida por Clèmerson Merlin Clève:

> A questão da democracia não pode ser posta apenas em termos de representatividade. (...) Mas a cidadania não se resume na possibilidade de manifestar-se, periodicamente, por meio de eleições para o legislativo e para o executivo. A cidadania vem exigindo a reformulação

---

[15] Para confirmar que o Brasil adotou o princípio da democracia representativa e participativa, vale considerar que os constituintes do Estado do Rio Grande do Sul (RS), invocando os poderes constituintes conferidos pela Constituição da República Federal, dispuseram no preâmbulo da respectiva Constituição, promulgada em 03-10-89, que "(...) a prática da democracia seja real e constante, em formas representativas e participativas". E o § 2º do art. 19 da mesma Constituição estabelece que "a ação político-administrativa do Estado será acompanhada e avaliada, através de mecanismos estáveis, por Conselhos Populares, na forma da lei". Em nível legislativo, a Lei Estadual nº 10.283/94 visa à participação regional no diagnóstico de suas necessidades com vista à formulação de políticas de desenvolvimento.

[16] Legislação federal mais recente continua dando conformação ao princípio da democracia participativa. São exemplo disso a Lei nº 9.637/98, que dispõe sobre a qualificação de entidades como organizações sociais, a qual em seu art. 1º, letra "d" estabelece a "previsão de participação, no órgão colegiado de deliberação superior, de representantes do Poder Público e de membros da comunidade, de notória capacidade profissional e idoneidade moral"; a Lei nº 9.717/98, que no art. 1º, VI, prevê o "pleno acesso dos segurados às informações relativas à gestão do regime e participação de representantes dos servidores públicos e dos militares ativos e inativos, nos colegiados e instâncias de decisão em que os seus interesses sejam objeto de discussão e deliberação"; a Lei Complementar nº 101/00 (Lei da Responsabilidade Fiscal), que no parágrafo único do art. 48 assegura transparência na gestão fiscal nos seguintes termos: "A transparência será assegurada também mediante incentivo à participação popular e realização de audiências públicas, durante os processos de elaboração e de discussão dos planos, lei diretrizes orçamentárias e orçamentos". Ver também a Lei nº 10.257/01 (Estatuto da Cidade), especialmente art. 4º, III, l, e arts. 43-5, bem como a recente Lei nº 11.445/07, a qual prevê em seu art. 47 que o controle social dos serviços públicos de saneamento *poderá* incluir a participação de órgãos colegiados de caráter consultivo.

[17] Sérgio Ferraz, O papel da participação do cidadão no Sistema Constitucional. *RDP*, São Paulo, 1984, p. 159.

do conceito de democracia, radicalizando, até, uma tendência (...) endereçada à adoção de técnicas de participação democrática.[18]

No mesmo artigo doutrinário, o autor ressalta que o mundo ocidental se move rumo a uma síntese entre a democracia representativa e a democracia direta.[19] Mas isso exige uma mudança de concepção a respeito da cidadania. A concepção tradicional somente reconhece o cidadão enquanto tal quando toma parte na eleição de representantes políticos. E na esfera administrativa o cidadão é visto como se apenas existisse o "administrado, o usuário, o jurisdicionado".[20] Esse conceito se altera radicalmente com o novo sentido que a palavra "participação" ganhou na Constituição de 1988. O exercício do direito de voto expressa participação política. Entretanto, o reconhecimento de direitos de participação em distintas normas da Constituição evidencia que o conteúdo se ampliou. Participação política não se restringe somente ao comparecimento periódico às urnas para exercer direito de voto. Essa forma de participação vem correspondendo ao modelo de democracia representativa, na qual tem havido sempre maior distanciamento entre o eleitor e o representante político. Na democracia participativa, asseguram-se ao cidadão outras formas de atuação na formação da vontade política do Estado. É claro que esse modelo de democracia exige muito mais do indivíduo.

Outro autor que busca definir o que vem a ser "participação política" é Celso Fernandes Campilongo. Ele se preocupa em como compatibilizar a visão restritiva e tecnicista de democracia com o anseio popular em participar dos processos de decisão, ao mesmo tempo em que renuncia a fazer uma abordagem, por ele designada de "teórica e estritamente dogmática", do direito de participação.[21] Relativo a representação e democracia participativa, o autor destaca que a "participação poderia ser incompatível e disfuncional para os interesses do capital, mas nunca incompatível com a democracia representativa".[22] Na realidade – assim o autor – democracia representativa e participativa não são inconciliáveis. Além disso, a diversificação da ação política não importa a eliminação da representação parlamentar tradicional e a participação nas eleições. Ademais, participação e representação não seriam contraditórias, podendo conduzir a uma Ordem Social justa, democrática e igualitária.[23]

---

[18] Clèmerson Merlin Clève. *O cidadão, a administração pública e a nova Constituição*. RIL, Brasília, abr./jun. 1990, (106): 82-3.

[19] Idem, (106): 90.

[20] Idem, (106): 91.

[21] Celso Fernandes Campilongo, Direito de participação no governo e na oposição. *RIL*, Brasília, jan./mar. 1990, (105): 181. Diverge-se do autor quando recusa a abordagem dogmática do direito de participação. Conforme já visto no Capítulo II da 2ª Parte, dogmática jurídica não se confunde com dogmatismo jurídico. Certamente porque a dogmática constitucional até agora descurou da tarefa de fazer o devido exame do direito de participação do ponto de vista dogmático, para que, segundo definição de Hans D. Jarass, "a norma jurídica em causa desenvolva maior eficácia", é que se constata o enorme déficit no que se refere à sua implementação nas ações governamentais e administrativas.

[22] Celso Fernandes Campilongo. *Direito de participação no governo e na oposição*, cit., p. 187.

[23] Idem, p. 187-8.

Como se observa, a literatura jurídica citada em termos gerais mostra-se harmônica com a decisão alusiva à participação da Sociedade adotada pela Assembléia Constituinte.

2.3. A posição da jurisprudência

Efetuando-se pesquisa até o final de 2007, verifica-se que nem a democracia participativa, nem a concreção que ela obteve em diferentes normas que prevêem a participação da Sociedade em órgãos públicos, é tema que comparece na jurisprudência.

2.4. Síntese

De acordo com o se demonstrou, a Constituição brasileira de 1988 adota tanto o princípio da democracia representativa quanto o da participativa. Concretizações do primeiro desses princípios se manifestam no direito de o cidadão participar das eleições e nas formas de participação semi-direta (art. 14 da Constituição). Trata-se de formas clássicas de participação na formação da vontade estatal que dependem da existência de partidos políticos, cujos membros possam ser eleitos para exercer a representação popular. Por isso, conforme já frisado anteriormente, a democracia representativa também é conhecida como democracia de partidos.

Ao adotar o princípio da democracia participativa, a Constituição introduz possibilidades novas voltadas ao exercício do poder político. Parece incontestável que esse princípio assegura, de um lado, que governantes eleitos pelo sistema clássico da democracia representativa adotem ações políticas que possibilitem a participação social no exercício do poder.[24] Trata-se de uma das possibilidades de manifestação da democracia participativa.

A segunda das manifestações do princípio da democracia participativa – e que é objeto deste livro – já obteve concretização na Constituição e em legislação infraconstitucional. Aqui a participação já não depende da iniciativa de um governante, mas sim de setores sociais ou da comunidade, a quem a Constituição reconheceu o *direito* de tomar parte de decisões políticas, de natureza governamental e administrativa, relacionadas a interesses e direitos sociais. A Sociedade tem o direito de se fazer presen-

---

[24] Exemplo disso são as audiências públicas que as comissões do Congresso Nacional podem realizar com entidades da Sociedade civil (art. 58, § 2°, II, da Constituição). Contudo, exemplo mais conhecido é o "Orçamento Participativo", cuja utilização foi posta em evidência em sucessivos governos do Partido dos Trabalhadores (PT), em Porto Alegre, no Rio Grande do Sul. Também o governo estadual do período 1999-2002, da mesma agremiação partidária, promoveu a participação popular na discussão do Orçamento Público. Essa participação da comunidade, nos moldes citados, concretiza o princípio participativo da Constituição Estadual (ver nota 15). Aqui importa mencionar que se a ação estatal deve estar jurídico-constitucionalmente justificada, isso não significa que só o possa ser com base nos direitos fundamentais. Se assim fosse, a política ficaria reduzida à atividade administrativa. O governante dispõe de esfera de ação mais ampliada a fim de pôr em prática projetos políticos de seu governo que podem estar fundados no processo político-democrático. Cf. Dieter Grimm (*Die Verfassung und die Politik – Einsprüche in Störfällen*. München: C. H. Beck, 2001, p. 21) e Pieroth/Schlink (*Grundrechte – Staatsrecht II*. 21. ed., Heidelberg: C. F. Müller, 2005, p. 57, Rn 228). Ver Capítulo II, nota 18, da 1ª Parte.

te nessas decisões por meio de organizações civis representativas. Delas obviamente estão excluídos os partidos políticos, cuja atuação está subordinada ao princípio da democracia representativa e às regras infraconstitucionais que o concretizam.

O que se constata é que a adoção do princípio da democracia participativa pela Constituição de 1988 e seus desdobramentos jurídico-constitucionais significam a superação da concepção até então prevalecente, segundo a qual o exercício do poder no Estado de Direito admite exclusivamente formas indiretas ou, no máximo, semidiretas de representação. O problema está em que esse relevante fato político da história constitucional brasileira até agora não mereceu suficiente atenção sob o enfoque das implicações jurídicas que ele traz. Isso sem dúvida contribui para a ausência de desdobramentos mais significativos no terreno da aplicação do princípio em apreço e das normas constitucionais e legais que lhe dão conformação. Também a dogmática constitucional se revela tímida no exame das manifestações concretas da democracia participativa existentes tanto na Constituição quanto na legislação infraconstitucional.

3. O EXERCÍCIO DA PARTICIPAÇÃO NAS AÇÕES ESTATAIS

3.1. Distinções necessárias

Na Constituição brasileira encontra-se elevado número de normas nas quais há o emprego da palavra *participação*. Isso exige atenção, já que nem todas constituem especificações do princípio da democracia participativa. Lê-se, por exemplo, em seu art. 7°, *caput* e inciso XI, que são direitos dos trabalhadores a "participação nos lucros ou resultados, desvinculada da remuneração, e, excepcionalmente, participação na gestão da empresa, conforme definido em lei". Aqui se está diante de um direito individual que diz respeito somente a trabalhadores e que pressupõe a existência de relação de emprego. Trata-se de um direito fundamental trabalhista de eficácia horizontal contra particulares ou terceiros.[25] No art. 8°, VI, fixa-se que "é obrigatória a participação dos sindicatos nas negociações coletivas de trabalho". A norma em apreço refere-se a direito coletivo que a Constituição assegura aos trabalhadores.

O art. 37, § 3°, da Constituição obteve nova redação com a Emenda n° 19, de 04-6-1998. Nele passou-se a definir que "a Lei disciplinará as formas de participação do usuário na administração pública direta e indireta, regulando especialmente: (...)". Seguem três incisos do parágrafo que nominam as matérias que necessariamente devem ser contempladas pela lei reguladora da participação. Essas matérias respeitam à concretização dos princípios da eficiência, da publicidade e da legalidade previstos no *caput* do art. 37. O fim visado pela norma constitucional, sem exclusão de outros que a lei reguladora poderá vir a fixar, é a criação de mecanismos que permitam seja a administração pública controlada pelos usuários. Pode-se situar

---

[25] Ver Capítulo I, item 5.2, da 1ª Parte.

essa finalidade na noção ampliada de interesse público, para a qual a opinião e a consideração dos interesses dos particulares também é relevante. A Constituição reconhece que os usuários dos serviços públicos podem contribuir para isso por meio do exercício de direitos de participação na administração pública. No efeito mediato dessa forma de participação certamente estão abarcadas as decisões que a administração pública pode ou deve adotar em decorrência desse controle.

Caráter diverso daquele até aqui examinado possuem os direitos de participação previstos nas normas da Constituição que se relacionam à concretização dos direitos fundamentais sociais previstos no art. 6°. Trata-se, sobretudo, de prestações materiais sociais que, como visto, podem ser originárias ou derivadas. Nesse terreno, a finalidade da participação da Sociedade em ações dos poderes públicos visa, acima de tudo, a esfera das prestações originárias, ou seja, das prestações por serem ainda disponibilizadas. Essa, sem dúvida, a intenção original dos constituintes, o que pode ser comprovado por excertos de manifestações recolhidas dos Anais da Assembléia Nacional Constituinte 1987-8. Também a literatura jurídica respalda essa convicção, como será visto a seguir.

Concluindo, pode-se afirmar que os direitos de participação não são direitos que favoreçam diretamente titulares singulares de direitos fundamentais, senão que possuem a virtualidade de fortalecer a função de prestação e de concretizar a de proteção na medida em que influam nas ações do governo e da administração direcionadas ao fornecimento de prestações sociais. Direitos de participação, mesmo como função de defesa, hão de desempenhar tarefa mediadora com vista à melhoria da função de prestação dos direitos fundamentais.

3.2. O conteúdo político-jurídico da participação

Alguns anos antes da Assembléia Constituinte de 1987-88 consolidou-se o entendimento de que ao cidadão tinha de ser assegurado o direito de tomar parte direta em decisões dos poderes públicos. Já em 1984, no curso do processo de preparação para a convocação de uma constituinte que deveria dar uma nova Constituição ao país, Sérgio Ferraz destacava a insuficiência da participação residual, pelo cidadão, no acompanhamento da gestão e controle da administração pública e salientava: "Mais importante do que tudo isso, o que eu quero crer é que se impõe a estruturação de instrumentos de participação na formulação da decisão administrativa pública".[26]

Promulgada a Constituição de 1988, Clèmerson Merlin Clève escreveu acerca da diferenciada utilização da palavra participação. Para ele, o significado que contém maior interesse é aquele em que "o cidadão se insere nos planos decisórios da administração pública, seja porque foi consultado, seja porque a ele foi outorgado o poder de decisão, participando, então, de modo imediato na escolha das opções administrativas ou políticas do aparato estatal".[27]

---

[26] Sérgio Ferraz, O papel da participação do cidadão no Sistema Constitucional. *RDP*, São Paulo, 1984, p. 160.

[27] Clèmerson Merlin Clève, O cidadão, a administração pública e a nova Constituição, cit., (106): 90.

À indagação sobre o significado de "participação popular", Carlos Ayres Britto responde que ela expressa o "exercício do poder político". E o autor ressalta: "A Constituição enlaça o vocábulo 'participação' a um termo denotador de ingerência decisória da parte privada, como 'deliberação', 'gestão', 'soberania', 'diretrizes', 'formulação das políticas e no controle'".[28] Para respaldar essa sua compreensão, ele cita, entre outros, os artigos 194, VII, 198, *caput*, 204, II e 206, VI, da Constituição.

O mesmo autor também aponta aspecto importante, e mesmo decisivo, ao enfatizar que o exercício dos direitos de participação pela Sociedade civil e indivíduos não significa que ambos se invistam em membros do poder estatal.[29] Decorre que a qualificação como participante em ações do governo ou da administração não confere aos indivíduos o status de funcionários ou órgãos do Estado. Admiti-lo conduziria iniludivelmente à deturpação do direito de participação. Trata-se, aqui, de resguardar a esfera de atuação própria do Estado e da Sociedade: nem separação, nem degeneração em totalitarismo, mas sim uma coordenação entre o Estado e a Sociedade.[30]

Já Rubens Pinto Lyra escreve que "é consabido que um dos aspectos mais inovadores, do ponto de vista da democracia, introduzido pela Constituição Federal (CF) de 1988, reside na 'participação direta e pessoal da cidadania nos atos do Governo'".[31] Ele sublinha que as inovações introduzidas pela Constituição de 1988 alcançaram profundidade no âmbito do Poder Executivo e cita como exemplos as áreas da saúde e da assistência social, abrangidas pela seguridade social, bem como a política agrícola.[32]

O reconhecimento de distintas normas jurídico-constitucionais de participação, especialmente no âmbito dos direitos sociais, como visto, se deve à luta social pela redemocratização, à consciência acerca das deficiências da democracia de partidos e à descrença popular na capacidade do governo como responsável pela concretização dos direitos sociais.[33] A compreensão do sentido de uma norma,[34] e

---

[28] Carlos Ayres Britto, Distinção entre "controle social do poder" e "participação popular". *RTDP*, São Paulo, 1993 (2): 86.

[29] Idem, p. 87. Comparar com o Capítulo I, item 3.4 e item 4.2.2 desta 3ª Parte.

[30] A respeito de diferenciação e interação entre Sociedade e Estado, conferir Capítulo I, item 2, desta 3ª Parte.

[31] Rubens Pinto Lyra. *Os conselhos de direitos do homem e do cidadão e a democracia participativa. RIL*, Brasília, abr./jun. 1996, (130): 175.

[32] Idem, (130): 176.

[33] Essa descrença na capacidade do governo é lembrada por José Cretella Junior (*Comentários à Constituição Brasileira de 1988*. 2. ed., São Paulo: Forense Universitária, v. VIII, 1993, p. 4308): "A *gestão administrativa descentralizada* e com a *participação de toda a comunidade* servirá de apoio ao Poder Público na organização da seguridade social, pois, sem a participação do povo, o Poder Executivo não terá a sensibilidade necessária para a solução dos múltiplos e graves problemas gerais e locais". A mesma opinião possui Walter Ceneviva (*Direito constitucional brasileiro*. São Paulo: Saraiva, 1989, p. 281): "A organização da seguridade social é dever do Poder Público, embora conte com a participação da comunidade. Tem em mira a satisfação de objetivos ideais (art. 194, parágrafo único), que correspondem a projetos de existência político-administrativa, que o Poder Público não realiza, nem parece capacitado a realizar no futuro próximo, nos três setores da definição constitucional (saúde, previdência e assistência social)".

[34] Como sentido da norma entende-se a correspondência entre conduta e norma. Conforme assinalou Konrad Hesse, se o assunto é a concretização da Constituição, então é indispensável que os responsáveis primeiros por essa concretização, que são os exercentes de funções de poder, orientem sua conduta funcional de acordo com a ordem constitucional, independentemente de considerações de utilidade momentânea. Cf. José Felipe Ledur, *A Realização do Direito ao Trabalho*. Porto Alegre: Sergio Fabris, 1998, p. 59-60, nota de rodapé nº 21.

particularmente do conteúdo político-jurídico das mencionadas normas de participação, ganha clareza com sua interpretação histórica e sociológica.

Modalidade de interpretação histórica de uma norma, salientada por Bernd Rüthers, resulta de ponderação de seu contexto histórico-social. Aqui são pensados interesses sociais, situações de conflito e objetivos ideais.[35] Já Klaus F. Röhl assinala que "a interpretação sociológica observa os interesses e conflitos que levaram à origem da norma. O momento histórico está na demonstração do se e como a situação se alterou desde então".[36] Consoante já reportado no Capítulo II da 1ª Parte, Friedrich Müller e Winfried Brugger distinguem entre interpretação histórica e genética. Para Müller, a interpretação histórica, de posse de textos normativos antigos, busca responder à pergunta de como determinada matéria então era regrada. Também para o mesmo autor, a interpretação genética é aquela que trabalha com textos não-normativos (discussões, considerações, projetos, discursos parlamentares, informações de comissões, razões oficiais) oriundos do debate político-jurídico.[37]

Trate-se de interpretação histórica (Rüthers), sociológica (Röhl) ou genética (Müller e Brugger), claro está que os interesses, conflitos e discussões existentes na Sociedade brasileira de antes de 1988 influenciaram o constituinte a introduzir na Constituição normas relacionadas à participação no exercício do poder. Os instrumentos de participação reconhecidos correspondem a uma pretensão da Sociedade no sentido de encontrar conjuntamente com o Estado a solução dos problemas para a população carente de prestações sociais. Essa pretensão inclusive já vem embasada em experiência legislativa anterior, consoante referido no início deste capítulo.[38]

Em síntese, a literatura jurídica brasileira define que o conteúdo previsto pela Constituição à participação de segmentos sociais específicos e da comunidade encontra expressão no direito de tomar parte em decisões do Executivo, sejam as governamentais, sejam as de natureza administrativa.[39] A participação em deci-

---

[35] Bernd Rüthers, *Rechtstheorie – Begriff, Geltung und Anwendung des Rechts*. München: C. H. Beck, 1999, p. 434.

[36] Klaus F. Röhl, *Allgemeine Rechtslehre*. Köln: Carl Heymanns Verlag, 1994, p. 632. (Texto original: "Die soziologische Auslegung sieht auf die Interessen und Konflikte, die zur Entstehung der Norm geführt haben. Das historische Moment liegt in dem Nachweis, ob und wie sich die Situation seither verändert hat.")

[37] Friedrich Müller, *Juristische Methodik*. 7. ed., Berlin: Duncker & Humblot, 1997, p. 245. Ver Capítulo II, nota 2, da 1ª Parte.

[38] Ver nota 2.

[39] O Executivo também costuma ser identificado por "Administração Pública". Segundo Giorgio Pastori (Administração Pública, in: Norberto Bobbio, Nicola Matteucci e Gianfranco Pasquino, *Dicionário de Política*. 4. ed., Brasília: Universidade de Brasília, v. I, 1992, p. 10), nela compreendem-se, "de um lado, as atividades de Governo, relacionadas com os poderes de decisão e de comando, e as de auxílio imediato ao exercício do Governo mesmo e, de outra parte, os empreendimentos voltados para a consecução dos objetivos públicos, definidos por leis e por atos de Governo, seja através de normas jurídicas precisas, concernentes às atividades econômicas e sociais; seja por intermédio da intervenção no mundo real (trabalhos, serviços etc.) ou de procedimentos técnico-materiais; ou, finalmente, por meio do controle da realização de tais finalidades (com exceção dos controles de caráter político e jurisdicional".

sões de nível governamental envolve, essencialmente, a formulação das políticas públicas voltadas à concretização dos direitos sociais. Portanto, inclui a deliberação. E a participação no plano administrativo engloba projeção, elaboração, gestão e controle das políticas públicas, além de controle quanto aos resultados, ou seja, do fornecimento e qualidade das prestações sociais a cargo do Estado. O direito de participação dos usuários na administração pública foi reforçado pela Emenda n° 19/98, devendo a lei ordinária dar conformação ao conteúdo geral desse direito, conforme art. 37, § 3°, da Constituição, introduzido por essa Emenda.

A exteriorização, pela citada literatura, daquilo que em termos de direito de participação foi decidido na Assembléia Nacional Constituinte 1987-8 está em harmonia com a interpretação histórica, sociológica e, sobretudo, genética das normas constitucionais, consoante demonstram as notas referentes a manifestações dos constituintes.

3.3. Exercício do direito de participação no governo e na administração

3.3.1. Diferenciação entre governo e administração

Governo e administração integram o Executivo, afirmação que, contudo, não resolve o problema da definição da esfera de atuação de cada um. É conhecida a teoria dos "atos de governo", mediante a qual se buscava definir a função de governo do Executivo. O fato de o Legislativo e o Judiciário também praticarem atos de governo, ainda que restritos, provou a pouca serventia da teoria. De todo modo, remanescem governo e administração e suas distintas esferas funcionais, impondo que se busque precisar o âmbito de atuação de cada qual.

A definição negativa de administração, segundo a qual função de administração seria tudo o que não seja função pertencente à esfera legislativa ou judicial, é insuficiente porque por meio dessa renúncia nada é dito sobre as marcas positivas da administração. De qualquer modo, com essa definição estaria caracterizado o Executivo em seu conjunto, do qual, entretanto, a administração somente é uma parte.[40]

Há também a caracterização positiva de administração. Aqui ela é confinada como sendo objeto do direito administrativo. Meinhard Schröder ressalta que essa conceituação é substancialmente pobre em vista de seu grau de abstração, isto é, porque eleva aspectos da atividade administrativa – como as ações por meio de medidas concretas, a realização do interesse público, a tarefa de conformação – a critério determinante. Mas isso não ocorre sem a preterição das demais funções estatais, inclusive a de governo.[41]

---

[40] Meinhard Schröder, Die Bereiche der Regierung und der Verwaltung, in: Josef Isensee e Paul Kirchhof (Org.), *Handbuch des Staatsrechts der Bundesrepublik Deutschland*. Heidelberg: C. F. Müller, 1988, v. III, p. 509, Rn 19.

[41] Meinhard Schröder, Die Bereiche der Regierung und der Verwaltung, cit., p. 509, Rn 20.

Do ponto de vista jurídico-constitucional, a administração se situa entre o Legislador e o Judiciário. Mas ainda assim o problema da limitação da esfera de ação da função administrativa e da função de governo não está superado.

Outra tentativa de delimitação caracteriza o governo como um poder "não definido", e a administração como um poder "definido", segundo estejam à disposição "múltiplas combinações discricionárias" ou "discrição única". Segundo Meinhard Schröder, essa delimitação somente teria um valor aproximativo porque deixa claro que o governo (em sentido material) fixa de antemão os objetivos e fins a serem perseguidos pelo Executivo, ao passo que a administração em regra estaria guarnecida por moldura com esses objetivos e fins predeterminados.[42]

O que se pode afirmar é que a administração é instrumento do Executivo no sentido institucional, prestando-lhe apoio na preparação e execução das decisões de governo. De outro lado, a administração não é somente a *longa manus* do governo, mas, até de regra, se manifesta no "direito à primeira medida", e isso nem sempre por meio do exercício da correspondente autorização.[43]

Um elemento adicional que merece menção diz com a distinta estruturação da função de governo e da função ou atividade administrativa. O governo opera por meio de estrutura horizontal, sem relação hierárquica entre os ministérios, secretarias ou órgãos que o compõem. Já a atividade administrativa possui estrutura hierarquizada, em que órgãos superiores têm a prerrogativa não só de anular, mas inclusive de revogar decisões do órgão inferior.

3.3.2. Participação no governo e na administração

A redação das normas constitucionais que se relacionam com a participação de setores sociais e da comunidade prova que ela é possível tanto em ações do governo quanto da administração. A Constituição se refere a órgãos públicos (art. 10); à participação na administração pública e acesso a informações sobre "atos de governo" (art. 37, § 3° e inciso II); a ações de iniciativa dos Poderes Públicos (art. 194, *caput*); ao caráter descentralizado da administração (art. 194, VII); aos "órgãos responsáveis" (art. 195, § 2°); à descentralização, com direção única em cada esfera de governo (art. 198, I); a ações governamentais (art. 204, *caput*); à descentralização político-administrativa (art. 204, I); a ações em todos os níveis (art. 204, II); a programas de assistência integral promovidos pelo Estado (art. 227, § 1°).

Do conjunto dessas normas ressalta que a Constituição se refere indistintamente a ações tanto do governo quanto da administração, estruturas do Executivo nas quais a participação da Sociedade está assegurada. A definição mais precisa do âmbito de atuação evidentemente é tarefa para o legislador. É intuitivo que, dentre ambas as formas de estruturação do Poder Executivo, a que melhor se presta para

---

[42] Meinhard Schröder, Die Bereiche der Regierung und der Verwaltung, cit., p. 515, Rn 30.
[43] Idem, p. 515, Rn 31.

o exercício da participação da Sociedade é a de governo. Soa mesmo estranho que possa haver instância administrativa, com participação da Sociedade, que tenha a prerrogativa de anular ou revogar decisão de instância inferior em que também tenha havido essa participação. De qualquer modo, ao legislador cumpre estabelecer os mecanismos que possibilitem a participação, tanto no governo quanto na administração, observando os parâmetros já traçados na Constituição.

No Brasil, os conselhos constituíram fórmula da qual os governos imperiais, republicanos e ditatoriais se valeram para avalizar suas ações. Mas os representantes da Sociedade nesses conselhos mais cumpriram funções burocráticas, sem conexão com os supostos representados. Consoante já visto, a partir dos anos 70, e mais fortemente nos anos 80, a participação, voltada à democratização do Estado e seus aparelhos, foi reivindicação que não se limitou ao movimento popular, envolvendo a diversos segmentos da Sociedade. Com a Constituição de 1988, as diversas formas de participação de setores sociais e da comunidade não constituem mais uma "outorga" do poder, mas direito da Sociedade. E a partir daí, iniciou-se nova fase, em que a participação é compreendida como categoria jurídica, que abre a possibilidade de a Sociedade se fazer presente em estruturas organizativas do Estado.[44]

A nova fórmula de exercício do poder estatal para a qual aponta a Constituição brasileira evidentemente coloca dificuldades à delimitação do espaço de atuação reservado, respectivamente, à Sociedade ou ao Estado. Exame de série de artigos doutrinários apresentados por representantes do movimento popular no II Congresso Nacional de Serviço Social e Seguridade, de 29-10-00 a 01-11-00, em Porto Alegre-RS, revela que membros de associações representativas da Sociedade civil postulam novo relacionamento Estado-Sociedade, em que seja superado o modelo liberal-corporativo, que favorece o mercado, e removidos os interesses setoriais poderosos que tiram proveito de sua relação privilegiada com o Estado.[45]

Observa-se que o modelo democrático-participativo, que assegura a participação da Sociedade nas ações do governo e da administração, encontra barreiras

---

[44] Maria da Glória Gohn (*Conselhos Gestores e participação sociopolítica*. São Paulo: Cortez, Coleção questões da nossa época, v. 84, 2001, p. 49-64) faz excelente apanhado do cenário da participação em práticas da gestão da coisa pública no Brasil dos últimos anos. E quanto ao novo paradigma na gestão dos bens públicos que é a participação cidadã, destaca (p. 57): "O conceito de participação cidadã está lastreado na universalização dos direitos sociais, na ampliação do conceito de cidadania e em uma nova compreensão sobre o papel e o caráter do Estado, remetendo à definição das prioridades nas políticas públicas a partir de um debate público".

[45] A publicação dos anais foi realizada por meio de "Caderno de Comunicações". Entre os trabalhos apresentados que tratam da relação Estado-Sociedade, podem ser examinados o de nº 71 – Co-gestão como estratégia de inclusão social, p. 288-90, de Tereza Cristina Cruz de Oliveira, no qual ressalta que a relação Estado e Sociedade civil pode ser reorganizada a partir da agregação de interesses mais amplos, ético-políticos e não puramente econômico-corporativos; o de nº 111 – Participação social nos conselhos de saúde: o potencial dos representantes dos usuários, p. 374-8, de Susidarley Fideles da Mota Borges, em que se advoga que essa nova relação deve ser marcada pelo controle da Sociedade sobre o Estado; o de nº 81 – A Contribuição da Sociedade civil na defesa da Seguridade Social: o potencial dos conselhos, p. 382-5, de Maria Inês Souza Bravo, a qual menciona a prevalência de lutas corporativas em vez de lutas coletivas na Sociedade; a chantagem do Executivo que acena com prejuízo à população caso haja contestação de suas propostas pelos conselheiros; o despreparo desses conselheiros, sem a necessária assessoria, que acabam sendo cooptados pela burocracia estatal; fragmentação da questão social em múltiplos conselhos e distanciamento desses conselhos da própria Sociedade.

operacionais múltiplas por causa *a*) do corporativismo empenhado em favorecer interesses particulares, de grupos, em detrimento da coletividade; *b*) do despreparo dos conselheiros para enfrentar os problemas com os quais se defrontam nos conselhos; *c*) da falta de interação entre a Sociedade e os conselheiros. Enquanto isso, do aparelho estatal parte o apelo à cooptação e a tentativa de contornar as decisões dos conselhos. De outro lado, Maria da Glória Gohn aponta barreira ideológica que faz com que parte do movimento social desacredite os conselhos gestores como meio que propicie participação real, uma vez que a legislação que os criou surgiu no contexto das reformas estatais de caráter neoliberal.[46]

Apesar de todas essas circunstâncias e idiossincrasias, pode-se afirmar que a democracia participativa e suas manifestações concretas exigem seja removida tanto a separação como a identidade entre Sociedade e Estado. O que deve haver, sim, é uma coexistência diferenciada, autônoma, organizada que se desenvolve numa interação entre ambas as instituições, consoante destacado no Capítulo I desta 3ª Parte.

4. PARTICIPAÇÃO COMO MECANISMO DE CONCRETIZAÇÃO DOS DIREITOS SOCIAIS

É digno de nota que os projetos de emenda populares endereçados à Assembléia Constituinte disseram respeito, em sua maioria, a normas da Ordem Social.[47] Verificou-se, quando do exame da formação histórica dos direitos sociais (Capítulo I, item 2.2, da 2ª Parte), que o modelo liberal brasileiro resistiu a seu reconhecimento. De outro lado, já sob o constitucionalismo social, em que os poderes públicos estão vinculados à realização da Constituição, o gozo dos direitos sociais e a existência digna se mantêm inalcançáveis para milhões de pessoas no país. A doutrina das "normas programáticas" tem contribuído para justificar o imobilismo dos poderes estatais, num interminável jogo de empurra. Desses poderes, particularmente o Executivo, cuja função fundamental é governar o país, historicamente demonstra não ter vontade política necessária nem capacidade para enfrentar os problemas das populações socialmente marginalizadas.

Diante do ensinamento histórico, para o movimento social da década de 80 estava claro – e mais tarde isso foi admitido pelos constituintes – que não bas-

---

[46] Maria da Glória Gohn, *Conselhos Gestores e participação sociopolítica*, cit., p. 84. Essa legislação foi produzida com intensidade na primeira legislatura que se seguiu à promulgação da Constituição de 1988, em que o Executivo era ocupado por Fernando Collor de Mello. Contudo, conforme recorda a autora, esses segmentos esquecem que foi o próprio movimento popular que reivindicou e propôs esses conselhos na Assembléia Constituinte. Também Daniel Machado da Rocha (*O Direito Fundamental à Previdência Social – Na perspectiva dos princípios constitucionais diretivos do sistema previdenciário brasileiro*. Porto Alegre: Livraria do Advogado, 2004, p. 118) aponta a diversa mobilização dos setores sociais envolvidos com os conselhos, apontando a área da saúde como segmento capaz de se articular nacionalmente, circunstância que permite atuação mais qualificada do Conselho Nacional de Saúde.

[47] Anais da Assembléia Nacional Constituinte 1987-8, p. 4315.

tava o só reconhecimento formal de direitos fundamentais sem correspondentes mecanismos garantidores de sua concretização também previstos na Constituição. Criaram-se, pois, no campo dos direitos fundamentais clássicos e dos direitos constitucionais em geral, respectivamente, o Mandado de Injunção (art. 5°, LXXI) e a Ação Direta de Inconstitucionalidade por Omissão (art. 103, § 2°). Trata-se de mecanismos que visam a contornar a inércia do legislador que não regulamenta direitos fundamentais ou direitos constitucionais, impedindo seu exercício ou a consolidação de melhores estruturas voltadas à sua satisfação.[48] Além disso, constituíram-se o Mandado de Segurança Coletivo (art. 5°, LXX) e as Ações Civis Públicas (art. 129, III), agora com dignidade constitucional, como remédios processuais dirigidos à defesa de interesses coletivos. Também a ação popular (art. 5°, LXXIII) constitui medida judicial, de categoria constitucional, que assegura a participação dos cidadãos na defesa do patrimônio público e da moralidade administrativa.

Já no terreno específico dos direitos fundamentais sociais é, sem dúvida, o direito de participação, com o significado que se lhe atribuiu neste trabalho, a inovação maior e o melhor presságio de sua concretização. As limitações jurídicas que eles apresentam do ponto de vista das possibilidades de concreção via judicial certamente contribuíram para a criação desse novo instrumento voltado à sua efetividade. Isso tanto mais diante da reconhecida pouca vontade e/ou capacidade da Administração Pública para enfrentar os problemas sociais, como admitiu, sem rodeios, o Ministro da Previdência Social (1986-90), Renato Archer, ao comentar a solução da Assembléia Constituinte que introduziu o direito de a Sociedade tomar parte da definição dos rumos da previdência social.[49]

Essa interpretação do significado das mudanças introduzidas no âmbito da seguridade social, da qual a previdência social faz parte, é válida para os demais direitos fundamentais sociais a que o constituinte igualmente associou direitos de participação. Como já salientado no Capítulo II da 2ª Parte, os direitos fundamentais sociais de natureza originária não são equiparáveis aos direitos de defesa e, por isso mesmo, não munidos de ação por meio da qual o titular os possa fazer valer em juízo. Diante dessa carência, a questão recorrente na esfera dos direitos fundamentais sociais sempre acaba sendo esta: como concretizá-los?

---

[48] Aqui é necessário lembrar que o STF extenuou o Mandado de Injunção, notável mecanismo voltado à concretização dos direitos fundamentais, assim como a ação direta de inconstitucionalidade por omissão. Entretanto, conforme já reportado no capítulo alusivo ao Estado Social (3ª Parte), modificações na jurisprudência do STF têm ocorrido em decisões recentes.

[49] Segundo o então ministro, "a democratização administrativa constitui, sem dúvida, um dos mecanismos mais eficientes para indicar as reformas que a cada momento se fazem necessárias para o desenvolvimento social do país. Nesse sentido é que a participação da Sociedade na definição dos rumos a serem tomados pela Previdência Social representa a mais importante medida no caminho da sua reestruturação, para que possa atuar como instrumento efetivo de transformação social" (Anais da Assembléia Nacional Constituinte 1987-8, p. 13529). Já o constituinte Odacir Soares, referindo-se às inovações introduzidas na "Ordem Social", destacava na ocasião que "não prevalecem direitos sociais onde não há canais democráticos por onde sejam conduzidas as reivindicações e as exigências para que seja cumprida a lei". E, destacando, sob o ângulo da democratização do sistema, a diretriz relativa ao caráter participativo da gestão das diversas áreas da seguridade social, ressaltava a necessidade da incorporação na estrutura decisória de grupos sociais interessados na orientação política e nos resultados do sistema (Anais da Assembléia Nacional Constituinte 1987-8, p. 11053).

O direito de participação – direito fundamental, como será visto no Capítulo III desta 3ª Parte – na realidade constitui mecanismo original descoberto pela Sociedade para ampliar a possibilidade de realização dos direitos sociais. Assim, ele possui natureza instrumental. É dele que a Sociedade pode se valer para incidir diretamente nas ações do Poder Executivo que interferem na qualidade e na quantidade das prestações sociais. A possível participação de segmentos da Sociedade na elaboração da proposta orçamentária da seguridade social (art. 195, § 2°, da Constituição) constitui um exemplo das conseqüências extraordinárias que o exercício desse direito pode produzir para a população em geral.

Os novos mecanismos processuais dedicados ao exercício dos direitos coletivos e, particularmente, o direito de participação em ações estatais do Poder Executivo significa uma alteração essencial do conceito de "cidadania ativa" e do exercício direto do poder introduzida no direito brasileiro pela Constituição de 1988.

Capítulo III – O direito fundamental de participação

1. CONSIDERAÇÕES INTRODUTÓRIAS

No Capítulo II desta 3ª Parte, buscou-se demonstrar que a Assembléia Nacional Constituinte de 1987-8 optou pela democracia representativa e participativa. As manifestações institucionais da democracia representativa são conhecidas, sendo certo que nela os partidos políticos exercem papel de relevo. Por meio de eleições periódicas, o povo delega o poder a representantes oriundos desses partidos, aos quais incumbe exercer as funções estatais. É importante assinalar que, no caso brasileiro, na referida delegação nada está dito acerca do que deva ser objeto de decisão pelos representantes. O mandato é puramente representativo e não imperativo, não tendo os eleitores a possibilidade de romper, no curso da legislatura, a outorga conferida nas eleições. Ainda no caso brasileiro, não se pode afirmar que o exercício da função judicial se origine de delegação popular direta. Por tudo isso, verifica-se que o modelo de democracia representativa brasileiro só em termos restritos merece essa designação.[1]

Quanto à democracia participativa, impõe-se verificar quais as conseqüências jurídico-constitucionais que ela traz para as instituições do país. A Constituição brasileira faz uso da palavra *participação* em grande número de suas normas, muito embora com significados diferenciados, consoante já se procurou mostrar. O que aqui será examinado é o significado jurídico da participação que tem em vista a realização de direitos sociais.

Os direitos políticos são direitos fundamentais clássicos normalmente relacionados à democracia representativa. Entre esses direitos encontra-se o direito de voto, qualificado, com base na teoria dos status de Georg Jellinek, como direito

---

[1] José Afonso da Silva (*Curso de Direito Constitucional Positivo*. 19. ed., São Paulo: Malheiros, 2001, p. 143) refere que há muita ficção no mandato representativo. Para ele, "pode-se dizer que não há representação, de tal sorte que a designação do mandatário não passa de simples técnica de formação dos órgãos governamentais".

clássico que assegura a participação na formação da vontade política do Estado.[2] Ocorre que a Constituição brasileira de 1988, como sublinhado, adotou concomitantemente o princípio da democracia representativa e o princípio da democracia participativa. Além disso, diferentemente de constituições anteriores, ela passou a empregar o termo *participação* especialmente em normas relacionadas aos direitos sociais, tanto no catálogo dos direitos fundamentais quanto nos títulos referentes à Ordem Econômica e Financeira e à Ordem Social.

Para o desenvolvimento da presente tematização, é necessário que se defina o significado jurídico-constitucional da participação de segmentos da Sociedade em ações governamentais ou administrativas voltadas ao gozo dos direitos fundamentais sociais. Embora as concreções constitucionais obtidas pelo direito de participação pudessem, similarmente ao que sucede com os direitos políticos e eleitorais enquanto concreções do princípio representativo, ensejar o reconhecimento *a priori* da sua fundamentalidade, é conveniente exame mais acurado do tema. Nesse sentido, procurar-se-á apresentar os motivos que justificam seja a designada participação, enquanto concreção do princípio da democracia participativa, classificada como um direito fundamental, esteja ou não prevista no catálogo relativo aos direitos fundamentais. Ademais, cuidar-se-á de examinar a função que o direito fundamental de participação exerce para a realização dos direitos fundamentais sociais.

2. O DIREITO DE PARTICIPAÇÃO NO CATÁLOGO DOS DIREITOS FUNDAMENTAIS

No rol dos direitos fundamentais da Constituição brasileira, que se encontra no Título II, participação é palavra que se lê em algumas normas alusivas aos direitos fundamentais sociais de natureza trabalhista. O art. 7º, XI, por exemplo, prevê o direito à "participação nos lucros, ou resultados, desvinculada da remuneração, e, excepcionalmente, participação na gestão da empresa, conforme definido em lei". O art. 8º, VI, dispõe que "é obrigatória a participação dos sindicatos nas negociações coletivas de trabalho", e o art. 10 define que "é assegurada a participação dos trabalhadores e empregadores nos colegiados dos órgãos públicos em que seus interesses profissionais ou previdenciários sejam objeto de discussão e deliberação".

O primeiro dos incisos citados inicialmente menciona um direito do trabalho, que pode vir a se traduzir em termos monetários, assim como outros direitos do trabalho típicos que se encontram nos diversos incisos do art. 7º; de outro lado, menciona direito de feição coletiva – participação na gestão de empresa – que até

---

[2] Conferir Ingo W. Sarlet, *A Eficácia dos Direitos Fundamentais*. 5. ed., Porto Alegre: Livraria do Advogado, 2005, p. 172-3 e Edilson Pereira de Farias, *Colisão de Direitos*. 2. ed., Porto Alegre: Sergio Fabris, 2000, p. 115.

agora não obteve concreção legal. A previsão inserta no art. 8º, VI, diz respeito a um direito coletivo do trabalho. Relaciona-se à criação de normas coletivas. O que agora importa assentar é o significado jurídico do direito de participação positivado no art. 10 da Constituição.

No Capítulo II desta 3ª Parte, deu-se ênfase ao sentido político-jurídico do princípio da democracia participativa para a nação brasileira. Mencionou-se, então, que o próprio constituinte deu desdobramento ao princípio em normas da Constituição para pôr em relevo a sua importância. E há razões ou motivos que fazem com que determinada posição jurídica seja alçada à categoria de direito fundamental. Para Ingo W. Sarlet, "a opção do Constituinte, ao erigir certa matéria à categoria de direito fundamental, se baseia na efetiva importância que aquela possui para a comunidade em determinado momento histórico".[3] Parece fora de dúvida que a participação da Sociedade, sob a perspectiva ora em exame, possui essa relevância.

Um dos autores que disserta sobre os direitos de participação na Constituição brasileira é Celso Fernandes Campilongo, que os qualifica como direitos fundamentais.[4] Por sua vez, José Cretella Junior, referindo-se à participação do art. 10, sustenta que se trata de um direito subjetivo público,[5] enquanto José Afonso da Silva considera-a como um direito coletivo social,[6] subdividindo-a em *"participação orgânica"*, de que seria exemplo o art. 10, e em *"participação da comunidade"*, de caráter não-corporativo, havendo como tais os direitos previstos nos arts. 194, VII, e 198, III.[7] De par com isso, José Afonso da Silva distingue essas espécies de direitos de participação da "participação direta dos cidadãos do processo político e decisório", a qual relaciona ao plebiscito, referendo e iniciativa popular previstos no art. 14 da Constituição.[8]

---

[3] Ingo W. Sarlet, *A Eficácia dos Direitos Fundamentais*, cit., p. 106.

[4] Celso Fernandes Campilongo, Direito de participação no governo e na oposição. *RIL*, Brasília, jan./mar., 1990, (105): 187. Antes de fazer essa afirmação, o autor esclarece que o voto é uma (mas não a única) exteriorização da participação política. Ele é de opinião que a participação pode ser exercida individual ou coletivamente, fora ou dentro de organizações.

[5] José Cretella Junior, *Comentários à Constituição Brasileira de 1988*. São Paulo: Forense Universitária, v. II, 1988, p. 1066-7.

[6] José Afonso da Silva, *Curso de Direito Constitucional Positivo*, cit., p. 309.

[7] José Afonso da Silva, *Curso de Direito Constitucional Positivo*, cit., p. 265. Parece que a participação prevista pelo art. 194, VII, da Constituição não possui caráter distinto daquela do art. 10, uma vez que tanto numa como noutra norma se trata da participação de trabalhadores e empregadores. A só inclusão, naquela norma, dos aposentados entre os titulares do direito de participação não parece convertê-lo em não-corporativo. Por fim, a "participação do Governo", assegurada no art. 194, VII por meio da Emenda Constitucional nº 20/98, tecnicamente não expressa direito. Órgãos estatais não são titulares de direitos de participação; no exercício de funções estatais eles possuem, sim, competências impostas pela Constituição. O que é possível afirmar, então, que na gestão da seguridade social o art. 194, VII assegura, de um lado, direito de participação orgânico a setores da Sociedade – trabalhadores, empregadores e aposentados; de outro, garante a participação da comunidade no interesse da saúde e da assistência social.

[8] José Afonso da Silva, *Curso de Direito Constitucional Positivo*, cit., p. 264. Embora o autor se ocupe com outras diferenciações, pode-se fixar, a partir da distinção por ele feita, que o direito de participação do art. 10 em princípio não é exercido pelo cidadão individualmente considerado, mas sim por meio de associações, sindicatos, entidades sociais etc. Essa participação necessariamente tem de se realizar num processo público e aberto.

Conforme já visto no Capítulo II da 1ª Parte, os direitos coletivos são categoria nova de direitos fundamentais introduzida no direito constitucional brasileiro em 1988. José Afonso da Silva observa que na Assembléia Nacional Constituinte originalmente foi proposta a existência de um capítulo específico alusivo a direitos coletivos. Segundo ele, a "participação dos movimentos sociais organizados na Administração Pública" deveria ter tomado parte desse capítulo conjuntamente com outros direitos coletivos.[9] A consideração dessa possibilidade não teve como causa tão-só a iniciativa popular havida no seio da Assembléia Constituinte, mas também algumas experiências que na ocasião já haviam sido acumuladas pelo direito infraconstitucional. Tudo isso mostra porque esses "novos direitos" possuem um significado especial na Constituição de 1988, na qual passaram a figurar como categoria nova de direitos fundamentais, embora não restritos ao Capítulo I do Título II da Constituição.[10]

Passando-se ao largo dos problemas metodológicos que a classificação dos direitos fundamentais apresenta, e tendo-se presente a interpretação histórica e genética que o intérprete deve considerar quando se trata de definir o significado de uma norma constitucional,[11] então a classificação de José Afonso da Silva é aquela que melhor indica qual espécie de direitos de participação o art. 10 veicula. Com efeito, não se pode negar que a participação sob exame é um direito fundamental ou garantia fundamental.[12] Além disso, a classificação da participação como um direito coletivo está em sintonia com o que ocorreu na Assembléia Constituinte de 1987-8, na qual os movimentos sociais foram, simultaneamente, expressão de participação popular na Constituinte e responsáveis pelo reconhecimento dos direitos de participação no texto da Constituição.[13]

Embora a participação, tal como prevista no art. 10, constitua direito de cada indivíduo em particular, seu exercício tem de ser veiculado ou encontrar conduto em organizações que possuam autonomia privada coletiva.[14] Dá-se aqui o mesmo que ocorre com o direito de associação. A organização coletiva é o meio mediante o qual esse direito encontra possibilidade de ser exercido.

Só esse aspecto procedimental já mostra que ela bem se distingue da participação clássica por meio das eleições, na qual a própria validade do voto pressupõe tenha havido manifestação de vontade individual e secreta. Ver, também, nota 14.

[9] José Afonso da Silva, *Curso de Direito Constitucional Positivo*, cit., p. 262. Também Eduardo K. M. Carrion (Conselhos Sociais, in: *Apontamentos de Direito Constitucional*. Porto Alegre: Livraria do Advogado, 1997, p. 86) reconhece os direitos coletivos como categoria constitucional própria. Além disso, afirma textualmente: "Este direito de participação de certas entidades na definição de políticas públicas inclui-se na categoria dos direitos coletivos".

[10] Ver Capítulo II, item 2.3, da 2ª Parte.

[11] Ver Capítulo II, item 3.2, desta 3ª Parte.

[12] O art. 10 da Constituição "assegura" a participação, o que talvez permitisse qualificá-la como uma *garantia* fundamental. Isso, de qualquer modo, não altera a essência das coisas. Conforme aponta Ingo W. Sarlet (*A Eficácia dos Direitos Fundamentais*, cit., p. 199), as garantias fundamentais são direitos subjetivos diretamente ligados aos direitos fundamentais e que, além disso, de acordo com a doutrina constitucional brasileira, um direito fundamental pode-se exprimir pela norma de garantia quando nesta estiver subentendido.

[13] Ver Capítulo II, item 1.2, da 3ª Parte.

[14] Também para Eduardo K. M. Carrion (Conselhos Sociais, cit., p. 86), a legitimidade participativa somente é reconhecida às entidades coletivas.

Em suma, o direito de participação do art. 10 da Constituição é direito fundamental integrante do catálogo dos direitos fundamentais, possui natureza coletiva e é exercitável por meio de organizações representativas da Sociedade civil.

3. DIREITOS FUNDAMENTAIS FORA DO CATÁLOGO DOS DIREITOS FUNDAMENTAIS

A pergunta concernente à possibilidade de haver ou não direitos fundamentais fora do respectivo catálogo (Título II da Constituição brasileira) está respondida positivamente na literatura jurídica brasileira, embora sejam escassos os exemplos concretos oferecidos.[15] De qualquer modo, Ingo W. Sarlet cita vários direitos, fora do mencionado catálogo, que possuem status de direitos fundamentais. Segundo ele, nessa categoria se incluem direitos tributários e direitos sociais que se encontram na Ordem Econômica e na Ordem Social da Constituição.[16] Em sentido aproximado mostra-se o ensinamento de José Afonso da Silva.[17]

Já o STF encontrou exemplos de direitos fundamentais situados fora do catálogo no art. 150, III, "b" e VI, da Constituição, onde se trata de garantias do contribuinte em face do Fisco. Assim, aresto proferido na ADIn 939 (*RDA* 198/123):

> A Emenda Constitucional n° 3, de 17-03-93, que, no art. 2°, autorizou a União a instituir o I.P.M.F., incidiu em vício de inconstitucionalidade, ao dispor, no parágrafo 2° desse dispositivo, que, quanto a tal tributo, não se aplica "o art. 150, III, "b" e VI", da Constituição, porque, desse modo, violou os seguintes princípios e normas imutáveis (somente eles, não outros):
>
> 1° – o princípio da anterioridade, que é garantia individual do contribuinte (art. 5°, § 2°, art. 60, § 4°, inciso IV e art. 150, III, "b" da Constituição); (...)

Observa-se que o STF invocou como fundamento o art. 5°, § 2°, da Constituição, o qual dispõe que "os direitos e garantias expressos nesta Constituição não excluem outros decorrentes do regime e dos princípios por ela adotados, ou dos tratados internacionais em que a República Federativa do Brasil seja parte". A leitura do texto da norma indica que a própria Constituição considera seu regime e seus princípios como fonte de outros direitos e garantias fundamentais. No que concerne especificamente a tratados e convenções internacionais alusivas a direitos humanos, o § 3° introduzido pela Emenda Constitucional n° 45/2004 estabelece que equivalerão a emendas constitucionais se aprovadas em cada Casa do Congresso Nacional por três quintos dos votos de deputados e senadores. A norma, embora possa parecer um avanço no terreno da qualificação jurídica dos di-

---

[15] Ver Ingo W. Sarlet, *A Eficácia dos Direitos Fundamentais*, cit., p. 133.

[16] Ingo W. Sarlet, *A Eficácia dos Direitos Fundamentais*, cit., p. 134-5. O autor ressalva que nem todas as posições jurídicas que se encontram nas normas do título da Ordem Social são direitos fundamentais. O reconhecimento de direito fundamental fora do catálogo exige justificação.

[17] José Afonso da Silva, *Curso de Direito Constitucional Positivo*, cit., p. 288.

reitos humanos reconhecidos internacionalmente – se direito supraconstitucional, constitucional, infraconstitucional ou supralegal – prepara dificuldades na medida em que impõe quorum qualificado para sua equivalência às emendas constitucionais.[18]

No direito estrangeiro, a Lei Fundamental alemã possui direitos fundamentais fora do título próprio (arts. 1° até 20). São exemplos o direito ao juiz natural (art. 101, alínea 1, frase 2), o direito a ser ouvido em juízo (art. 103, alínea 1), o direito a que um fato somente seja punível se a punibilidade tiver sido legal e anteriormente definida (art. 103, alínea 2) e o princípio do *"ne bis in idem"* (art. 103, alínea 3). A Constituição de Portugal também contempla direitos fundamentais fora do catálogo, consoante doutrinam J. J. Gomes Canotilho e Vital Moreira. Considera-se relevante referir que entre esses direitos da Constituição portuguesa se encontra o direito de participação dos trabalhadores rurais e dos agricultores na definição da política agrícola.[19]

Pelo que se viu, a possibilidade de se reconhecerem direitos fundamentais fora do catálogo existente em título próprio na Constituição é admitida pela doutrina e jurisprudência nacionais e está em harmonia com a experiência estrangeira nesse terreno.

4. CONEXÃO ENTRE OS DIREITOS SOCIAIS E OS DIREITOS DE PARTICIPAÇÃO SITUADOS FORA DO CATÁLOGO DOS DIREITOS FUNDAMENTAIS

4.1. Problemas de terminologia

Mencionou-se que normas situadas fora do catálogo que devessem ser classificadas como direitos fundamentais necessitam de justificação.[20] Ingo W. Sarlet dá exemplos de possíveis direitos fundamentais nesta situação, reportando-se basicamente aos direitos sociais do art. 6° da Constituição que obtiveram desdobra-

---

[18] Em julgamento do Recurso Extraordinário 466.343-1, Rel. Min. Cezar Peluso, ainda não finalizado quando da edição desta obra, no qual é questionada a constitucionalidade do Decreto-Lei 911/69, que versa sobre a subsistência ou não do direito do credor fiduciário de requerer a prisão civil do depositário infiel em face do que dispõe a Convenção Americana sobre Direitos Humanos (Pacto de São José da Costa Rica), o voto do Ministro Gilmar Mendes foi no sentido de que a norma internacional em apreço, uma vez internalizada no ordenamento jurídico por meio do procedimento agora previsto no parágrafo 3° do art. 5° da Constituição, "tem o condão de paralisar a eficácia jurídica de toda e qualquer disciplina normativa infraconstitucional com ela conflitante". A questão não resolvida está em verificar se haverá esse efeito paralisante se estiverem em causa outros valores constitucionais (*v.g.*, a garantia do pagamento de prestações materiais sociais de origem trabalhista ou alimentar ao respectivo credor) visados pelo inciso LXVII do art. 5° da Constituição.

[19] Conforme J. J. Gomes Canotilho e Vital Moreira, *Fundamentos da Constituição*. Coimbra: Coimbra Editores, 1991, p. 114-5.

[20] Ver nota 16.

mento em normas da Ordem Social.²¹ Já Eduardo K. M. Carrion considera como direito fundamental não só o direito de participação do art. 10 da Constituição, mas também a participação prevista no art. 194, parágrafo único, VII; no art. 198, III, e nos artigos 205 e 206, VI.²²

Feitas essas considerações, seria juridicamente defensável qualificar como direito fundamental a participação prevista em normas dos artigos 187, 194, 198, 204, 205, 206 e 227 da Constituição? O não-emprego, nessas normas, de terminologia uniforme ao se tratar da atuação conjunta da Sociedade e do Poder Público cria dificuldades interpretativas que exigem análise.

Nos artigos 205 e 206, VI, a Constituição emprega, respectivamente, os termos "colaboração da sociedade" e "gestão democrática do ensino público", na forma da lei. Definiu-se no Capítulo II desta Parte que o direito de participação, enquanto concretização do princípio democrático-participativo e de outros princípios situados no preâmbulo e no Título I da Constituição, assegura a participação da Sociedade, por suas organizações representativas, na discussão, deliberação, gestão e controle, ou seja, no que envolve as políticas públicas relacionadas à efetivação dos direitos sociais. Nesse contexto, a citada terminologia, empregada nos artigos 205 e 206, VI, expressa participação nas decisões e nas formulações relacionadas àquelas políticas. Se dúvidas pudessem pairar, estas foram eliminadas pelo legislador ao editar a Lei nº 9.394/96, que regula a gestão do ensino público, prevendo a *participação* de segmentos da Sociedade no Conselho Nacional de Educação. O legislador explicitou, entre outras coisas, o significado de "gestão democrática". Mas com isso não se resolveu, ainda, qual é a natureza desse direito de participação.

Maiores dificuldades para se qualificar a participação como direito fundamental sobrevêm ao se examinarem as normas dos artigos 194, 198 e 204 da Constituição. O problema novamente se origina da linguagem empregada pelo constituinte. Nesses artigos é mencionada a participação da comunidade, mas, de acordo com a redação das normas, essa participação parece ser identificada como um *objetivo*, ou então como uma *diretriz*.

A pergunta a ser formulada é se a participação prevista no art. 194 pode ter significado outro que não aquele do art. 10 da Constituição, no qual se assegurou o mesmo direito quando se trata de interesses previdenciários. E diante das duas passagens dos artigos 198 e 204 da Constituição, o intérprete acaba confrontado com uma situação paradoxal: "diretrizes" vem a ser normas que contêm linhas dirigentes e que por isso mesmo referem deveres que ao Estado incumbe observar. Se a participação é um direito do indivíduo ou da coletividade, cujo exercício depende de ato de vontade dos titulares do direito, como subsumi-la dentro do conceito de diretriz?

---

[21] Cf. Ingo W. Sarlet, *A Eficácia dos Direitos Fundamentais*, cit., p. 135-6. Ressalta-se que o autor não se manifesta acerca da existência de direitos de participação no rol dos direitos fundamentais previstos na Ordem Econômica e na Ordem Social da Constituição.

[22] José Eduardo K. M. Carrion, Conselhos Sociais, cit., p. 86-7.

A literatura pesquisada não se ocupa de esclarecer o significado da multiplicidade de termos relacionados à participação expressa nas normas constitucionais objeto de exame. Para responder às indagações formuladas far-se-á uso da interpretação sistemática com o intuito de demonstrar qual a natureza e finalidade dessas normas constitucionais e explicitar seu alcance prático. Com isso, também a unidade da Constituição será resguardada.

4.2. Interpretação sistemática

Inicialmente, merece lembrança o fato de a Constituição anterior à de 1988 haver reconhecido direitos sociais no título concernente à Ordem Econômica e Social. Tratava-se de direitos constitucionais. Todas as regras referentes a esses direitos encontravam-se, então, no mesmo título da Ordem Econômica e Social.

Já a Constituição de 1988 listou os antigos direitos sociais constitucionais como direitos fundamentais em capítulo específico (Capítulo II) do Título II, que trata Dos Direitos e Garantias Fundamentais. No art. 6° estão nomeados os direitos fundamentais sociais em sua generalidade. Do art. 7° ao art. 11 encontra-se desenvolvido o conteúdo dos direitos relacionados ao direito ao trabalho e ao direito previdenciário referidos genericamente no art. 6°. Nesse desenvolvimento de conteúdo comparece o direito de participação do art. 10. Finalmente, desdobramentos do conteúdo da maioria dos direitos fundamentais sociais do art. 6° completam-se em normas da Ordem Econômica e da Ordem Social.

Como justificar que somente a forma de participação do art. 10 esteja prevista no catálogo dos direitos fundamentais? Respondendo à indagação, pode-se dizer que os artigos 7° a 11 contêm direitos individuais originários do trabalho, direitos previdenciários e direitos coletivos que pressupõem a existência de vínculo de emprego ou de trabalho, quer dizer, o exercício do direito *ao* trabalho posto no art. 6°. É por isso que parece justificável que *somente* o direito de participação do art. 10, que mantém correspondência com interesses profissionais e previdenciários relacionados aos direitos do trabalho e aos direitos previdenciários já citados, com pressuposto vínculo de emprego, se colocasse topicamente entre aqueles direitos fundamentais.

É preciso ressaltar que apenas esses dois direitos fundamentais sociais (direito ao trabalho e à previdência) obtiveram desdobramento de seu conteúdo no próprio Título II, mas, ainda assim, de modo parcial porque no tocante ao direito *ao* trabalho rural, ele se desenvolve ainda no art. 187 da Constituição. Versa-se aí o direito de participação na definição da política agrícola, a qual tem vínculo evidente com o direito ao trabalho rural pelo só fato de estar prevista a participação dos trabalhadores rurais. E quanto aos direitos previdenciários, estes também foram desdobrados no art. 201 da Constituição.

Uma pergunta adicional que pode ser feita diz com o motivo por que não se firmaram direitos de participação nas normas alusivas à previdência, no título Da

Ordem Social. Conforme visto, os conteúdos desenvolvidos nos artigos 7º a 11 relacionam-se ao trabalho e à previdência, direitos inscritos no art. 6º da Constituição. A justificativa para não se incluir no art. 201 da Constituição o direito de participação pode estar na desnecessidade de nova enunciação, uma vez que o tema já fora tratado no art. 10.

Exceção feita ao direito ao trabalho e à previdência, o restante dos direitos fundamentais sociais do art. 6º obteve integral desenvolvimento de conteúdo em outros títulos da Constituição, significa dizer, fora do catálogo dos direitos fundamentais. Diante disso, mostra-se lógico que os direitos de participação correspondentes também encontrassem expressão nos respectivos títulos. Não teria havido sentido metodológico em se desdobrar o conteúdo dos direitos sociais nos títulos Da Ordem Econômica e Financeira e Da Ordem Social e introduzir os direitos de participação correspondentes no Título II da Constituição.

Com tal interpretação sistemática, garante-se a unidade da Constituição. A propósito, veja-se que no conceito de seguridade social do art. 194 também está abarcado o direito à previdência social. Por efeito disso, poder-se-ia afirmar que o direito de participação do art. 194, por estar fora do catálogo, expressa direito não-fundamental, ao passo que aquele previsto no art. 10 da Constituição, porque contemplado no rol dos direitos fundamentais, teria sua fundamentalidade assentada. Admitindo-se que a afirmação fosse verdadeira, então normas constitucionais, embora relacionadas à mesma temática, conduziriam a soluções paradoxais: ora conteriam direito fundamental ora mero direito constitucional. A unidade da Constituição, evidentemente, não tolera que a aplicação de um direito, objeto de diferentes normas constitucionais, possa conter semelhante contradição.

Ainda no sentido de harmonizar as normas constitucionais, é adequado sustentar que se os direitos sociais especificados em normas da Ordem Econômica e da Ordem Social constituem desdobramento de conteúdo dos direitos do art. 6º, sendo fundamentais, então também as normas relativas à participação, especialmente porque traduzem a concreção do princípio democrático-participativo, devem ter sua fundamentalidade reconhecida. Assim, a múltipla e diferenciada terminologia empregada na Constituição não constitui obstáculo para que se reconheça natureza de direito fundamental às normas que asseguram a participação da Sociedade nas ações do Poder Público que têm como objeto a efetividade dos direitos fundamentais sociais.

5. DIREITOS DE PARTICIPAÇÃO NA CONSTITUIÇÃO BRASILEIRA: CLASSIFICAÇÃO E FUNÇÃO JURÍDICO-FUNDAMENTAL

5.1. Classificação enquanto espécie

Com suporte na interpretação sistemática que se fez para justificar a fundamentalidade da participação prevista em normas da Ordem Econômica e Social, é possível afirmar que a classificação proposta por José Afonso da Silva melhor corresponde ao sentido e finalidade desse direito. Segundo seu magistério, os direitos fundamentais coletivos, incluídos os direitos de participação, inserem-se na categoria dos direitos de liberdade.[23] Pode-se dizer, então, que os direitos de participação previstos na Constituição brasileira pertencem primariamente ao rol dos direitos fundamentais de liberdade.

De outro lado, o direito de participação do art. 10 da Constituição é qualificado por José Afonso da Silva como "participação orgânica", às vezes com matiz corporativo, enquanto as formas de participação previstas nos arts. 194, VII (gestão da seguridade social), e 198, III (ações e serviços públicos de saúde), são classificadas por esse autor como direito de "participação da comunidade", sem natureza corporativa.[24]

Assim, os direitos de participação existentes fora do catálogo dos direitos fundamentais devem ser reconhecidos, em seu traço característico, como direitos fundamentais de liberdade de feição coletiva.

O direito fundamental de participação do art. 10 qualifica-se como orgânico e sob esse mesmo conceito apreende-se a participação do art. 187 e, em parte, a exercida pelos trabalhadores, empregadores e aposentados quando o assunto é a gestão da seguridade social.[25] Como participação da comunidade devem ser classificados todos os demais direitos fundamentais de participação assegurados pelos artigos 198, 204, 205, 206 e 227 da Constituição. Tanto a participação orgânica, de matiz corporativo, como a participação da comunidade, de caráter universal, são subsumíveis no conceito geral de participação da Sociedade.

5.2. Funções do direito fundamental de participação

Os direitos fundamentais, mais ainda a multiplicidade daqueles reconhecidos na Constituição brasileira, permitem classificações sob diversos critérios, consoante se observa na literatura especializada. O que, de qualquer modo, parece ser problema central para a dogmática dos direitos fundamentais é definir qual a função que eles desempenham no ordenamento jurídico. E é isso o que precisamente importa, ou seja, quais as possibilidades que os direitos fundamentais abrem para os seus titulares, não só em suas relações com o Estado, mas também nas relações interindividuais e também em face de organizações detentoras de poder econômico e social.

Com esses pressupostos, proceder-se-á, em seguida, ao exame das funções jurídico-fundamentais que se considera possam ter os direitos de participação na Constituição brasileira.

---

[23] José Afonso da Silva, *Curso de Direito Constitucional Positivo*, cit., p. 264-5.
[24] Idem, ibidem, p. 265.
[25] Ver nota 7 deste Capítulo.

5.2.1. Esclarecimentos prévios

No Capítulo I da 1ª Parte, discorreu-se a respeito das distintas funções que os direitos fundamentais exercem, seja do ponto de vista jurídico-subjetivo, seja do objetivo. Neste ponto, destaca-se a importância de situar em tal contexto a categoria dos direitos fundamentais de participação de que se cuida.

Quem na doutrina nacional se ocupa de classificar os direitos fundamentais em vista de sua função é Ingo W. Sarlet. Menciona dois grandes grupos: 1) os direitos de defesa; 2) os direitos a prestações fáticas e jurídicas.[26] O autor subdivide os dois grupos em distintas categorias de direitos fundamentais. Aos direitos políticos, enquanto direitos de participação do cidadão na vida política (o autor se refere aos direitos de participação clássicos previstos nos arts. 14 a 16 da Constituição), atribui natureza mista: possuiriam ao mesmo tempo natureza de direitos de defesa e de direitos a prestações.[27] A segunda subcategoria de direitos de participação mencionada pelo autor se refere à participação na organização e procedimento.[28]

Outro autor que efetua classificação dos direitos fundamentais de acordo com sua função é Edilson Pereira de Farias. Ele sustenta o caráter misto de defesa e de prestação dos direitos políticos, mas, à diferença de Ingo W. Sarlet, insere-os em terceiro grupo, nos "direitos fundamentais de participação", que visariam a "garantir a participação dos cidadãos na (...) formação da vontade política da Nação".[29] O autor se refere à democracia representativa, esclarecendo que esses direitos mantêm correspondência com a doutrina de Georg Jellinek, especificamente com o *status activus*, e que os direitos fundamentais de participação expressam, essencialmente, a livre associação a partidos e os direitos eleitorais.[30]

---

[26] Ingo W. Sarlet, *A Eficácia dos Direitos Fundamentais*, cit., p. 184. Em nota de rodapé, o autor reporta proposta de Jürgen Habermas para quem o sistema de direitos fundamentais é composto de grupos de direitos que asseguram à pessoa o seu status de cidadão, dentre os quais arrola os direitos de participação. Conquanto a classificação habermasiana parta de critérios jusfilosóficos, Ingo W. Sarlet considera que ela não conflita necessariamente com a classificação por ele adotada, embasada em critérios de outra natureza. A classificação do filósofo alemão pode ser encontrada em Jürgen Habermas, *Direito e democracia – entre facticidade e validade*, Rio de Janeiro: Tempo Brasileiro, 1997, p. 159. Tradutor: Flávio Beno Siebeneichler – UGF.

[27] Idem, p. 196.

[28] Idem, p. 213 e ss. É necessário esclarecer neste momento que a participação na "organização e procedimento" não significa participação na formação da vontade estatal nos moldes previstos na Constituição brasileira quando esta cogita do direito à co-decisão. Isto parece confirmado pela observação de Ingo W. Sarlet (p. 213), ao identificar na organização e procedimento um direito de participação que constitui desdobramento da função jurídico-objetiva dos direitos fundamentais. Robert Alexy (*Theorie der Grundrechte*. 2. ed., Frankfurt am Main: Suhrkamp, 1994, p. 440) conforta essa conclusão ao assinalar "que a participação (na organização e no procedimento) cria juridicamente a possibilidade fática de uma influência, referida à proteção jusfundamental, em um processo de formação da vontade estatal. Isto é menos do que uma competência jurídica de co-decisão na formação da vontade estatal". (Texto original: "daß die Beteiligung rechtlich die faktische Möglichkeit einer auf Grundrechtsschutz bezogenen Einflußnahme auf einen staatlichen Willensbildungsprozeß schafft. Dies ist weniger als eine rechtliche Kompetenz zur Mitentscheidung bei der staatlichen Willensbildung".)

[29] Edilson Pereira de Farias, *Colisão de Direitos*, cit., p. 115. A respeito, pode-se conferir também José Carlos Vieira de Andrade (*Os Direitos Fundamentais na Constituição Portuguesa de 1976*, 2. ed., Coimbra: Livraria Almedina, 2001, p. 175), o qual destaca o conteúdo variável dessa categoria de direitos de participação.

[30] Edilson P. Farias, Colisão de Direitos, cit., p. 115 e 116. Essa categoria de direitos fundamentais introduzida por Edilson P. Farias foi criticada por Ingo W. Sarlet (*A Eficácia dos Direitos Fundamentais*, cit., p. 181), o qual

Deve ser destacado que tanto Farias quanto Gonet Branco não fazem referência a possíveis direitos fundamentais de participação relacionados ao princípio democrático-participativo e aos direitos fundamentais sociais.

Diante da análise feita em capítulos anteriores deste trabalho, considera-se que os direitos de participação diretamente vinculados ao princípio democrático-participativo devem obter lugar na categorização dos direitos fundamentais. O contexto histórico em que eles despontaram mostra que as reivindicações voltadas à "participação" surgidas antes e no seio da Assembléia Nacional Constituinte estavam diretamente relacionadas ao "déficit democrático" do sistema representativo então vigente, por certo em decorrência da limitada participação política permitida pelo regime militar. Embora a doutrina dos status de Georg Jellinek continue atual para a compreensão dos direitos fundamentais, no próprio país em que surgiu ela não serve (nem poderia, dadas as mudanças históricas do século passado) para solucionar todos os problemas colocados para a dogmática dos direitos fundamentais.[31] Ademais, o *status activus* da teoria de Jellinek foi construído tendo como pressuposto o sistema representativo. Atenção maior ainda é necessária quando se aplica a teoria no Brasil, cuja Constituição acolhe tanto o princípio da democracia representativa quanto o da participativa, além de reconhecer direitos fundamentais de participação com base no segundo dos princípios mencionados.

Se em correspondência aos direitos de participação uma função própria desses direitos fundamentais devesse ser reconhecida, então seria necessário que também fossem considerados os novos direitos de participação expressamente reconhecidos na Constituição de 1988. Consoante já visto, a interpretação histórica e genética tanto do direito infraconstitucional anterior a 1988 quanto das normas da Constituição de 1988 mostra que a principal finalidade visada com essa nova categoria de direitos de participação foi a concretização de direitos sociais e não a concretização dos direitos políticos clássicos.[32]

Na linguagem corrente, direito de participação é expressão vinculada à cidadania ativa, sendo incontroverso que seu conteúdo é bem mais amplo do que a

---

é de opinião que o eventual duplo caráter dos direitos fundamentais políticos (direitos de defesa e a prestações) não justifica o enquadramento em novo grupo. Ademais, Sarlet critica o fato de na classificação de Farias não ter sido considerada a participação na organização e no procedimento. A controvérsia também é reportada por Paulo Gustavo Gonet Branco (Aspectos de Teoria Geral dos Direitos Fundamentais, in: Gilmar Ferreira Mendes, Inocêncio Mártires Coelho e Paulo Gustavo Gonet Branco. *Hermenêutica Constitucional e Direitos Fundamentais*. Brasília: Brasília Jurídica, 2000, p. 151-2).

[31] Hans D. Jarass (Bausteine einer umfassenden Grundrechtsdogmatik. AöR, Tübingen, 1995, (120): 357) traça paralelos e faz diferenciações entre os gêneros de direitos fundamentais (direitos de defesa, de prestação e de igualdade) e a teoria dos status de Jellinek. O autor mostra que os direitos de igualdade não foram contemplados nessa teoria porque ao tempo de Jellinek somente eram reconhecidos como direito objetivo, e não como direitos fundamentais. O autor considera inadequada uma quarta categorização de direito fundamental, ou seja, direitos de colaboração (*Mitwirkungsrechte*) na formação da vontade estatal. E ainda conclui dizendo (p. 358) que uma dogmática de direitos fundamentais eficiente deve ser tão simples quanto possível, evitando-se subdivisões desnecessárias.

[32] No sentido dessa interpretação, comparar com o item 3.2 do Capítulo anterior e com os esclarecimentos de José Afonso da Silva já referidos neste Capítulo.

só participação em eleições.[33] Como visto, nelas exerce-se um direito individual. Já a participação objeto deste estudo é um direito coletivo. Aqui vale fixar que a linguagem jurídica deve vincular-se à fonte do direito que constitui seu objeto e, por isso mesmo, deve empreender esforço para atribuir às expressões o sentido que em sua origem lhe emprestou o legislador – no caso, o povo por meio de sua ação na Assembléia Constituinte.

5.2.2. Função de defesa

Consoante se assinalou no Capítulo I da 1ª Parte, os direitos fundamentais clássicos são aqueles destinados à defesa da liberdade e da propriedade frente a intervenções estatais não autorizadas. Na ocasião também se mencionou que há direitos fundamentais sociais que integram o elenco dos direitos que possuem função de defesa. Restrições ao gozo de direitos fundamentais não embasadas na Constituição e oriundas de particulares detentores de poder social ou econômico também originam direito de defesa frente ao Estado, o qual está obrigado a garanti-los. De outro lado, consoante visto no item precedente, a função de defesa também é reconhecida nos direitos políticos.[34]

Feitas essas considerações, parece que, em sintonia com entendimento doutrinário sedimentado, o qual reconhece caráter de defesa ao direito de tomar parte nas eleições, idêntica função deve ser atribuída aos novos direitos de participação. Isso porque tanto a participação nas eleições (fundada no princípio democrático-representativo) quanto a participação em ações do governo e da administração (resultante da concretização do princípio democrático-participativo) se dirige à formação da vontade do Estado. Nesse sentido, do ponto de vista da função jurídico-fundamental que ambos os direitos desempenham, tratamento diferenciado parece injustificável. A considerar-se, de outro lado, o fato de os direitos de participação de que ora se cogita também serem manifestações da liberdade do indivíduo e da coletividade, o que exige seja preservada sua incolumidade frente a intervenções estatais e privadas não autorizadas.

5.2.3. Função de prestação

A limitação à função de defesa contra intervenções não autorizadas é insuficiente quando se pensa nas finalidades a que dirigidos os direitos de participação objetos de exame. Os direitos de participação relacionados à concretização dos direitos sociais não pedem somente a preservação de um espaço imune à intervenção estatal. Em sintonia com a literatura jurídica brasileira, pode-se afirmar que eles expressam direitos da cidadania, os quais, de sua vez, postulam o exercício

---

[33] Ver acima, nota 4. Cf. também Clèmerson Merlin Clève (O cidadão, a administração pública e a nova Constituição. *RIL*, Brasília, abr./jun. 1990, (106): 81-98) e Rubens Pinto Lyra (Os conselhos de direitos do homem e do cidadão e a democracia participativa. *RIL*, Brasília, abr./jun. 1996, (130): 175-82).

[34] Ver nota nota 27.

ativo, permanente, daqueles direitos, o que, conforme já acentuado, exige muito mais do que a só participação nas eleições.

Mas a predisposição dos cidadãos para empreender essa participação não basta. O alcance da finalidade objetiva dos direitos de participação de que ora se cuida, que é a participação em ações do governo e da administração, também requer atividade positiva da parte do Estado. Instituições têm de existir para propiciar o exercício desses direitos, o que evidencia que a função de prestação também há de ser reconhecida aos direitos de participação vinculados ao princípio democrático-participativo.[35] E, neste caso, trata-se tanto de prestações materiais (como a oferta dos meios e a criação de estruturas adequadas) quanto de prestações jurídicas. Assim, em sua função de prestação, os direitos fundamentais de participação exigem que o legislador assuma a tarefa de criar estruturas apropriadas que viabilizem o seu exercício. Naturalmente, as prestações a que se está fazendo referência são aquelas originárias, em sentido amplo, devendo ser retomadas as distinções feitas no Capítulo II, item 3.3.1, da 2ª Parte.

Nesse mister, para obter maior clareza acerca do tema, deve-se evitar a transposição mecânica para o nosso direito de conceitos total ou parcialmente oriundos do direito estrangeiro. A terminologia "direitos prestacionais" ainda não é utilizada na literatura jurídica brasileira com a freqüência desejada. Normalmente, ao se falar de direitos sociais, está sendo feita implícita alusão às prestações assim devidas. Mas, o uso da expressão parece adequado, mesmo porque já conhecido no ramo dos direitos vinculados à seguridade social. Nele o termo "prestações" há tempo está incorporado nos textos legais, como por exemplo na Lei nº 8.213/91, e bem assim na literatura jurídica. De outro lado, a terminologia referida contribui para alcançar maior clareza na dogmática dos direitos fundamentais sociais,

---

[35] Dietrich Murswiek (Grundrechte als Teilhaberechte, soziale Grundrechte, in: Josef Isensee e Paul Kirchhof, *Handbuch des Staatsrechts der Bundesrepublik Deutschland*. Heidelberg: C. F. Müller, v. V, 1992, p. 245-50, Rn 5 e 14) é de opinião que "o uso dos conceitos 'ter parte', 'direitos de ter parte' e 'direitos fundamentais sociais' pela literatura e jurisprudência não é padronizado e em parte confuso. Concordância há em todo caso no fato de que os direitos de ter parte são algo diferente do que os direitos de liberdade em sua função de defesa e que no mínimo os direitos a prestações sociais devem ser qualificados como direitos a ter parte". (Texto original: "der Gebrauch der Begriffe 'Teilhabe', 'Teilhaberechte' und 'soziale Grundrechte' in Literatur und Rechtsprechung ist uneinheitlich und zum Teil verwirrend. Übereinstimmung besteht aber jedenfalls darin, daß Teilhaberechte etwas anderes sind als die Freiheitsrechte in ihrer Abwehrfunktion und daß zumindest die sozialen Leistungsansprüche als Teilhaberechte qualifiziert werden müssen".) Como direitos de ter parte em "sentido amplo", Murswiek reconhece o ter parte na formação da vontade política, ou seja, o direito de votar e ser votado (art. 38, alínea 2, da Lei Fundamental) e, como exceção, o plebiscito, previsto no art. 29 da Lei Fundamental. Ele esclarece que "os direitos de colaboração da cidadania somente podem subsistir como pretensões jurídicas garantidas se for precisamente definido em que decisões e em que modo e medida *o particular* tomará parte" (Texto original, sem itálico: "die staatsbürgerlichen Mitwirkungsrechte können als rechtliche garantierte Ansprüche nur bestehen, wenn genau definiert ist, an welchen Entscheidungen der einzelne auf welche Weise und in welchen Maße beteiligt wird"). Os esclarecimentos devem ter como pano de fundo a democracia representativa alemã. Conforme já frisado com insistência, o Brasil possui democracia que não é somente representativa, mas também participativa. Os direitos de participação que são objeto deste trabalho, conquanto direitos individuais em sua origem, somente estão aptos a produzir conseqüências jurídicas se exercitados *coletivamente*, por meio de organizações coletivas, embora certo que também seu exercício deve ser bem definido para superar problemas de colisão.

ressaltando-se a importância da distinção entre prestações originárias e derivadas, desenvolvida no direito alemão.[36]

Se sob o conceito de "direitos a ter parte" (*Teilhaberechte*, na terminologia alemã) se compreendem os direitos de participação no processo de decisão política ou nos procedimentos, então, na perspectiva do direito brasileiro, pode haver confusão. Na Alemanha, diferentemente do que ocorre no Brasil, a participação (com o uso do termo *Partizipation*, de origem latina) em decisões do governo e da administração federal não está autorizada pela Lei Fundamental. Coisa distinta ocorre no direito comunal germânico, no qual a participação (*Partizipation*) de segmentos da comunidade é admitida em nível administrativo.[37] Neste caso, contudo, a participação é reconhecida em grau mais restrito do que aquele garantido pela Constituição brasileira. No direito comunal alemão, o direito de participação não é exercitável no último nível de decisão, que no nosso direito corresponde à deliberação ou decisão propriamente dita.[38]

Resta esclarecer se a função prestacional dos direitos de participação também objetiva prestações originárias ou derivadas em sentido estrito, quer dizer, prestações materiais sociais. Antes, é necessário adiantar que a utilização no direito constitucional brasileiro do conceito de "direitos a ter parte" (*Teilhaberechte*) em vez de "direitos a prestações" (*Leistungsrechte*) é vista com reservas.[39] No direito brasileiro, o fornecimento de bens relacionados a direitos sociais como a saúde, a previdência social e a assistência social, como já destacado, há tempo vem sendo compreendido como *prestação,* e não como direito a ter parte.[40]

---

[36] Conferir Capítulo II, item 3, da 2ª Parte.

[37] Dirk Ehlers, Verwaltung und Verwaltungsrecht im demokratischen und sozialen Rechtsstaat, in: Hans-Uve Erichsen (Org.), *Allgemeines Verwaltungsrecht*. 11. ed., Berlin/New York: Walter de Gruyter, 1998, p. 15-7, Rn 25-7.

[38] Na estruturação do processo decisório nesse direito comunal há duas fases: a fase da preparação e a fase da decisão. Conforme Gunnar Folke Schuppert (Bürgerinitiativen als Bürgerbeteiligung an staatlichen Entscheidungen – Verfassungstheoretische Aspekte politischer Beteiligung. *AöR*, Tübingen, 1977, (102): 403), a participação do indivíduo é considerada conveniente "somente até que a decisão propriamente dita ainda não tenha sido adotada". (Texto original: "nur so lange, als die eigentliche Entscheidung noch nicht gefallen (...) ist".). Nisso há similitude com as audiências públicas que o Congresso Nacional pode realizar com entidades da Sociedade civil (art. 58, § 2°, II, da Constituição).

[39] Ingo W. Sarlet, *A Eficácia dos Direitos Fundamentais*, cit., p. 206. Contudo, o autor também traduz a expressão "Teilhaberechte" como "direitos de quota-parte" ou "direitos de participação", muito embora, no tocante a essa última, ressalte a maior amplitude dos direitos de participação no direito germânico, pois que inclui a própria participação na organização e procedimento. Comparar com notas 28 e 29.

[40] Outros problemas ainda aparecem quando em países cuja literatura jurídica é importante e utilizada no Brasil, a palavra *Teilhaberechte* simplesmente é traduzida como "direitos de participação". Na tradução do alemão para o espanhol do artigo "Bedeutung der Grundrechte", de Konrad Hesse, a referida palavra foi traduzida como "*Derechos de Participación*" (comparar Konrad Hesse, Significado de los derechos fundamentales, in: E. Benda, W. Maihofer e H. J. Vogel (Org.), *Manual de Derecho Constitucional*. Madrid: Marcial Pons Ediciones Jurídicas y Sociales, S/A, 1994, p. 95-6, número de margem 28-30 com Konrad Hesse, Bedeutung der Grundrechte, in: E. Benda, W. Maihofer e H. J. Vogel (Org.), *Handbuch des Verfassungsrechts der Bundesrepublik Deutschlands*. 2. ed., Berlin e New York: Walter de Gruyter, 1994, ss. 140-2, Rn 28-30). É de salientar-se que a Constituição espanhola de 1978, que influiu na elaboração da Constituição brasileira de 1988, dá à palavra *"Participación"* o significado de direito a tomar parte em decisões políticas. Por exemplo, o art. 129. 1 dessa Constituição dispõe: "la ley establecerá las *formas de participación* de los interesados en la Seguridad Social y *en la actividad de los*

Em face do que se referiu, pode-se afirmar que a expressão "Teilhaberechte" não equivale ao que no Brasil se designa como *direito de participação*, seja na linguagem jurídica, seja na linguagem do povo. Entre nós, a expressão "direito de participação" se vincula essencialmente ao exercício de direito coletivo e está direcionado à formação da vontade estatal.

Concluindo, os direitos de participação na formação da vontade estatal não estão direcionados à satisfação *imediata* de prestações materiais sociais. A finalidade que a Constituição reserva aos direitos de participação – direito coletivo – é permitir o influxo sobre decisões do governo e da administração relacionadas ao gozo de direitos/prestações sociais, para o que são necessárias estruturas adequadas. Aí reside a função de prestação também inerente aos direitos de participação. O que o exercício de semelhante direito pode propiciar é um *efeito transindividual ou comum*, consistente em melhor nível de vida para determinados segmentos sociais ou para toda a população. Portanto, esse efeito não se alcança com a satisfação imediata, para um indivíduo determinado, de prestações materiais sociais ainda inexistentes (prestações originárias, portanto). A produção do efeito transindividual deve resultar do trabalho conjunto de representantes da comunidade e dos poderes públicos. E o que se disse acerca das prestações originárias também vale para as prestações derivadas. Resumindo: uma prestação determinada para indivíduo determinado não é o objeto dos direitos de participação, ainda que esses possam e devam ser exercidos no *controle* das prestações derivadas que são fornecidas à coletividade. É certo que o clientelismo não se harmoniza com o exercício do direito de participação, uma vez que não cabe fazer uso desse direito para obter favores pessoais ou de natureza corporativa.

5.2.4. Função de proteção

Viu-se no Capítulo concernente às funções dos direitos fundamentais que a função de proteção visa tanto à liberdade quanto à igualdade.[41] O exercício do direito de participação enseja disputas nos órgãos de governo e da administração em que interesses de diferentes grupos sociais e econômicos estão em jogo. É a razão por que, na forma apontada por Pieroth/Schlink, a função de proteção dos direitos fundamentais há de se fazer presente "em instituições estatais que preenchem importantes funções para a sociedade e nas quais (nas instituições) conflitos e colisões de interesses jurídico-fundamentalmente protegidos dos participantes têm de conviver".[42]

A ampliação em sentido quantitativo e qualitativo dos direitos sociais é necessária para se dar conseqüência prática ao princípio da igualdade previsto na

---

organismos públicos cuya función afecte directamente a la calidad de vida o al bienestar general" (sem itálico no original). É evidente que nesse artigo da Constituição espanhola a palavra *"Participación"* não tem o significado de ter parte em prestações estatais, mas sim de direito a participar de decisões de órgãos públicos.

[41] Ver, especialmente, Capítulo I, nota 70, da 1ª Parte,.

[42] Pieroth/Schlink (*Grundrechte – Staatsrecht II*. 21. ed., Heidelberg: C. F. Müller, 2005, p. 25, Rn 94). Conferir Capítulo I, nota 69, da 1ª Parte.

Constituição. Já se ressaltou que a igualdade material tem o condão de propiciar a liberdade "real" de que carece a maior parte dos brasileiros. A função de proteção, como visto na 1ª Parte, vem assumindo sempre maior importância no processo de mudança que se opera no terreno dos direitos fundamentais. A proteção é requerida em face do desequilíbrio que há nas relações entre forças sociais e econômicas poderosas e indivíduos fragilizados. Tendo em vista que os direitos fundamentais de participação justamente objetivam restaurar o equilíbrio nessa relação, tem-se que são portadores da função de proteção, a qual deve operar na disputa entre setores sociais fragilizados e forças com poder econômico-financeiro dentro da esfera governamental e administrativa quando o assunto é a efetivação dos direitos sociais.[43]

6. REMÉDIO CONSTITUCIONAL ASSEGURADOR DO EXERCÍCIO DO DIREITO DE PARTICIPAÇÃO

6.1. Mandado de injunção coletivo

Um problema, que não é somente abstrato, como será visto logo a seguir, diz respeito às soluções jurídicas requeridas em face da inexistência de mecanismos que propiciem o exercício do direito de participação. Outro aspecto envolve a legitimidade de quem possa requerer essas soluções.

Os direitos de participação objeto deste estudo são direitos fundamentais que se inserem na categoria dos direitos coletivos. Estes envolvem direitos de liberdade, conforme destacado acima.[44] Além disso, viu-se no item precedente que os direitos de participação possuem função de defesa e função de prestação. Esta última função é reconhecida como parte dos direitos fundamentais de liberdade.

O atendimento da função jurídico-constitucional de prestação está a cargo do legislador. É ele que tem de criar, via legislativa, os mecanismos e estruturas materiais que permitam o exercício dos direitos fundamentais de participação ao nível das ações governamentais e administrativas.

Uma vez que no caso concreto se trata de direitos fundamentais de natureza coletiva, cujo exercício possa vir a ser bloqueado pela inércia do legislador, o Mandado de Injunção coletivo se mostra a via adequada para contornar a referida inação.[45] Sabe-se do esvaziamento jurídico a que o Mandado de Injunção

---

[43] José Carlos Vieira de Andrade (*Os Direitos Fundamentais na Constituição Portuguesa de 1976*, cit., p. 397), referindo-se à proteção dos direitos sociais, destaca que ela "é, em grande medida, uma *protecção política*, onde também relevam o direito de *petição* individual ou colectiva, o direito de voto e outros direitos de *participação* na organização e nos procedimentos de decisão política e administrativa, as formas legítimas de *pressão* ou *influência* por intermédio dos partidos políticos e dos grupos sociais". (O destaque está no original.)

[44] Ver nota 23.

[45] José Afonso da Silva (*Curso de Direito Constitucional Positivo*, cit., p. 463-4) manifesta-se pela compatibilidade do Mandado de Injunção *coletivo* com nosso direito.

foi relegado pelo STF, ainda que decisões recentes, como a alusiva ao direito de greve dos servidores públicos e à efetivação de direito de aposentadoria especial (ver Capítulo III da 2ª Parte), pareçam indicar correção de rumo. De qualquer modo, a letra clara e aguda do inciso LXXI do art. 5° da Constituição não deixa de perturbar: "conceder-se-á mandado de injunção sempre que a falta de norma regulamentadora torne inviável o exercício dos direitos e liberdades constitucionais e das prerrogativas inerentes à nacionalidade, à soberania e à cidadania". Ante o caráter fundamental do direito de participação, sob vários ângulos examinado, parece não haver dúvida de que a sua obstaculização deve encontrar remédio no Mandado de Injunção.

Na jurisprudência não se encontram, até agora, decisões que digam respeito à legitimidade de associações e entidades para exercer direitos fundamentais de participação, o que será objeto de exame a seguir.

6.2. Legitimidade

O STF decide com freqüência, no controle abstrato da constitucionalidade das normas, acerca da legitimação processual de sindicatos nacionais e entidades de classe para proporem as Ações Diretas de Inconstitucionalidade (ADI). O art. 103, IX, da Constituição reconhece legitimidade às confederações sindicais ou entidades de classe de âmbito nacional para proporem ação de inconstitucionalidade. O Tribunal sustenta que pedidos dessas organizações no controle abstrato das leis somente são admissíveis se há uma "relação de pertinência" entre os seus fins institucionais e o objeto da prescrição legal impugnada.[46]

A pergunta que se coloca é se essa jurisprudência pode ter aplicação analógica quando o assunto for o exercício dos distintos direitos de participação, especialmente porque até agora o tema não chegou a ser enfrentado em nível judicial.

Quando a Constituição reconhece o direito de participação aos trabalhadores, empregadores e aposentados (arts. 10 e 194, VII) ou dos produtores e trabalhadores (art. 187), parece razoável que somente as organizações representativas desses segmentos tenham legitimidade processual para exigir a criação dos mecanismos garantidores do exercício do direito de participação. Contudo, quando se trata, por exemplo, da participação da comunidade em órgãos governamentais ou administrativos responsáveis pela saúde e pela assistência social, como previsto, respectivamente, nos arts. 198, III, e 204, II, da Constituição, poderia assim mesmo ser exigida a designada "relação de pertinência"?

---

[46] Gilmar Ferreira Mendes (*Jurisdição Constitucional*. 3. ed., São Paulo: Saraiva, 1999, p. 137) noticia que originalmente o tema "relação de pertinência" apareceu sob a Constituição de Weimar. A admissão de uma pretensão do Estado da Baviera contra uma lei de um outro estado federado foi então discutida pela jurisprudência. A Lei nº 9.868/99, que trata do processo de julgamento de ADI e de Ação Direta de Constitucionalidade (ADCON), previa no parágrafo único do art. 2º dispositivo referente à relação de pertinência para autorizar a legitimação de entidades sindicais. Esse parágrafo foi vetado integralmente, embora a Mensagem de Veto nº 1.674 tenha esclarecido que não estava sendo visado o tema "relação de pertinência".

Parece que não foi sem razão que a Constituição deixou de apontar os legitimados ao exercício do direito de participação no caso da saúde e da assistência social, o mesmo fazendo no tocante à educação e aos programas voltados a crianças e adolescentes (arts. 205, 206 e 227, § 1°, da Constituição), direitos esses concernentes a toda a comunidade e não apenas a determinados segmentos da Sociedade.

7. RENÚNCIA OU NÃO-EXERCÍCIO?

Tema que certamente merece atenção diz respeito à possibilidade de renúncia ao direito de participação por parte de organização social ou associação legitimada.

Em primeiro lugar, é necessário firmar que a participação em ações governamentais, na forma garantida pela Constituição e pelas leis que tratam do assunto, constitui um direito e não um dever.[47] Ora, não parece que a direitos fundamentais corresponda a idéia de dever do titular. Deveres possuem aqueles em face dos quais se exercem esses direitos. Se a participação fosse um dever, então seria assunto de natureza moral, não jurídico. Ainda mais estranha soa a idéia de dever quando o tema é a participação em assuntos políticos, uma vez certo que é contraproducente "obrigar" alguém a participar.

Neste contexto, é de questionar se a existência de um direito fundamental está na esfera de disposição de seu titular e qual o significado da aceitação, por alguém, da interferência do Estado na área de proteção de seu direito fundamental. Esse problema é discutido sob o tema "renúncia a direito fundamental".[48] Contudo, distinção preliminar deve ser feita entre a renúncia e o não-exercício de um direito fundamental. A renúncia consiste em ato extintivo de direito (por exemplo, renunciar ao emprego da via judicial). Não é isso que ocorre com a atitude omissiva que se verifica na falta de exercício do direito. Assim, o deixar de professar uma crença ou não tomar parte de uma associação, por exemplo, são hipóteses em que alguém deixa de fazer uso de um direito fundamental, sem contudo renunciar à sua titularidade.

Pieroth/Schlink ressaltam que a concepção clássica vê a renúncia a direito fundamental como um ato mediante o qual se exerce a liberdade. Essa concepção dá precedência à função subjetiva dos direitos fundamentais. Outro entendimento, mais recente, privilegia a função objetiva, razão pela qual os cidadãos não podem dispor desses direitos. Segundo Pieroth/Schlink, o Tribunal Constitucional alemão argumenta com ambas as funções, reconhecendo tanto situações que permi-

---

[47] Celso Fernandes Campilongo (Direito de participação no governo e na oposição, cit., (105): 187) chega a sustentar que a participação, além de direito fundamental, também seria um dever.
[48] Pieroth/Schlink, *Grundrechte – Staatsrecht II*, cit., p. 34, Rn 131.

tem quanto outras que excluem a disposição de direito fundamental pelo titular.[49] De qualquer modo, o tribunal fixa que, para ser admissível, a renúncia tem como pressuposto que ela não resulte de pressão ou de fraude.

Para os citados autores, direitos fundamentais que servem ao desenvolvimento de liberdade pessoal são passíveis de renúncia. Não o seriam os relativos à dignidade humana (no direito alemão ela também é entendida como regra) ou que expressem seu conteúdo, como também não aqueles que são importantes para o processo de formação da vontade estatal,[50] o que significa dizer que o Direito não se compadece com a renúncia a direitos políticos.

É lícito concluir, por um lado, que não há "dever" jurídico que obrigue ao exercício dos direitos de participação tematizados. De outro lado, quando essenciais para a formação da vontade estatal, esses direitos são irrenunciáveis. Isso, evidentemente, não exclui o direito de os seus titulares ou legitimados deixarem de exercê-los.

O que importa deixar claro é que a Constituição brasileira reconheceu direitos fundamentais de participação da Sociedade na formação da vontade política do Estado, em concreção ao princípio democrático-participativo. Exercê-los ou não está na livre decisão da Sociedade.

8. O ACESSO À INFORMAÇÃO

Paira, em geral, grande desinformação nos setores profissionais e na comunidade acerca das formas de participação previstas na Constituição e na legislação infraconstitucional. E no meio jurídico, escassa é a bibliografia sobre as concretas modalidades de participação nas ações governamentais e da administração.

As próprias organizações representativas da Sociedade, dentro da sua esfera de atuação, parece não terem informação segura do funcionamento dos conselhos em nível governamental nos quais o direito à participação é reconhecido. Prova disso são as dezenas de manifestações de representantes dessas organizações em Congresso da área da seguridade social que se realizou em Porto Alegre no ano de 2000, nas quais o tema compareceu de forma apenas esporádica. Relativamente aos conselheiros representantes da Sociedade nos conselhos em que as questões alusivas à seguridade social são objeto de deliberação, tem ensejado especial preocupação sua falta de qualificação técnica para exercerem as tarefas. Preocupante, de outro lado, é o desconhecimento das ações do Executivo que levaram à extinção do próprio Conselho Nacional de Seguridade Social (CNSS).[51] O tema

---

[49] Pieroth/Schlink, *Grundrechte – Staatsrecht II*, cit., p. 35, Rn 135-136.
[50] Idem, p. 36, Rn 137.
[51] No Capítulo seguinte, esse ato governamental, oriundo da Medida Provisória nº 1.799-5/99, será examinado com detalhes.

aparentemente não fez parte das discussões do Congresso, a não ser, curiosamente, quanto à reivindicação no sentido de aumento de vagas da Sociedade civil na composição desse já inexistente CNSS (...).

Essa realidade serve para exemplificar que o princípio fundamental da democracia participativa e seus desdobramentos em nível constitucional e infraconstitucional não recebem a necessária atenção dos juristas quando o tema é a sua concreção na relação entre a Sociedade e o Estado. O fato também escancara a pouca intimidade dos movimentos sociais com assuntos concretos que são ou deviam ser objeto de atenção nos conselhos de nível governamental, em que há discussão e deliberações relacionadas aos direitos sociais.

Não há dúvida de que existe enorme distância entre o que se passa nos centros de decisão do Poder e a consciência que a população em geral possui a respeito, dificultando-se o exercício dos direitos pelos cidadãos. É o que também ocorre no terreno do direito de participação nas ações governamentais e administrativas relacionadas a direitos sociais. No modelo de participação clássica, que se realiza nas eleições, o Poder Público, por meio de Tribunais Eleitorais, costuma dedicar ampla atenção ao eleitorado, prestando a melhor informação para que haja o exercício do direito de voto – direito fundamental. A ida às urnas e a escolha de candidatos a cargos eletivos evidentemente tem o papel de legitimar os exercentes do poder estatal, o que leva a compreender o esforço do Estado em cumular o cidadão eleitor da necessária informação.

Ora, o princípio democrático-participativo possui a mesma dignidade constitucional do princípio democrático-representativo, razão suficiente para corresponder ao Estado igual dever objetivo de propiciar acesso às informações necessárias ao pleno exercício dos direitos de participação. A diminuta força da maioria das organizações representativas da Sociedade brasileira é realidade indesmentível. A Constituição, por seu art. 5°, XVIII, impede a interferência estatal na vida das associações. Isso é axiomático. Contudo, como se dissertou, o Estado tem o dever de oferecer apoio àquelas organizações civis que se encontrem fragilizadas frente a organizações mais poderosas da própria Sociedade, especialmente quando tomam parte de estruturas governamentais. Esse dever, que impende aos poderes estatais, origina-se da função de proteção dos direitos fundamentais.[52]

É certo que a participação da Sociedade nas ações governamentais e administrativas pode colocar em confronto interesses de agentes estatais e das organizações sociais. É de fácil apreensão que o exercício do direito de participação tolhe a liberdade de ação do Poder Público e sua inclinação para a tomada de decisões centralizadoras. Nisto está a razão para que dos agentes políticos não se esperem estímulos à participação. Ao contrário do que ocorre com o exercício dos direitos de participação clássicos (voto em eleições), parece incontestável que, quando se trata da participação de setores profissionais ou da comunidade nas ações do governo e da administração, cumprirá, em primeiro lugar, aos próprios segmen-

---

[52] Conferir a nota 43.

tos legitimados ao exercício do direito ter acesso aos meios de comunicação de massa para prestarem contas de sua atividade para a Sociedade. O legislador, em sua tarefa de conformação, haverá de regrar, de um lado, os procedimentos que, por intermédio dos meios de comunicação, garantam o acesso dos cidadãos às informações relevantes dos diferentes órgãos governamentais e administrativos. E, de outro, assegurar a possibilidade de fiscalização dos que atuam na condição de exercentes do direito de participação da Sociedade, como também das decisões a serem produzidas em nível governamental e administrativo em decorrência da participação.[53]

No Brasil, os Poderes Legislativo, Executivo e Judiciário possuem canais de televisão voltados à divulgação de suas atividades. Além disso, ainda possuem a faculdade de convocar as emissoras concessionárias para fazerem seus comunicados. Já os partidos políticos têm acesso periódico aos meios de comunicação. Diante disso, assegurar às organizações profissionais e à comunidade esse mesmo acesso, a fim de que subministrem à população as informações relacionadas à participação, na forma referida, constitui medida eqüitativa exigível pelo fato de nossa democracia ser representativa e participativa, ambas com igual dignidade constitucional.

---

[53] Na doutrina germânica, Gunnar Folke Schuppert (Bürgerinitiativen als Bürgerbeteiligung an staatlichen Entscheidungen – Verfassungstheoretische Aspekte politischer Beteiligung, cit., (102): 404) ressalta que "organizar com sentido prático a participação cidadã por isso significa, antes de tudo, assegurar, por meio de medidas apropriadas, que as informações relevantes sejam postas à disposição do cidadão em tempo oportuno – e se necessário – com elaboração especial. (Texto original: "Bürgerbeteiligung sinnvoll zu organisieren bedeutet daher zunächst, durch geeignete Maßnahmen sicherzustellen, daß die relevanten Informationen rechtzeitig und – falls erforderlich – in spezieller Aufbereitung dem Bürger zu Verfügung gestellt werden".)

Capítulo IV – Direitos fundamentais de participação específicos

1. DIREITO DE PARTICIPAÇÃO NA EDUCAÇÃO

1.1. Considerações iniciais

Diferentemente do que ocorreu com os direitos de participação relacionados ao direito fundamental ao trabalho, aos direitos fundamentais relativos à seguridade social e à proteção da criança e do adolescente, o direito de participação voltado ao primeiro dos direitos fundamentais sociais elencados no art. 6º da Constituição – direito à educação – não obteve tratamento explícito na Constituição. O direito à educação ganha especificação no art. 205, nos termos seguintes:

> Art. 205. A educação, direito de todos e dever do Estado e da família, será promovida e incentivada *com a colaboração da sociedade*, visando ao pleno desenvolvimento da pessoa, seu preparo para o exercício da cidadania e sua qualificação para o trabalho. (Sem destaque no original)

Tratando designadamente do ensino, a Constituição não utiliza o termo participação, mas o art. 206, VI, estabelece o princípio da *gestão democrática* do ensino público, na forma da lei.

No Capítulo III, item 4.1, desta 3ª Parte, cuidou-se do exame das duas normas precitadas, concluindo-se, então, que o emprego das palavras "gestão" e "colaboração" em vez de "participação" não impedia se reconhecesse a existência desse direito fundamental na esfera do ensino público. A gestão e a colaboração, na realidade, são formas de participação, a primeira das quais envolvendo conteúdo decisório. Essa conclusão é reforçada pela Lei nº 9.394/96, que regula a gestão do ensino público. Nela se estabelecem regras para o exercício do direito de participação por distintos segmentos vinculados ao ensino público.

Numa interpretação conforme à Constituição, especialmente em consonância com as normas constitucionais citadas nos itens precedentes, é razoável concluir que a participação instituída na Lei n° 9.394/96 é a concreção, em nível infraconstitucional, do princípio democrático-participativo de expressão constitucional. Além disso, citada lei define os contornos do direito de participação que emerge das expressões acima sublinhadas, as quais se encontram nos artigos 205 e 206 da Constituição.[1] A participação assim reconhecida é, pois, um direito materialmente fundamental, ainda que somente tenha obtido referência explícita na lei ordinária.

1.2. Tratamento legislativo

O direito de participação relativo à educação recebeu especial regulamentação no art. 9° da Lei n° 9.394/96, que dispõe:

> Art. 9°. A União incumbir-se-á de:
> I – elaborar o Plano Nacional de Educação, em colaboração com os Estados, o Distrito Federal e os Municípios.
> § 1º Na estrutura educacional, haverá um Conselho Nacional de Educação, com funções normativas e de supervisão e atividade permanente, *criado por lei.* (destaquei)

Por sua vez, o art. 14 da lei referida trata do sistema de ensino, definindo normas de direção democrática no ensino público fundamental. O inciso I prevê a participação de profissionais da educação na elaboração de projetos pedagógicos das escolas. O inciso II assegura a participação da comunidade escolar ou local em conselhos escolares e semelhantes.

Esse último aspecto merece especial consideração pelo fato de a participação acontecer, principalmente, no plano municipal e estadual. Com efeito, os §§ 2° e 3° do art. 211 da Constituição estabelecem que Municípios, Estados e o Distrito Federal atuarão prioritariamente na área do ensino fundamental. Dando conseqüência a essas normas, vários Estados já criaram Conselhos de Educação.

Ao nível da União a Lei federal n° 4.024/61 já criara o Conselho Nacional de Educação, com atribuições alteradas pela Lei n° 9.131/95, cujo art. 7° determina:

---

[1] Aqui cumpre reportar, primeiramente, que o princípio democrático-participativo adotado pela Constituição obteve concreção, como já visto, por meio de distintas normas na própria Constituição de 1988 e, recentemente, por meio da Emenda Constitucional n° 19, de 04-6-98, que, dando nova redação ao art. 37, § 3°, prevê que a lei disciplinará as formas de participação do usuário na administração pública direta e indireta. O que a Lei n° 9.394/96 fez foi concretizar em nível infraconstitucional direito de participação ao qual, em razão de sua relevância para o Estado e a Sociedade, pode ser reconhecido caráter materialmente fundamental, em sintonia com o art. 5°, § 2°, da Constituição, segundo o qual "os direitos e garantias expressos nesta Constituição não excluem outros decorrentes do regime e dos *princípios* por ela adotados...". (destaquei). Acerca da aceitação, no direito brasileiro, de direitos com fundamentalidade material ou implícita, situados fora da Constituição formal, ver Ingo W. Sarlet, *A Eficácia dos Direitos Fundamentais.* 5.ed., Porto Alegre: Livraria do Advogado, 2005, p. 87. Conforme ressalta o autor, a fundamentalidade material "decorre de serem os direitos fundamentais elemento constitutivo da Constituição material, contendo decisões fundamentais sobre a estrutura básica do Estado e da sociedade". Mais adiante, à p. 153, ao referir-se aos direitos implícitos ou decorrentes do regime e dos princípios, o autor averba que trata-se de (re)definir o campo de incidência pré-existente de direito fundamental, ampliando seu âmbito de proteção.

O Conselho Nacional de Educação, composto pelas Câmaras de Educação Básica e de Educação Superior, terá atribuições normativas, deliberativas e de assessoramento ao Ministro de Estado da Educação e do Desporto, de forma a assegurar a participação da sociedade no aperfeiçoamento da educação nacional.

O § 1° desse artigo atribui competência ao Conselho para dar suporte à elaboração e execução do Plano Nacional de Ensino.

Já o art. 8° trata de duas turmas que integram o Conselho. O § 1° desse art. 8° fixa o seguinte:

> A *escolha* e nomeação dos conselheiros será feita pelo Presidente da República, sendo que, pelo menos a metade, obrigatoriamente, dentre os indicados em listas elaboradas especialmente para cada Câmara, mediante consulta a entidades da sociedade civil, relacionadas às áreas de atuação dos respectivos colegiados. (destaquei)

O § 2° do mesmo artigo determina que devem tomar parte dessa câmara docentes e diretores de instituições de ensino oriundos de entidades nacionais e representantes de governos municipais, estaduais e do distrito federal. E o § 3° estabelece que reitores de universidades privadas e públicas, diretores de instituições particulares, docentes, estudantes e representantes da comunidade científica devem tomar parte da câmara responsável pela formação superior.

As normas apontadas revelam que na área do Conselho Nacional de Educação (CNE) o direito de participação recebeu tratamento que não expressa integral sintonia com a Constituição. Primeiramente, a prerrogativa presidencial de fazer a "escolha" de representantes da Sociedade, ainda que mediante consultas a entidades da Sociedade, não mantém conformidade com a Constituição. O direito de participação é direito fundamental cujo exercício é reservado ao indivíduo e suas organizações representativas. Esse é o seu sentido originário, consoante já se demonstrou no capítulo anterior, não cabendo ao órgão executivo fazer escolhas segundo sua conveniência. A lei em apreço criou mecanismos que permitem ao Executivo manter sob seu controle não só os representantes governamentais, mas também parte dos conselheiros oriundos da Sociedade civil. Com isso, há o risco de o CNE acabar por exercer tarefa homologadora das ações do Executivo, em vez de exercer a participação normativa e deliberativa na forma fixada no art. 7° da lei sob exame.

Segundo aspecto diz respeito à origem dos conselheiros. O direito fundamental antes referido objetiva a participação da Sociedade em ações dos poderes públicos; evidentemente não se dirige a garantir essa participação aos entes federados.[2] Destarte, a presença de representantes de governos dos estados e municí-

---

[2] A jurisprudência do Tribunal Constitucional alemão tem firmado que os direitos fundamentais, em princípio, não valem para pessoas jurídicas de direito público, ressaltando o substrato pessoal desses direitos. Para o Tribunal, deve-se partir de que o próprio cidadão defenda e faça valer seus direitos fundamentais contra eventuais violações (*BVerfGE* 61, 82/104). Segundo Pieroth/Schlink (*Grundrechte – Staatsrecht II*. 21. ed., Heidelberg: C. F. Müller, 2005, p. 39, Rn 154), os diferentes titulares de funções estatais são vistos pelo particular como manifestações especiais do conjunto do poder estatal, não podendo ser, a um só tempo, titulares e destinatários de direitos fundamentais.

pios não é tecnicamente qualificável como direito de participação. Sem dúvida, sua atuação no Conselho é legítima e está em correspondência com o princípio federativo. Mas nesse papel os representantes de governos exercem co-representação do setor público e não participação, a qual corresponde aos segmentos vinculados à Sociedade.

No que diz respeito às universidades públicas, a presença de seus reitores no Conselho como exercentes do direito de participação parece justificável. Nesse particular, refere-se jurisprudência do Tribunal Constitucional alemão, segundo a qual pessoas jurídicas de direito público são excepcionalmente legitimadas ao exercício de direitos fundamentais quando o titular do direito possa ser "diretamente agregado ao âmbito vital do direito fundamental protegido" (*BVerfGE* 21, 362/369). Em decorrência, universidades e faculdades podem se reportar à liberdade de ciência, pesquisa e ensino firmada no art. 5° da Lei Fundamental.[3] Parece que semelhante entendimento não encontra dificuldades para ser aplicável também entre nós. De outro lado, o sistema de eleição dos reitores vigente nas universidades públicas brasileiras, com a participação dos professores, funcionários e estudantes, é expressão do princípio democrático-participativo. Assim, haveria contradição se os reitores, ainda que representantes de pessoa jurídica de direito público, não pudessem tomar parte no CNE enquanto legitimados ao exercício do direito de participação.

Finalmente, por meio de pesquisa na página do governo na Internet (conselhos) pode-se verificar que o CNE vem exercendo suas atribuições.[4]

1.3. Objeto, exercício e destinatários

1.3.1. Objeto

Na medida em que o Estado possui o dever de fornecer prestações relacionadas à formação de todos os indivíduos, pode-se dizer que o objeto geral do direito sob exame são as medidas dirigidas à implementação do direito à educação arrolado no art. 6° da Constituição.

1.3.2. Exercício

A Constituição não indica quem são os legitimados ao exercício do direito de participação na educação. Contudo, a Lei n° 9.131/95 deu conformação ao direito, embora sem a adequação jurídico-fundamental exigível, conforme salientado acima. Assim, no caso concreto conferiu-se legitimação ao exercício do direito de participação às representações docentes e discentes, bem como às associações representativas da comunidade científica.

---

[3] Nesse sentido, Walter Krebs, Grundrechtsträgerschaft, in: von Münch/Kunig (Org.), *Grundgesetz-Kommentar*. 5. ed., München: C. H. Beck, 2000, v. I, p. 1.066, Rn 44.

[4] Consulta à atuação, ou não, dos demais conselhos em nível federal pode ser encontrada na página geral do governo federal na Internet (http://www.presidencia.gov.br).

1.3.3 Destinatários

Também para a definição dos destinatários das pretensões e ações do direito de participação em tela a norma constitucional não oferece elementos. Entretanto, quanto ao tema a Lei nº 9.131/95 rege no art. 7º que o destinatário, em nível federal, é o Poder Executivo da União.

2. DIREITOS DE PARTICIPAÇÃO VINCULADOS AO DIREITO AO TRABALHO

2.1. Interesses profissionais

2.1.1. Considerações gerais

Dispõe o art. 10 da Constituição: "Art. 10. É assegurada a participação dos trabalhadores e empregadores nos colegiados dos órgãos públicos em que seus interesses profissionais ou previdenciários sejam objeto de discussão e deliberação".

A norma certamente enseja dificuldades interpretativas quanto ao objeto e à titularidade do direito que prevê. Aqui não se tratará dos interesses previdenciários, mas dos profissionais, impondo-se definir o significado de "interesses profissionais". Dada a localização do dispositivo, parece certo que seu conteúdo distingue-se da "liberdade profissional" assegurada no art. 5º, XIII, da Constituição. No inciso citado visa-se um direito individual que diz respeito à liberdade da escolha de uma profissão.[5] Esse direito fundamental é clássico, previsto desde sempre nas constituições brasileiras. Mas dele não se deduz o próprio direito a um posto de trabalho, este um direito fundamental social. Já nos interesses profissionais, considerada a topologia do art. 10, pode-se reconhecer o interesse primário dos trabalhadores que é a manutenção dos empregos e a formação e qualificação profissional, embora seja certo que a criação de mais possibilidades de emprego ou de trabalho está incluída no âmbito de proteção da norma.[6] Os interesses conexos podem dizer respeito, entre outros, à remuneração adequada, à previsão de limite à duração do trabalho, a normas de proteção da saúde, higiene e segurança no trabalho.

---

[5] Ver José Afonso da Silva, *Curso de Direito Constitucional Positivo*. 19. ed., São Paulo: Malheiros, 2001, p. 260.

[6] Ao comentar o significado da expressão "interesses profissionais", que se encontra no art. 10 da Constituição, Carlos Alberto Gomes Chiarelli (*Trabalho na Constituição*. São Paulo: LTr, v. II, 1990, p. 173) refere determinação endereçada pelo constituinte ao legislador, no sentido de garantir a participação de trabalhadores e empregadores nos órgãos de deliberação. O autor ressalta: "Tal determinação, que a lei regulará com diretrizes operativas, vale por exemplo para os organismos de planejamento e programação de uma política de formação, qualificação e especialização de mão-de-obra; para as repartições incumbidas da definição da estratégia e dos procedimentos operacionais na área do emprego". Acerca da categoria "interesses", ver o Capítulo II, notas 11 e 12, da 2ª Parte.

Restaria perguntar acerca de quem dispõe do direito de invocar os interesses profissionais em seu favor – se somente trabalhadores empregados ou também os que não mantêm vínculo de emprego. E quanto aos empregadores, eles possuem interesses profissionais? Quanto à primeira indagação, destaca-se que a Constituição usa indistintamente o termo "trabalhadores" e "empregados" quando se refere a direitos *do* trabalho. São exemplos disso os arts. 7°, *caput* e inciso XXIX, 8°, VIII, e 11. Pode-se, no entanto, afirmar que, em tema de direito *ao* trabalho, interpretação restritiva não está autorizada, porquanto titulares desse direito social são todos os trabalhadores, inclusive os "sem trabalho", e não somente os que possuem vínculo de emprego.[7] A própria ampliação da competência da Justiça do Trabalho pela Emenda Constitucional n° 45 de 2004 confirmou tendência histórica das últimas constituições brasileiras, no sentido de estender regras de proteção aos *trabalhadores*, sem circunscrevê-las aos que detêm emprego formal.

Os interesses profissionais de que trata o art. 10, como visto, envolvem a pretensão primária consistente na manutenção do trabalho, na adequada formação e na própria oferta de trabalho, inclusive a quem não se encontra empregado ou a quem trabalha sob forma não subordinada. Assim, esses interesses dizem respeito a todos os trabalhadores, de sorte que o direito de participação envolve também a quem não está empregado ou não esteja na posse de trabalho.

No que respeita aos "interesses profissionais" dos empregadores, a norma do art. 10 da Constituição comporta interpretação de acordo com a qual se incluem em seu conteúdo interesses patronais relacionados a medidas do governo que se dirijam à criação, expansão ou proteção dos empregos, o que, como visto, também envolve a capacitação de mão-de-obra. Também medidas relacionadas à extensão da licença-maternidade, paternidade e do seguro-desemprego interessam aos empregadores, uma vez que incluem questões pertinentes à disponibilidade da mão-de-obra e ao custeio de benefícios previdenciários.

Finalmente, visto que o direito de participação é um direito coletivo, o texto da norma sob exame também requer algumas distinções frente a outras normas da Constituição que tratam de direitos coletivos. O art. 10 não se refere à negociação coletiva acerca de condições de trabalho na qual é exigida a participação sindical (art. 7°, XXVI, c/c o art. 8°, VI). Ele se volta a interesses profissionais ou previdenciários que podem ser objeto de *normas heterônomas*, oriundas do poder público, e que envolvam o direito ao trabalho ou o direito previdenciário. Essas normas em princípio dizem respeito "a todos", dada a generalidade que elas devem possuir porque oriundas do poder público. Já da negociação coletiva podem resultar *normas autônomas* (acordos coletivos ou convenções coletivas), de origem privada, envolvendo interesses de determinadas categorias.

Conclusão adicional que se retira dessas distinções é que não ocorre a possibilidade de colisão entre o direito de participação previsto no art. 10 e os direitos

---

[7] Já se dissertou a esse respeito em José Felipe Ledur, *A Realização do Direito ao Trabalho*. Porto Alegre: Sergio Fabris, 1998, p. 111-3.

à negociação coletiva e à participação sindical de que tratam, respectivamente, os artigos 7º, XXVI, e 8º, VI, da Constituição.

2.1.2. Tratamento legislativo

Duas leis importantes – a Lei nº 7.998/90 e a Lei nº 8.036/90 – tratam do direito de participação na esfera dos interesses profissionais. Elas surgiram para proteger dois direitos fundamentais dos trabalhadores, assegurados, respectivamente, nos incisos II e III do art. 7º da Constituição: o primeiro deles é o seguro-desemprego, em caso de desemprego involuntário; o segundo, o Fundo de Garantia do Tempo de Serviço (FGTS).

A Lei nº 7.998/90, no art. 10, criou o Fundo de Amparo ao Trabalhador (FAT). Seu objetivo é o financiamento de programas direcionados ao seguro-desemprego e ao desenvolvimento econômico. Essa Lei também instituiu, no seu art. 18, o Conselho Deliberativo encarregado da gestão do Fundo e que possuiria nove representantes: três empregadores, três empregados e três representantes oriundos do governo. O art. 19 definiu atribuições orçamentárias.

Sobre o FGTS, dispôs a Lei nº 8.036/90. Além de direito fundamental, o FGTS também é um "sistema", o qual é responsável pela aplicação dos recursos nele existentes que, embora devam ser utilizados para o pagamento de indenização a quem involuntariamente perde o emprego, também se destinam a financiar programas de construção de moradias e de saneamento básico e infra-estrutura urbana, consoante art. 9º, § 2º. Para tanto, constituiu-se um Conselho Curador, com respectivas atribuições e reconhecimento do direito de participação de empregadores e trabalhadores (art. 3º).

Por meio da Medida Provisória nº 1.911-7/99, o Poder Executivo revogou o art. 18 da Lei nº 7.998/90. O art. 48-A da mencionada medida determinou que o Poder Executivo regulará a representação de empregadores, empregados e entidades governamentais no Conselho Deliberativo.

Mediante a mesma medida provisória, o Poder Executivo revogou o art. 3º da Lei nº 8.036/90, e passou a atribuir-se (art. 49) o poder de regular a representação dos empregadores, empregados e órgãos de entidades governamentais no Conselho Curador.[8]

A leitura das leis e da medida provisória citadas revela que o Poder Executivo se intrometeu em matéria que diz respeito à conformação e concretização do direito fundamental de participação. Trata-se de competência do Congresso Nacional, que a exerceu logo após promulgada a Constituição de 1988. A Constituição não faculta, nem mesmo em caráter excepcional, a delegação ou assunção dessa competência por outro poder, mas disso o Executivo não tomou conheci-

---

[8] Ao enfeixar o poder de dispor sobre a representação nos conselhos, o Executivo intervém indevidamente em direito fundamental de participação, cuja titularidade pertence a setores sociais ou à comunidade.

mento, obtendo posterior beneplácito do Legislativo.⁹ De fato, a Medida Provisória nº 1.911-7/99 "cresceu" em seus mais de dois anos de sucessivas reedições, passando a contemplar novas matérias, sem haver exame pelo Congresso Nacional, até que o art. 2º da Emenda Constitucional nº 32/01 a incluiu entre aquelas que continuarão em vigor sem necessidade de reedição, a menos que outra medida provisória (?) a revogue ou que ela mereça deliberação final do Congresso.

Essa situação é uma amostra de como a ordem jurídica brasileira está exposta à erosão por meio das medidas provisórias. O mais grave é que a investida do Poder Executivo contra o exercício de direito fundamental é aceita sem questionamento. De outro lado, o Conselho Deliberativo e o Curador mantêm-se em funcionamento, como indicam informações que se encontram na página do governo na Internet, muito embora seja precário o conhecimento público acerca do que decidem, já que a atuação dos conselhos (ou sua falta) pouco atrai a atenção da mídia, para o que também concorre a falta de consciência ou interesse da população em geral.

2.1.3. Objeto, exercício e destinatários

2.1.3.1. Objeto

O objeto do direito fundamental social previsto no art. 10 é a participação de trabalhadores e empregadores na discussão e deliberação de órgãos públicos que envolvam seus interesses profissionais e previdenciários. Em algumas passagens doutrinárias, José Afonso da Silva[10] e José Cretella Junior[11] se limitam a citar o direito dos trabalhadores e empregadores à participação na *discussão* de seus interesses. Entretanto, o texto do art. 10 é claro: a participação se realiza na discussão e na *deliberação*, de sorte que também esta integra o âmbito de proteção desse direito fundamental. E deliberação inclui decisão final acerca de determinado tema.

2.1.3.2. Exercício

O professor José Cretella Junior designa os empregadores e os trabalhadores como titulares do direito de participação.[12] A designação exclusiva dos trabalhadores e empregadores é compreensível, pois que se trata somente de direitos

---

[9] De acordo com o art. 68, § 1º, II, da Constituição, a legislação sobre nacionalidade, cidadania, direitos individuais, políticos e eleitorais não pode ser delegada ao Presidente da República. Ou seja, legislar sobre o conteúdo, limitações e exercício de direitos fundamentais é matéria de competência exclusiva do Congresso Nacional. A regra do art. 68, §1º, II, evidentemente não pode ser contornada por meio do uso de medida provisória, a não ser que se quebre a unidade da Constituição. Conferir 1ª Parte, Capítulo II, item 2, relativo à restrição a direitos fundamentais.

[10] José Afonso da Silva. *Curso de Direito Constitucional Positivo*, cit., p. 309.

[11] José Cretella Junior. *Comentários à Constituição do Brasil* de 1988. São Paulo: Forense Universitária, v. II, 1988, p. 1.066.

[12] Idem, ibidem, p. 1.067.

corporativos (ver acima, no Capítulo III, doutrina de José Afonso da Silva). O exercício do direito de participação do art. 10 da Constituição repercute em direitos fundamentais sociais. Como a participação é um direito fundamental de natureza coletiva, mostra-se adequada, em princípio, a legitimação de pessoas jurídicas ou coletivas.[13] De outro lado, visto que as ações dos colegiados ou órgãos públicos têm em mira, em vez de interesses particulares, o interesse público e social, justifica-se a legitimação nos moldes referidos. Sindicatos e associações representativas são as organizações aptas a exercer o direito de participação nos órgãos governamentais e administrativos.[14]

Uma questão adicional deve ser posta: se representantes de trabalhadores ou de empregadores não vierem a exercer o direito de participação, isso legitimaria membros individuais das entidades representativas a fazê-lo? Primeiramente importa sublinhar que o direito de participação é direito fundamental incompatível com renúncia.[15] Mas isso não exclui deixar de exercê-lo. Neste caso, o desinteresse do legitimado deve permitir, inicialmente, a atuação de organizações suplentes. Mas se nem essas mostrarem interesse, a legitimidade de membro individual dessas entidades haverá de prevalecer. Solução outra importaria excluir a possibilidade do exercício de direitos fundamentais.[16] Além disso, a atuação supletiva do Ministério Público não deve ser desconsiderada (art. 127 da Constituição).

2.1.3.3. Destinatários

Como destinatários das pretensões e ações do direito de participação previsto no art. 10 da Constituição devem ser reconhecidos órgãos governamentais e administrativos de nível federal a quem estejam afetas as medidas que envolvam interesses profissionais ou previdenciários de trabalhadores e empregadores.

2.2. Participação e direito ao trabalho rural

O art. 187 da Constituição traz implicações para o trabalho na atividade rural. A norma está assim redigida:

---

[13] Ver Capítulos I e III, item 2, desta 3ª Parte. Na tradição jurídica brasileira essa representação de segmentos sociais e da comunidade em geral nas ações do governo e da administração se realiza por meio de conselhos.

[14] Comparar com José Cretella Junior (*Comentários à Constituição do Brasil de 1988*, cit., v. II, p. 1.066-7), o qual, ao comentar o art. 10 da Constituição, arrola os representantes dos trabalhadores e dos empregadores. Igualmente Celso R. Bastos (*Comentários à Constituição do Brasil*, Saraiva, p. 298), no comentário relativo ao art. 187 da Constituição.

[15] Conferir Capítulo III, item 7, desta 3ª Parte.

[16] Tome-se a greve (direito de liberdade) para efeito de comparação. Um sindicato profissional pode, eventualmente, ter como política não fazer uso desse direito fundamental, fato que não exclui a possibilidade de seus membros individuais se organizarem à sua revelia e fazerem uso daquele direito.

Art 187. A política agrícola será planejada e executada na forma da lei, com a participação efetiva do setor de produção, envolvendo produtores e trabalhadores rurais, bem como dos setores de comercialização, de armazenamento e de transportes, levando em conta, especialmente:

(...)

§ 2º Serão compatibilizadas as ações de política agrícola e de reforma agrária.

Cuida-se, aqui, da política agrícola, que evidentemente possui repercussão no direito ao trabalho e nos interesses profissionais de trabalhadores e produtores rurais. As constituições brasileiras anteriores à de 1988 não se ocuparam da matéria.[17] O art. 187 da atual Constituição, com seus incisos e parágrafos, contêm várias regras sobre o assunto. Pela redação do § 2º, essa política é indissociável da reforma agrária.

2.2.1. Tratamento legislativo

A Lei nº 8.171/91 fixa os fundamentos da política agrícola, definindo-lhe no art. 3º, IX, o direito de participação como um de seus objetivos, ou seja, "possibilitar a participação efetiva de todos os segmentos atuantes no setor rural, na definição dos rumos da agricultura brasileira".

Por meio do art. 5º, essa lei constituiu o Conselho Nacional de Política Agrícola (CNPA) que foi encarregado de orientar o plano de safras (inciso III); propor mudanças nas medidas econômicas (inciso IV) e manter um sistema de análise e informação sobre a conjuntura econômica e social da atividade agrícola (inciso VI).

O § 1º do art. 5º determina que o Conselho possui dezessete representantes, dois dos quais oriundos da Confederação Nacional da Agricultura, dois da Confederação Nacional dos Trabalhadores na Agricultura (Contag) e dois de cooperativas do setor. Os demais pertenceriam a instituições governamentais ou seriam por elas indicados.

No que tange à legitimação para o exercício do direito de participação, em primeiro lugar observa-se que o número dos representantes do setor de produção e dos trabalhadores é muito reduzido. Por isso não se pode esperar influência equilibrada desses setores no CNPA. Em segundo lugar, percebe-se que a Lei nº 8.171/91 reduz significativamente a responsabilidade desse Conselho. Ao se compararem as suas atribuições, previstas no art. 5º da lei, com a norma do art. 187 da Constituição, então resta claro que o legislador não configurou o direito de participação na formulação do planejamento agrícola. Nesse aspecto, a lei padece de inconstitucionalidade por omissão parcial. Isso porque o art. 187 prescreve essa participação, relativa ao planejamento, com todas as letras, o que impõe deveres de conformação ao legislador em harmonia com esse direito fundamental. Quanto

---

[17] Conferir Celso Ribeiro Bastos, in: Celso Ribeiro Bastos e Ives Gandra Martins, *Comentários à Constituição do Brasil*. São Paulo: Saraiva, v. V, 1989, p. 295.

às atribuições em si, conferidas ao Conselho, harmonizam-se com o texto constitucional.

Destacou-se acima que a Constituição determina a compatibilização das ações de política agrícola e de reforma agrária. Merece lembrança fato, de domínio público, de acordo com o qual somam-se milhões de famílias sem-terra no Brasil, nelas abrangidas os meeiros, parceiros e trabalhadores assalariados, sendo inquestionável o interesse dessa população por reforma agrária. Contudo, a Lei n° 8.171/91 não reconheceu legitimação à participação para representantes de trabalhadores sem terra. Essa falta também não foi reparada pela Lei n° 8.629/93, que trata da reforma agrária.[18]

Finalmente, em pesquisa realizada no endereço do Ministério da Agricultura na Internet, chegou-se a encontrar, em 2001, informação acerca da existência de dois membros do CNPA: seu presidente – o Ministro da Agricultura – e o secretário. No que tocava aos demais representantes nada constava. Em pesquisa efetuada na página do governo federal na Internet, em julho de 2008, nenhuma informação constava acerca da atuação do CNPA.[19] Segundo mesma pesquisa, a última reunião do CNPA, agora com a participação de Conselho do Agronegócio, data do ano de 2006, a indicar que, na prática, inexiste deliberação pautada pela participação.

Evidencia-se que em nível federal os governantes não tomam medidas para dar aplicação ao que determinam a Constituição e a Lei n° 8.171/91. Curiosamente o procedimento foi outro quando condicionou os convênios com outros entes federados, relativos à implementação de medidas para a reforma agrária, à existência de conselhos com a participação inclusive dos trabalhadores rurais sem terra.[20]

A não-aplicação do art. 187 da Constituição e das normas, ainda que defeituosas, alusivas à participação prevista na Lei n° 8.171/91, por certo concorre para a falta de solução eficaz dos conflitos em torno da posse da terra no campo. As milhões de famílias que não possuem terra própria para trabalhar é dado ca-

---

[18] Em janeiro de 2001, foi editada a Medida Provisória n° 2.109, sucessivamente reeditada até adquirir caráter de definitividade com a Emenda Constitucional n° 32, de 11-9-01. Essa medida provisória, por seu art. 2°, introduziu alterações na Lei n° 4.504, de 30 de novembro de 1964 (Estatuto da Terra, que contém regras referentes à reforma agrária e à política agrícola), a qual passa a prever, em seu art. 6°, a possibilidade de a União, mediante convênio, delegar aos Estados, Distrito Federal e Municípios a adoção de medidas relativas à execução do programa nacional de reforma agrária. Entre as alterações também figura a seguinte, do § 3° do art. 6°: "O convênio de que trata o *caput* será celebrado com os Estados, com o Distrito Federal e com os Municípios que tenham instituído órgão colegiado, com a participação das organizações dos agricultores familiares e trabalhadores rurais sem terra, mantida a paridade de representação entre o poder público e a sociedade civil organizada, com a finalidade de formular propostas para a adequada implementação da política agrária".

[19] O que constava da página era proposta de projeto de lei visando a alteração da Lei n° 8.171/91, tendo como uma das motivações a necessidade de "adequá-lo à atual realidade do agronegócio". Segundo o projeto, a indicação de representantes do CNPA passa para o Ministro da Agricultura. O fato indicia, uma vez mais, como o direito de participação – direito fundamental – está sujeito a distorções em razão do desinteresse dos governos, e também da sociedade, na genuína participação dos setores sociais atingidos pelas decisões no âmbito da agricultura – e não só dos que possuem poder econômico ou social.

[20] Cf. nota 18, relativa a regras introduzidas pela Medida Provisória n° 2.109/01.

tegórico e revela o enorme déficit que o direito ao trabalho rural experimenta em termos de preenchimento de conteúdo, de concretização. Isso certamente se deve à inexistência de planejamento, com a participação nos moldes assegurados pelo art. 187 da Constituição, responsabilidade essa que pertence em primeiro lugar ao Congresso Nacional, o qual não dá conformação devida a essa norma constitucional certamente por influência de sua "bancada ruralista". De outro lado, a precária e, freqüentemente, improvisada política governamental orientada aos setores agrícola e de reforma agrária insere-se na tradição brasileira anterior a 1988, que a normatividade introduzida pela Constituição de 1988 custa a romper por causa da poderosa resistência oposta pelos latifundiários. E da parte de setores sindicais e sociais vinculados aos trabalhadores rurais e àqueles que sequer possuem pedaço de terra para trabalharem não se verifica ação eficaz no sentido de influírem na política agrícola e de reforma agrária.

2.2.2. Objeto, exercício e destinatários

2.2.2.1. Objeto

Quanto ao objeto do direito de participação do art. 187 da Constituição, vale considerar doutrina de Celso R. Bastos, que, após mencionar os diversos interesses envolvidos na definição da política agrícola, destaca: "Cuida-se, em outras palavras, ainda, de um planejamento executado de forma conjugada".[21] De fato, o direito de participação tem como objeto decisões, formulação e gestão da política agrícola, em síntese, deliberação, planejamento e execução. Extrai-se do § 2° do art. 187 que a compatibilização desse planejamento com a reforma agrária é também objeto do direito.

2.2.2.2. Exercício

Os legitimados ao exercício do direito de participação na política agrícola não são pessoas individuais, mas as organizações dos distintos setores indicados na norma constitucional. Nesse sentido manifesta-se Celso R. Bastos.[22] A Lei n° 8.171/91, como já visto, não trata adequadamente essa matéria da legitimação, seja no que concerne ao número de representantes da Sociedade, seja porque não contemplados os trabalhadores sem-terra. Vale ter presente que o art. 3°, IX, da Lei n° 8.171/91 objetiva a participação de *todos os segmentos atuantes* no setor rural.

2.2.2.3. Destinatários

Os destinatários das pretensões e ações do direito de participação sob exame são os órgãos do Poder Executivo federal, especialmente do governo, encarregados de implementar a política agrícola e a reforma agrária.

---

[21] Celso R. Bastos, *Comentários à Constituição do Brasil*, cit., v. V, p. 298.
[22] Idem, ibidem.

3. DIREITOS DE PARTICIPAÇÃO RELATIVOS À SEGURIDADE SOCIAL

O art. 194, VII, da Constituição reconhece direitos de participação na seguridade social. Conforme se lê no *caput*, o conceito de seguridade social abarca os direitos fundamentais sociais relativos à saúde, à previdência e à assistência social, todos já inscritos no art. 6°.

Dispõe o art. 194:

> Art. 194. A seguridade social compreende um conjunto integrado de ações de iniciativa dos Poderes Públicos e da sociedade, destinadas a assegurar os direitos relativos à saúde, à previdência e à assistência social.
> Parágrafo único. Compete ao Poder Público, nos termos da lei, organizar a seguridade social, com base nos seguintes objetivos:
> (...)
> VII – caráter democrático e descentralizado da administração, mediante gestão quadripartite, com participação dos trabalhadores, dos empregadores, dos aposentados e do Governo nos órgãos colegiados.

A julgar da literalidade do parágrafo único, pareceria que a norma está a reduzir um direito fundamental a mero objetivo. No entanto, a sua interpretação sistemática (ver Capítulo III, item 4.2) evidencia que, antes de tudo, ela contém a afirmação de direitos de participação de diversos segmentos da Sociedade.

A definição do conteúdo e limites do direito de participação em geral previsto na norma constitucional sob exame é matéria de lei, conforme será examinado adiante. De qualquer sorte, o próprio constituinte já cuidou de fixar matéria na qual a participação é assegurada na própria Constituição. Trata-se do § 2° do art. 195, norma que, em seu conjunto, refere-se ao financiamento da seguridade social e que assim dispõe:

> § 2° A proposta de orçamento da seguridade social será elaborada de forma integrada pelos órgãos responsáveis pela saúde, previdência e assistência social, tendo em vista as metas e prioridades estabelecidas na lei de diretrizes orçamentárias, assegurada a cada área a gestão de seus recursos.

Os apontados "órgãos responsáveis" pelas três áreas da seguridade social, segundo o inciso VII do parágrafo único do art. 194 são colegiados, assegurado o direito de participação. Portanto, interpretação sistemática dos artigos 195, § 2°, e 194, VII, evidencia que a elaboração da proposta de orçamento da seguridade social deve ser aberta à participação dos segmentos sociais ali citados.

Por meio do art. 6° da Lei n° 8.212/91 instituiu-se o Conselho Nacional de Seguridade Social (CNSS). Suas atribuições, previstas no art. 7°, eram de ampla abrangência e mostravam-se harmônicas com os artigos 194 e 195 da Constituição. Entre essas atribuições contavam-se (I) estabelecer as diretrizes e as políticas de integração entre as áreas da saúde, previdência e assistência social; (II) acompanhar e avaliar a gestão econômica, financeira e social dos recursos e o desempenho dos programas realizados, exigindo prestação de contas; (IV) aprovar e submeter ao Presidente da República os programas anuais e plurianuais da seguridade social; (V) aprovar e apresentar aos órgãos federais de planejamento e orçamento proposta orçamentária da seguridade social; e (VI) estudar, debater e aprovar proposta de recomposição do valor dos benefícios e dos salários-de-contribuição, a fim de garantir a preservação de seus valores reais. O inciso VIII ordenava que as deliberações do CNSS deviam ser publicadas.

Em 06-5-99, o Poder Executivo publicou o Decreto nº 3.048/99, que aprovou o Regulamento da Previdência Social. As Leis nº 8.212/91 e nº 8.213/91 foram invocadas, entre outras, como fundamentos legais. No Livro V, o Decreto em questão cuida da "Organização da Seguridade Social". Entretanto, ao tratar dos órgãos colegiados, ele dedica alguns artigos somente à organização e competência do Conselho Nacional de Previdência Social (CNPS). Nenhuma seção ou artigo contempla o CNSS.

Seis dias depois de publicar o Decreto nº 3.048/99, ou seja, em 13-5-99, o Poder Executivo editou a Medida Provisória nº 1.799-5/99, que revoga os artigos 6º e 7º da Lei nº 8.212/91, suprimindo o CNSS. A medida provisória, que em face da redação da EC nº 32/01 foi convertida na de nº 2.216-37 após sucessivas reedições, naturalmente infringiu normas constitucionais, consoante se verá a seguir.

Em primeiro lugar, foi violado o princípio democrático-participativo que rege a República Federativa do Brasil. Em segundo lugar, ofendeu-se tanto o art. 194, VII, que garante o direito de participação na área da seguridade social, quanto o art. 195, § 2º, da Constituição, este de particular significado, na medida em que provê sobre a elaboração da proposta orçamentária unificada da seguridade social, em que esperada a participação de setores da Sociedade civil que se ocupam da saúde, previdência e assistência social, conforme decisão do poder constituinte. Esse direito de participação, especialmente da forma como fora regulado pela Lei nº 8.212/91, anunciava a possibilidade de relativo equilíbrio entre os interesses da população despossuída frente aos interesses financeiros que se movem na discussão do orçamento público. Possivelmente o fundamento oculto da ação presidencial pode ser descoberto mediante a comparação entre a soma que, por exemplo, foi garantida pelo orçamento da União de 1999/2000 para a seguridade social e a que se dotou ao serviço da dívida interna e externa: à seguridade social destinaram-se aproximadamente 122 bilhões de reais, ao passo que o serviço da dívida pública total foi agraciado com 644 bilhões de reais.[23] Esse desequilíbrio na destinação de recursos é recorrente, bastando o exame das leis orçamentárias dos últimos anos.

Em segundo lugar, a relevância e a urgência são pressupostos que a Medida Provisória nº 1.799-5/99 esteve longe de atender. Ao contrário. De que modo se

---

[23] Fonte: Lei nº 9.969/2000.

poderia admitir "relevância" na eliminação de órgão cuja função é concretizar o princípio democrático-participativo? A Lei nº 8.212/91 estabeleceu o âmbito de proteção do direito fundamental de participação e criou regras voltadas ao seu exercício nove anos antes da edição da medida provisória sob exame. Onde poderia ser identificada urgência para eliminar, depois de todo esse tempo, o mencionado órgão?

Em terceiro lugar, o art. 246 da Constituição preceitua que "é vedada a adoção de medida provisória na regulamentação de artigo da Constituição cuja *redação* tenha sido alterada por meio de emenda promulgada a partir de 1995" (Sem destaque no original). O art. 194, VII, da Constituição obteve nova redação com a Emenda Constitucional nº 20, de 15-12-98, que incluiu o governo entre os participantes dos órgãos colegiados. Embora não se possa dizer que a multicitada medida provisória tenha regulamentado o artigo 194, VII, certo é que ela suprimiu regulamentação existente. Se no caso concreto não era dado ao Executivo regulamentar, com maior razão não poderia desfazer a regulamentação feita pelo legislador. Por isso pode-se sustentar que a Medida Provisória nº 1.799-5/99 violou, também, o art. 246 da Constituição.

Os artigos 6° e 7° da Lei nº 8.212/91 foram expressão legítima do exercício do poder de legislar e de estabelecer o âmbito de proteção do direito de participação previsto nos artigos 194, VII e 195, § 2°, da Constituição. Sua revogação por meio de medida provisória mostrou, uma vez mais, como a ordem constitucional brasileira vem sendo arbitrariamente minada e corrompida, com violação, no caso concreto, do princípio democrático-participativo e da regra jurídico-constitucional que exclui os direitos fundamentais da disposição presidencial.[24] Embora a Medida Provisória nº 1.799-5/99 e suas contínuas reedições tenham suprimido mecanismo assegurador do exercício de direito fundamental – o direito de participação –, nenhuma impugnação sobreveio de instância responsável pela defesa da Constituição.[25]

3.1. Participação e saúde

Em tema de participação na área da saúde, a Constituição assim determina:

Art. 198. As ações e serviços públicos de saúde integram uma rede regionalizada e hierarquizada e constituem um sistema único, organizado de acordo com as seguintes diretrizes:
(...)
III – participação da comunidade.

---

[24] Ver notas 8 e 9 deste capítulo.

[25] Daniel Machado da Rocha (*O Direito Fundamental à Previdência Social – Na perspectiva dos princípios constitucionais diretivos do sistema previdenciário brasileiro*. Porto Alegre: Livraria do Advogado, 2004, p. 118) é autor que assim se manifesta a respeito da Medida Provisória nº 1.799/99: "Em nosso entendimento, a revogação violou os artigos 10 e inciso VII do artigo 194 ambos da Lei Fundamental, como também afrontou a cláusula da proibição do retrocesso social".

3.1.1. Tratamento legislativo

A Lei nº 8.080/90 instituiu o Sistema Único de Saúde. Já a Lei nº 8.142/90, com o objetivo de disciplinar a participação da comunidade no Sistema Único de Saúde instituído pela Lei nº 8.080/90, previu em seu art. 1º que cada esfera de governo teria a Conferência de Saúde e o Conselho Nacional de Saúde (CNS) como instância colegiada.[26] O Decreto 99.438/90 regulamenta a Lei nº 8.142/90. De outro lado, somente em maio de 1999 aprovou-se, por meio da Resolução 291, o Regimento do CNS, com representação e elenco de atribuições condizentes com a legislação antes citada.

São amplas as competências do Conselho fixadas na Resolução 291. Seria enfadonho citá-las por inteiro. Contudo, duas delas pretende-se destacar. A primeira está prevista no inciso VI do art. 3º, o qual dispõe que compete ao Conselho aprovar proposta setorial da saúde no Orçamento Geral da União e participar da elaboração do Orçamento da Seguridade Social. Essa norma se harmoniza com o art. 195, § 2º, da Constituição. Entretanto, a supressão da instância responsável pela elaboração do orçamento da seguridade social, como visto supra, indica que se trata de regra não passível de aplicação. Outra norma é a do art. 15, segundo a qual, no caso de impasse entre o CNS e o Ministro da Saúde relativamente ao cumprimento de resolução daquele, pelo voto de dois terços de seus membros pode haver representação ao Ministério Público se a matéria constitui desrespeito aos direitos constitucionais do cidadão. Isso indica a importância da atuação do Ministério Público, a fim de que os direitos sociais sejam concretizados.

Importa referir, ainda, que já em 1992 o CNS estabelecera, por meio da Resolução 33, recomendações a serem seguidas pelos Estados e Municípios na constituição e estruturação de Conselhos de Saúde. O exame dessa resolução revela que os direitos de participação dos diversos segmentos referidos no § 2º do art. 1º da Lei nº 8.142/90 devem ser respeitados nos Conselhos dos Estados e dos Municípios.

Examinando-se a página do CNS, inserida na página do governo federal na Internet, observa-se que o primeiro Conselho existiu a partir de 1937, com destaque para o seu papel burocrático no período da ditadura militar. Essa característica mudou. O Conselho tem organizado as conferências nacionais que debatem e deliberam sobre temas relevantes para a saúde, eventos que tem contado com a atenção da mídia. No ano de 2007, a Conferência Nacional havida em novembro deliberou sobre temas que há algum tempo estão na pauta política, como o debate sobre a legalização do aborto e a pesquisa com células-tronco. Na referida conferência, houve

---

[26] O art. 1º da Lei nº 8.142/90, por seu § 1º, também fixa que a Conferência de Saúde reunir-se-á a cada quatro anos para avaliar a situação da saúde e propor as diretrizes para a formulação da política nessa área. O § 2º estabelece que o Conselho de Saúde possui caráter permanente e deliberativo, prevê os componentes do governo e de representantes da Sociedade, e dispõe que ele atua na formulação de estratégias e no controle da execução da política de saúde na instância correspondente, inclusive nos aspectos econômicos e financeiros. O § 3º prevê a representação dos Conselhos Nacionais de secretários da saúde estaduais e municipais. E o § 4º estabelece que a representação dos usuários nos Conselhos de Saúde e Conferências será paritária em relação ao conjunto dos demais segmentos.

deliberação favorável à pesquisa referida e rejeição à legalização do aborto. Pode-se afirmar que, dentre os conselhos objeto de estudo, o da saúde é dos mais atuantes.

3.1.2. Objeto, exercício e destinatários

3.1.2.1. Objeto

A participação em ações e serviços na área da saúde é o objeto do direito em apreço. Consoante legislação citada, trata-se de ações políticas, que envolvem decisão acerca das diretrizes, estratégias, execução e controle relativos a programas voltados à saúde pública no país. Não obstante isso há doutrina que pretende reduzir essas ações a atividades caritativas ou filantrópicas da comunidade, o que evidentemente não se coaduna com o significado jurídico-fundamental que a participação obteve no texto constitucional e na legislação infraconstitucional.[27]

3.1.2.2. Exercício

Consoante se afirmou no Capítulo III, item 6, desta 3ª Parte, não é necessário haver relação de pertinência entre os fins institucionais das organizações da comunidade, aptas a exercitarem o direito de participação sob exame, e o objeto desse direito fundamental. Como se referiu nesse capítulo, não se trata de direito coletivo de natureza corporativa, mas sim de direito de toda a comunidade.

Embora a norma constitucional não esclareça quem são os legitimados ao exercício do direito fundamental de participação na saúde, interpretação sistemática, mediante comparação do inciso III do art. 198 com o inciso II do art. 204 da Constituição, mostra que a participação pode ser exercida por meio de organizações comunitárias representativas, seja de profissionais e prestadores de serviços que atuam no ramo da saúde, seja, especialmente, dos usuários. Como se viu, a legislação relativa ao tema mantém conformidade com a Constituição.

3.1.2.3. Destinatários

De modo idêntico à interpretação do art. 194, também aqui os destinatários da norma são os órgãos colegiados do Poder Executivo da União, dos Estados e dos municípios, sejam de governo ou administrativos.

---

[27] Ives Gandra Martins (In: Celso Ribeiro Bastos e Ives Gandra Martins, *Comentários à Constituição do Brasil*. São Paulo: Saraiva, v. VIII, 1998, p.132) é autor que classifica a participação no âmbito da saúde em obrigatória (caso da Contribuição Provisória para Movimentações Financeiras – CPMF) e livre. Dá como exemplo dessa segunda espécie doações de roupas, assistência a flagelados em catástrofes e calamidades, construção de ambulatórios e hospitais nas cidades que carecem, por iniciativa de organizações não-governamentais. Conforme salientado nos capítulos anteriores, a participação, enquanto direito fundamental, não pode ser imposta nem se caracteriza por filantropia, mas pelo direito de tomar parte na formulação, gestão e controle de políticas públicas voltadas à concreção dos direitos sociais. Quanto à CPMF, é de ressaltar que votação do Senado Federal, em dezembro de 2007, extinguiu essa contribuição. Já por ocasião da finalização da revisão deste trabalho encontrava-se no Senado Federal projeto de lei que cria Contribuição Social incidente sobre movimentações financeiras com o propósito de criar receita em favor do atendimento à saúde.

3.2. Participação e previdência social

Embora a previdência social, na forma referida anteriormente, deva ser compreendida sob o conceito geral de seguridade social, o art. 10 da Constituição contém regra específica acerca do tema, assegurando a participação sempre que os interesses profissionais ou previdenciários sejam objeto de discussão e deliberação nos colegiados de órgãos públicos.

3.2.1. Tratamento legislativo

O CNPS foi originariamente criado pela Lei nº 8.213/91, com alterações da Lei nº 8.619/93. De acordo com o art. 3º, o Conselho teria seis representantes do governo e nove da Sociedade civil. Destes nove, três seriam representantes dos aposentados e pensionistas, três dos trabalhadores em atividade e três dos empregadores. Ademais, todos os nove representantes deveriam ser indicados pelas centrais sindicais e confederações nacionais. O Decreto nº 3.048/99 regulamentou a matéria, confirmando nove representantes da Sociedade civil na composição do Conselho.

A questão que se poderia propor é se o Decreto nº 3.048/99, na parte em que regulamenta a representação dos trabalhadores em atividade, se harmoniza com o art. 10 da Constituição. Assim, indaga-se por que razão somente a categoria dos trabalhadores em atividade deve estar representada, e não trabalhadores sem emprego? O art. 10 da Constituição determina, simplesmente, sem qualquer restrição, a participação *dos trabalhadores* nos órgãos públicos em que seus interesses profissionais ou previdenciários sejam discutidos. Ela não se limita a trabalhadores ocupados ou empregados. Por sua vez, os artigos 7º, II e 201, III, da Constituição, este último inserido em seção referente à previdência social, garantem proteção ao trabalhador desempregado.

Feitas essas considerações, tem-se que no âmbito de proteção do direito em exame está incluído o direito de participação de representante de trabalhadores desempregados, ao qual deve ser assegurado assento no CNPS, de modo que se garanta equilíbrio no exercício do direito fundamental de participação. Essa participação é especialmente importante para esses trabalhadores. É axiomático que para eles medidas previdenciárias imediatas, como as relativas ao seguro-desemprego, são vitais. Finalmente, também os trabalhadores por conta própria ou autônomos devem ter assegurada a participação, uma vez que também possuem interesses previdenciários merecedores de proteção.

3.2.2. Objeto, exercício e destinatários

3.2.2.1. Objeto

No art. 296 do Decreto nº 3.048/99 prevêem-se atribuições do Conselho idênticas às do art. 4º da Lei nº 8.213/91. Entre elas, destacam-se as seguintes, inscritas, respectivamente, nos incisos I a IV e que constituem o objeto da participação na previdência social: estabelecimento de diretrizes gerais e apreciação de decisões políticas aplicáveis nessa área da seguridade social; avaliação da gestão previdenciária; apreciação e aprovação de planos e programas da previdência social; apreciação e aprovação das propostas orçamentárias da previdência social, antes da sua consolidação no projeto do orçamento da seguridade social.

3.2.2.2. Exercício

Os legitimados ao exercício do direito fundamental de participação sob exame são as organizações representativas dos trabalhadores, dos empregadores e dos aposentados. Consoante já ressaltado, entre os trabalhadores também os desempregados e os que não trabalham por conta alheia possuem o direito em tela. O legislador terá de atualizar, neste aspecto, a normatização que criou o CNPS, a fim de ajustá-la à Constituição. A presença do governo em Conselhos nos quais haja a discussão e deliberação de matéria que envolva direitos previdenciários decorre do só fato de ser ele o poder encarregado de implementar as políticas a serem definidas pelo CNPS.

3.2.2.3. Destinatários

Os destinatários das pretensões e ações do direito fundamental de participação, no caso, são os órgãos públicos de governo e os de administração nos quais os interesses previdenciários venham a ser discutidos e objeto de deliberação.

3.3. Direito de participação e assistência social

Segundo o art. 204 da Constituição,

(...) as ações governamentais na área da assistência social serão realizadas com recursos do orçamento da seguridade social, previstos no art. 195, além de outras fontes, e organizadas com base nas seguintes diretrizes:

(...)

II – participação da população, por meio de organizações representativas, na formulação das políticas e no controle das ações em todos os níveis.

3.3.1. Tratamento legislativo

A Lei nº 8.742/93 dispõe acerca da organização da Assistência Social. Essa lei também criou, em seu art. 17, o Conselho Nacional de Assistência Social (CNAS). O Conselho é composto de nove representantes governamentais, dos quais um representa os Estados e outro, os Municípios. Além deles, nove representantes são oriundos da Sociedade civil. Esses nove devem representar usuários do sistema ou organizações de usuários, entidades e organizações de assistência social e trabalhadores do setor.

O art. 18 fixa as atribuições do Conselho. Destacam-se as enunciadas, respectivamente, nos incisos I, II e V: aprovar a Política Nacional de Assistência Social; normatizar as ações e regular a prestação de serviços de natureza pública; zelar pela efetivação do sistema descentralizado e participativo da assistência social.

A lei não regulou com inteiro equilíbrio a participação da comunidade. A legitimação de representantes de usuários ou suas organizações e de organizações de assistência mostra-se adequada. Entretanto, pode-se questionar se a participação de trabalhadores do setor de Assistência Social (funcionários ou empregados públicos) mantém conformidade com o direito fundamental sob exame. Dois argumentos servem para impugnar essa conformidade: em primeiro lugar, o funcionário ou empregado representa propriamente o governo, uma vez que com ele mantém relação de administração ou de emprego. A participação é direito fundamental passível de reconhecimento a indivíduos enquanto integrantes de organizações da Sociedade. Como já visto no Capítulo anterior, o governo, enquanto exercente de função estatal, possui competências e não direitos fundamentais.[28] Em segundo lugar, há risco de que os funcionários ou empregados de órgãos da Assistência Social acabem zelando mais por seus interesses sindicais ou corporativos do que pelos interesses da comunidade.[29]

As atribuições do Conselho reconhecidas pela Lei nº 8.742/93 revelam-se harmônicas com o direito de participação firmado no art. 204 da Constituição.

3.3.2. Objeto, exercício e destinatários

3.3.2.1. Objeto

O direito de participação na assistência social tem por objeto a participação em decisões, formulação e gestão das políticas e no controle das ações em todos os níveis. Conquanto o *caput* do art. 204 possa indicar que as ações dizem respeito às de governo, no plano administrativo elas não estão excluídas, porque o inciso II refere o *controle* dessas ações, o que se dá essencialmente na esfera administrativa. Uma vez mais sublinha-se que a participação envolve não só o direito de tomar parte nas decisões, formulação e gestão de políticas públicas, mas também o de controlar a respectiva execução.

---

[28] Ver nota 7 do capítulo anterior.

[29] Wagner Balera (Gestão democrática da seguridade social. *Revista de Previdência Social*, São Paulo, maio 1989, (102): 288, defende a idéia de que nenhum funcionário ou empregado público tome parte, na condição de representante da comunidade, em conselhos da seguridade social. Ele é de opinião que eles podem fazê-lo na condição de representantes do governo. Lembrando experiência pessoal, o autor ressalta que os funcionários acabam se interessando por vantagens corporativas quando, na condição de representantes de organizações profissionais, tomam parte de conselhos públicos.

3.3.2.2. Exercício

A legitimação ao exercício do direito em tela cabe a organizações representativas de toda a população, sem finalidades corporativas. Conforme visto acima, na letra "a", o legislador não tratou o assunto com inteira adequação na medida em que incluiu os funcionários públicos entre os representantes da comunidade, em vez de reservar-lhe lugar na representação do governo.

3.3.2.3. Destinatários

As pretensões e ações do direito de participação se endereçam a órgãos do Poder Executivo da União e dos Estados, encarregados de desenvolver ações que ampliem os direitos fundamentais sociais, no que concerne à quantidade e à qualidade das prestações.

4. DIREITOS DE PARTICIPAÇÃO E PROTEÇÃO DA CRIANÇA E DO ADOLESCENTE

A proteção de segmentos socialmente fragilizados é uma das tarefas postas para o Estado Social de Direito. O art. 227, *caput*, da Constituição estabelece série de direitos da criança e do adolescente, atribuindo deveres à família, à Sociedade e ao Estado. Reconheceu, também, à Sociedade o direito de participar das políticas públicas nessa matéria. Nesse sentido dispõe o § 1°, incisos I e II, do art. 227 da Constituição:

> § 1° O Estado promoverá programas de assistência integral à saúde da criança e do adolescente, admitida a participação de entidades não governamentais e obedecendo os seguintes preceitos:
> I – aplicação de percentual dos recursos públicos destinados à saúde na assistência materno-infantil;
> II – criação de programas de prevenção e atendimento especializado para os portadores de deficiência física, sensorial ou mental, bem como de integração social do adolescente portador de deficiência, mediante o treinamento para o trabalho e a convivência, e a facilitação do acesso aos bens e serviços coletivos, com a eliminação de preconceitos e obstáculos arquitetônicos. (...)

4.1. Tratamento legislativo

A mais importante das leis brasileiras, relativa aos direitos e normas voltadas à proteção das crianças e adolescentes, é a Lei n° 8.069/90 (Estatuto da Criança e do Adolescente – ECA), que completou sua maioridade em 13 de julho de 2008. Na sua Parte Especial, os incisos I e II do art. 88 prevêem, além da municipalização do atendimento, a criação de conselhos municipais, estaduais e nacional com função deliberativa e controladora, assegurada a participação popular por meio de organizações representativas. Nos incisos III e IV do mesmo artigo são referidos programas e a manutenção de fundos vinculados aos respectivos conselhos. Nos arts. 131 e seguintes, a lei normatiza a atuação dos Conselhos Tutelares que cada Município deve criar por meio de lei.

Veio a Lei nº 8.242/91 que criou o Conselho Nacional dos Direitos da Criança e do Adolescente – Conanda –, o qual tem, entre outras, as seguintes atribuições: elaborar normas da política nacional de atendimento dos direitos da criança e do adolescente e fiscalizar ações voltadas à execução do ECA; buscar a integração e articulação de constituições estaduais e conselhos tutelares; avaliar a política nacional, estadual, municipal e distrital de atendimento dos direitos da criança e do adolescente; acompanhar a elaboração de propostas orçamentárias e execução do Orçamento da União. O art. 3º da lei em apreço estabeleceu que o Conanda seria integrado por representantes do Poder Executivo e por representantes de entidades não-governamentais de âmbito nacional de atendimento dos direitos da criança e do adolescente. Segundo seu art. 5º, ao Presidente da República caberia nomear e destituir o Presidente do Conselho.

Desde a edição da Lei nº 8.242/91, grande número de decretos foram editados pelo Poder Executivo visando regulamentar o Conanda, dispondo, inclusive, sobre entidades representativas da Sociedade. O último deles é o Decreto nº 5.089/04.

Embora a Lei 8.242/91 e os primeiros decretos regulamentadores tenham expressado concentração de poderes no Executivo, em desarmonia com o direito fundamental de participação, essa característica foi sendo modificada com os sucessivos decretos que tratam do Conselho em referência. O Decreto nº 5.089/04 dispõe sobre a composição, estruturação, competências e funcionamento desse Conselho. A composição é paritária, com 14 membros do Executivo e outros 14 representantes de entidades da Sociedade. O art. 1º dispõe que ele é órgão colegiado de caráter deliberativo, com a incumbência de cumprir as atribuições previstas na Lei nº 8.069/90 acima referidas. No que concerne à composição do Conselho, o art. 4º do Decreto assegura a eleição dos representantes da Sociedade civil organizada por meio de assembléia específica, prevista a possibilidade de o Ministério Público acompanhar esse procedimento. Já o art. 6º dispõe que o presidente do Conselho será eleito conforme disposto no regimento interno, cabendo a designação ao Presidente da República. Supera-se, com isto, a norma da Lei nº 8.242/91 que reservava ao Presidente da República a prerrogativa de nomear e destituir esse presidente.

Diante da evolução legislativa havida nos decretos regulamentadores da Lei nº 8.242/91, pode-se dizer que o direito de participação de setores da Sociedade no Conanda está razoavelmente garantido. Quanto à eficácia da ação do Conanda, é possível dizer que ela é positiva porque há sinais de que o tratamento dispensado à infância no país vem melhorando em razão de políticas públicas por exemplo voltadas a reduzir a taxa de mortalidade infantil e à promoção do acesso à educação pública. Uma das chagas mais graves ainda aberta no país é a exploração sexual e laboral de crianças e adolescentes.

Já a Lei nº 8.642/93 e o Decreto nº 1.056/94 regulam programas que devem ser concretizados em nível de proteção de crianças e adolescentes. Nem a Lei nem o Decreto deram conformação aos direitos de participação. Mediante seu art. 5º, o Decreto criou uma Comissão Nacional que deve desenvolver planos voltados para programas e atividades de órgãos federais. Entretanto, também nesse Decreto não está prevista nenhuma participação da comunidade nas ações da Comissão. Além disso, foi instituído um comitê executivo, o qual está autorizado a "convidar" representantes de outros órgãos e entidades para integrá-lo (art. 7º, § 2º).

A ausência de configuração, pela Lei nº 8.642/93, dos direitos de participação previstos em norma constitucional (art. 227, § 1º, da Constituição) denota que o legislador está em débito. O direito de participação desenhado na Constituição requer programas governamentais direcionados à saúde da criança e do adolescente. Trata-se de direito fundamental, pelo que cumpre ao legislador a tarefa de disciplinar o seu exercício por associações ou entidades da Sociedade civil. Quando o Decreto nº 1.056/94 faculta ao comitê executivo convidar representantes da Sociedade, definitivamente, não dá o tratamento que o tema exige. Direitos fundamentais não são passíveis de "concessão", nem o seu exercício pode derivar de "convite" oriundo de órgão do Executivo.

No domínio da proteção à criança e à adolescência Estado e Sociedade ainda estão longe de dispensar o cuidado devido a quem não consegue se proteger por suas próprias forças.

4.2. Objeto, exercício e destinatários

4.2.1. Objeto

O objeto do direito de participação delineado no § 1º do art. 227 da Constituição são os programas que a União deve promover para propiciar assistência integral à saúde da criança e do adolescente. O mínimo que esses programas hão de atender já se encontra prescrito nos incisos I e II desse § 1º referido no item 4.1, acima.

A aplicação dos recursos a que se refere o inciso I citado nos programas voltados à saúde materno-infantil é direito difuso que assegura aos legitimados o ajuizamento de ação civil pública mediante a qual se dê cumprimento à regra orçamentária.

4.2.1. Exercício

Conforme já salientado, a legislação até agora produzida não tratou adequadamente do direito de participação na política de proteção da criança e do adolescente em nível federal. De qualquer modo, pode-se sustentar que os legitimados ao exercício do direito serão organizações representativas sem finalidades de natureza corporativa, como ocorre em outros direitos de participação já examinados. O exercício do direito de participação de que ora se cogita evidentemente pressupõe que na Sociedade existam organizações capazes de colocar, acima dos próprios, os interesses imediatos de outros, notadamente de segmentos sem capacidade fática de articulá-los autonomamente, como são as crianças e os adolescentes.

4.2.3. Destinatários

O destinatário das pretensões e ações do direito em apreço é essencialmente o governo, a quem incumbe o dever de promover os programas de assistência integral à saúde, na forma preconizada no § 1° do art. 227 da Constituição.

5. DIREITO DE PARTICIPAÇÃO NO ÂMBITO DA MORADIA E DA SEGURANÇA

5.1. Moradia

O direito à moradia foi introduzido no catálogo dos direitos fundamentais sociais pela Emenda Constitucional n° 26, de 14-02-2000. Em decorrência, atualmente faz parte do rol dos direitos sociais previstos no art. 6° da Constituição. Os demais direitos sociais ali relacionados obtiveram desenvolvimento de conteúdo em outras normas da Constituição, incluído o direito fundamental à participação na concretização da maioria deles. A Emenda n° 26 não cuidou nem de uma nem de outra coisa.

Vale destacar que o direito à moradia já obtivera reconhecimento constitucional no art. 187, VIII, no qual se ordenou que a habitação para o trabalhador rural deve ser contemplada na política agrícola. O planejamento dessa política, conforme visto, assegura o direito de participação dos produtores e trabalhadores rurais. Assim, pelo menos no que tange à moradia no campo, o direito fundamental de participação já se efetiva na concretização do novel direito fundamental.

A falta de moradias constitui problema grave nos centros urbanos, para o que concorre a ausência de política habitacional eficaz. Porquanto dimensão do próprio direito à subsistência,[30] a posse de moradia adequada, naturalmente, constitui pressuposto inafastável para a vida humana digna. Ela integra o que se denomina de "mínimo existencial", cuja falta dá origem a direito subjetivo. Trata-se, como já visto no Capítulo III da 2ª Parte, de exceção à regra geral que no princípio ou cláusula do Estado Social apenas reconhece direito objetivo.

---

[30] Cf. Sérgio Sérvulo da Cunha, Direito à moradia. *RIL*, Brasília, jul./set. 1995, (127): 49. Comparar com nota 53 do Capítulo III da 2ª Parte.

A exemplo do que ocorre com o direito à participação na esfera da educação, em nível infraconstitucional o princípio democrático-participativo deverá obter conformação, reconhecendo-se o direito de participação também nas regras que vierem a dispor acerca da implementação do direito à moradia nos centros urbanos. Importa ressaltar que antes mesmo do advento dessa configuração, populações da periferia de cidades como Brasília se engajaram na tarefa de solucionar seus problemas de moradia juntamente com a autoridade pública.[31] Experiências semelhantes estão ocorrendo em outros centros urbanos do país.

5.2. Segurança

A Constituição de 1988 atribuiu tamanho significado à segurança que chegou a contemplá-la como valor no preâmbulo e duplamente como direito fundamental no *caput* dos art. 5° e 6°. A novidade está no fato de a segurança também ter sido elevada à categoria de direito social, já que nas constituições anteriores era catalogada tão-só como direito individual. Contudo, diferentemente de outros tantos direitos sociais do art. 6°, o direito à segurança não se fez acompanhar do direito de participação. No mais, obteve desenvolvimento constitucional no Capítulo III, denominado "Da Segurança Pública", do Título V da Constituição, que trata "Da Defesa do Estado e das Instituições Democráticas".

Se do ponto de vista individual o direito à segurança pode ser associado à proteção de direitos fundamentais clássicos, como a liberdade e a propriedade, a simultânea inserção no âmbito dos direitos sociais do art. 6° parece significar que ele transcende o terreno meramente individual. Não se objetiva, nesse sentido, direito que somente respeita à defesa do indivíduo contra intervenções do Estado. Na medida em que se trata de direito social, está presente, aqui, o aspecto relacional do sujeito, a sua relação com a comunidade. Por isso, no conceito de segurança está abrangido muito mais, ou seja, o indivíduo possui o direito de obter prestações do Estado que ponham seu âmbito vital e o da comunidade a salvo de ameaça ou de violência oriunda, não só de agentes do Estado, mas também de indivíduos e organizações dedicados ao crime.

O fato de somente se encontrarem na Constituição normas alusivas à organização da segurança pública, em título que se relaciona à defesa do Estado e suas instituições, certamente é indicativo de que o constituinte atuou sob a influência de concepções do período militar, que colocava a segurança do Estado acima da segurança individual ou social.[32]

---

[31] Uma coletânea de artigos em que são narradas as experiências da população do Acampamento da Telebrasília para obterem moradia encontra-se em *Direito à memória e à moradia: realização de direitos humanos pelo protagonismo social da comunidade do Acampamento da Telebrasília*, publicação da Faculdade de Direito da Universidade de Brasília, ano não informado. Trata-se de experiência que constitui o embrião do exercício do direito de participação. Contudo, ressalta-se que esse direito deve obter desdobramento de conteúdo no plano legislativo, de sorte que a participação no setor não dependa da iniciativa política ou da boa-vontade do governante de turno.

[32] A Lei nº 6.620, de 17-12-78 (Lei de Segurança Nacional) dispunha em seu art. 3°: "Art 3° – A Segurança Nacional envolve medidas destinadas à preservação da segurança externa e interna, inclusive a prevenção e

O princípio democrático-participativo requer que se reserve à Sociedade o direito de tomar parte na deliberação, formulação, gestão e controle das políticas relacionadas à segurança pública. A inserção da segurança entre os direitos sociais e sua conexão com o princípio democrático-participativo abre ao legislador a possibilidade de dar enfoque novo a esse direito fundamental. A violência generalizada e a deterioração do sistema de segurança pública existente parecem retratar realidade que o poder público é incapaz de afrontar sem a participação democrática da comunidade. De lembrar, contudo, que a segurança é, ao lado de outros, um dos valores a ser assegurado pelo Estado Democrático, consoante preâmbulo da Constituição brasileira. Se convertida em propaganda, sem indagação acerca das causas da violência, a justificar ações policiais indiscriminadas contra supostos malfeitores, a segurança a qualquer preço será causa de comprometimento de outros valores constitucionais também reconhecidos no referido preâmbulo, como o exercício dos direitos sociais e individuais, a liberdade, a justiça e, mais adiante, da própria democracia e do Estado de Direito.

---

repressão da guerra psicológica adversa e da guerra revolucionária ou subversiva; § 1º – A segurança interna, integrada na segurança nacional, corresponde às ameaças ou pressões antagônicas, de qualquer origem, forma ou natureza, que se manifestem ou produzam efeito no país; § 2º – A guerra psicológica adversa é o emprego da propaganda, da contrapropaganda e de ações nos campos políticos, econômico, psicossocial e militar, com a finalidade de influenciar ou provocar opiniões, emoções, atitudes e comportamentos de grupos estrangeiros, inimigos, neutros ou amigos, contra a consecução dos objetivos nacionais; (...).

Conclusão

1. O estudo das funções dos direitos fundamentais, de sua conformação e das restrições que podem sofrer ao serem exercidos por seus titulares, evidencia que a dogmática constitucional mais atualizada põe em relevo o que deveria ser óbvio: trata-se de efetivar os direitos fundamentais na esfera vital de todas as pessoas.

Mostra a História que ao longo do século XX a dimensão jurídico-subjetiva dos direitos fundamentais, em geral reportada à defesa do indivíduo frente ao Estado, passou a incorporar as funções de prestação e de não-discriminação. Mais recentemente, neles se reconheceu ou foram redescobertas funções objetivas (interpretação conforme aos direitos fundamentais, eficácia irradiante sobre o ordenamento e eficácia em face de particulares, bem como a proteção da pessoa exposta a riscos), que visam a harmonização do direito infraconstitucional com a Constituição e o justo equilíbrio das relações indivíduo-Estado, mas também daquelas entre indivíduos e sujeitos sociais e econômicos detentores de poder que interferem faticamente no exercício dos direitos fundamentais pelas pessoas, as quais necessitam de proteção. Nesse contexto, os direitos fundamentais superam tradicional forma estática para assumirem dimensão dinâmica nas mencionadas relações.

O que em síntese pode ser afirmado é que nos vínculos do indivíduo com o Estado, e também com as referidas instâncias sociais e econômicas, as várias funções dos direitos fundamentais podem se entrecruzar e gradativamente encontrar expressão dominante na função de proteção. Esta é a finalidade primordial que contemporaneamente se exige dos direitos fundamentais. A liberdade real de todos os indivíduos, especialmente daqueles fragilizados em sua relação com o Estado e com os poderes sociais e econômicos, depende da proteção a ser proporcionada pelas três esferas do poder estatal.

O exercício dos direitos fundamentais pode requerer tanto medidas de conformação ou configuração quanto intervenções. Aquelas, a cargo do legislador, destinam-se a dar-lhes feição específica, potencializando o seu âmbito de proteção. Essas supõem que, exceção feita à dignidade humana, os direitos fundamentais, organizados em sistema, se relativizam mutuamente. Os conflitos entre esses direitos, em seus vários titulares, ou deles com bens que a ordem constitucional considera relevantes para a comunidade, impõem adequações. Assim, colisões entre os direitos de diferentes titulares ou com outros bens constitucionais podem exigir limitações ou restrições, mas isso não confere prerrogativa para levar ao esvaziamento do âmbito de proteção dos direitos fundamentais. Ao contrário. Firmou-se que o estabelecimento de limites permitirá que o exercício dos direitos fundamentais se revigore mais na esfera vital de *todos* os seus titulares.

Para o alcance desse renovado vigor dos direitos fundamentais, o correspondente âmbito de proteção tem de ser preservado em seu núcleo. Intervenções com vista a eventual limitação ao seu exercício podem ser realizadas pelo legislador, se autorizadas na regra atribuidora do direito fundamental; ou, então, pelo legislador e pelo juiz, se na ponderação com outros bens constitucionais elas se justifiquem.

2. A abordagem de aspectos relativos à controvérsia que acompanhou o reconhecimento dos direitos sociais na França e na Alemanha e da evolução jurídico-constitucional desses direitos até sua conversão em direitos fundamentais sociais confirmou circunstância marcante que acompanha seu aparecimento na História, ou seja, a resistência que lhes é votada desde o seu reconhecimento pela Declaração dos Direitos do Homem e do Cidadão de 1789 até nossos dias.

Se essa resistência é manifesta no terreno propriamente político, no âmbito do Direito ela encontra aliado nas limitações da dogmática jurídica, que historicamente teve pouca capacidade de superar os empecilhos impostos pela ainda prevalecente visão jurídico-individualista dos direitos fundamentais, em que pese ao surgimento, em nível constitucional, da nova categoria dos direitos coletivos. Não obstante isso, tal como na doutrina das funções dos direitos fundamentais, também no terreno específico dos direitos sociais verificam-se avanços jurídico-interpretativos. Assim, no que se refere às prestações originárias, inexistentes ou indisponíveis, embora necessárias ao titular de direitos sociais, são admitidas exceções à regra da impossibilidade de sua efetivação judicial se a própria Constituição identificar o titular do direito com seu respectivo conteúdo, ou se a pretensão estiver fundada na garantia do mínimo existencial (dignidade da pessoa humana).

A criação de prestações inexistentes e a ampliação das derivadas, já existentes e disponíveis, classicamente vem sendo tema que concerne à concretização do princípio do Estado Social. A Constituição brasileira, por meio de grande número de normas, adota esse princípio. No entanto, rápido exame mostra que ainda é precária a atenção que lhe é dispensada pela literatura jurídica brasileira, além de, na esfera da jurisprudência, inclusive na do STF, o desenvolvimento de conteúdos relativos ser praticamente nulo. Isso apesar de mais de um quarto da população brasileira viver em condições indignas, o que exigiria estímulos doutrinários e jurisprudenciais às pertinentes medidas de concreção legislativas, governamentais e administrativas.

3. Estabelecida a premissa de que é necessário dar conformação aos direitos fundamentais, segundo as suas variadas funções jurídico-subjetivas e objetivas, e constatada a insuficiência crônica de sua efetivação através da democracia representativa, especialmente no atinente à concretização do princípio do Estado Social, a atenção se fixa sobre o tema central eleito para exame, que é a virtualidade do direito fundamental de participação para levar à concretização dos direitos sociais. Estes são, notoriamente, campo de dificuldades exacerbadas, seja pelo caráter genérico e indeterminado de sua enunciação, seja pelo seu objeto, constituído de prestações positivas do Estado e da Sociedade facilmente relegáveis para o depois.

Neste ponto ressalta a questão da formação da vontade política do povo e do Estado. Política e Direito são esferas autônomas, mas que historicamente estiveram e se mantêm em conexão e interação. Em sociedades democráticas, nas quais os direitos fundamentais alcançaram ampliado grau de efetividade, a produção estatal do direito resulta da atividade política. Nesse processo, contudo, a formação da vontade do povo ou da Sociedade é essencial e nela o direito de opinião, de livre manifestação da vontade e de associação assume papel decisivo.

A história brasileira, ao invés, mostra que durante séculos o poder estatal foi exercido por oligarquias, estamentos ou classes sociais que apropriaram a si e fraudaram o processo político. O ampliado rol de direitos fundamentais reconhecidos a partir das constituições da República Velha mais expressaram concessões formais do que conquistas, por isso mesmo passíveis de esvaziamento nas relações do indivíduo com o Estado e com forças econômica e socialmente poderosas. Se isso vale para os direitos fundamentais clássicos, com maior razão para os direitos fundamentais sociais de imensos estratos populacionais.

Em tal contexto, notável é, na Constituinte de 1987-88 e na Constituição por ela promulgada, a mudança substancial de concepção do poder estatal, na medida em que ao princípio da democracia representativa se somou o princípio da democracia participativa. Tematicamente, por decisão do constituinte de 1987-88, o Brasil constitui democracia representativa e participativa. A adoção desta última derivou da consciência do movimento popular, que se materializou na opção dos constituintes, de que a democracia representativa não tem sido meio bastante em si para a criação e a consolidação de ordem social justa, na qual os direitos, especialmente os sociais, passem da promessa à realidade. A democracia participativa abre aos governantes a possibilidade de renovarem a forma de exercício do poder estatal, estimulando a participação da Sociedade nas decisões. Mas o constituinte não ficou nisso: estabeleceu na Constituição normas que asseguram a participação da Sociedade (setores sociais e comunidade), por direito próprio, e não graças a iniciativas governamentais, em ações dos poderes públicos que estejam relacionadas ao gozo de direitos fundamentais, particularmente os sociais.

Os direitos de participação caracterizam-se como concretizações do princípio democrático-participativo, circunstância que poderia, por si só, justificar sua qualificação de fundamentais. Contudo, o fato de a maioria deles estar situada fora do rol dos direitos fundamentais e a circunstância de o constituinte ter usado terminologia com significações diversas, ao tratar da participação, exigiram esforço para, por meio de interpretação sistemática e com vista à unidade da Constituição, concluir-se que também são fundamentais os direitos de participação que não se encontram no referido rol. Nisso se expressa mais uma das conclusões: os direitos de participação de setores sociais e da comunidade nas ações do governo e da administração voltam-se à realização e proteção eficaz dos direitos sociais e, ainda que situados fora do Título II da Constituição, esses direitos consolidaram-se como fundamentais.

Os direitos de participação obtiveram e continuam obtendo desenvolvimento de conteúdo na legislação ordinária, complementar e mesmo por intermédio de emenda constitucional. De maneira geral, a legislação tem propiciado o exercício do direito de participação em órgãos públicos, nomeadamente por intermédio de conselhos, mas isso não elimina, automaticamente, contradições e dificuldades para se introduzir alteração na forma do exercício do poder estatal. O estudo dos direitos de participação específicos, dirigidos à concretização dos direitos sociais enunciados no art. 6º da Constituição, revela falta de conformação em alguns casos e inadequada legislação em outros, abrindo ao Executivo a possibilidade de interferir na escolha de quem deva exercer a participação. Além disso, o Executivo, em desacordo com a Constituição, utiliza medidas provisórias para eliminar ou esvaziar formas concretas de participação previstas em lei e já praticadas em órgãos públicos, como foi o caso do CNSS.

De outro lado, verifica-se paralisia de parte dos setores sociais e da comunidade que, ou desconhecem o direito de participação, ou vacilam em exercê-lo. De par com isso, não está afastado o risco de, assim como sucede com a participação clássica por meio de eleições para o Legislativo e o Executivo, o direito fundamental de participação vir a ser desnaturado para tornar-se mais um rito por meio do qual setores sociais ou a comunidade chancelam antigos métodos de exercício do poder estatal. Para conter esse risco, é necessário dar visibilidade às atribuições que cabem aos conselhos existentes e que possam vir a ser criados, bem como evitar que os indivíduos que exercem a participação nos órgãos públicos acabem por converter-se em representantes de seus próprios interesses ou das corporações de onde provêm.

É certo que o exercício da participação e co-decisão em assuntos que envolvem interesses e direitos sociais de amplos setores exige muito da Sociedade. Aqui a participação já não se resume à periódica ida às urnas, para atribuição de representação a parlamentares ou agentes de funções executivas, mas exige cidadãos que façam uso ativo de sua liberdade, de seus direitos fundamentais, para que a liberdade real alcance a todos. A necessidade desse engajamento dificulta a concreção do princípio da democracia participativa. De qualquer modo, a Constituição abriu nova perspectiva para o exercício do poder no Brasil, reconhecendo à Sociedade a possibilidade de co-decidir em temas que dizem respeito ao gozo dos direitos fundamentais por todos, superando o prevalecente caráter declaratório e formal legado por uma história de séculos. Direitos fundamentais existem não só para o resguardo da esfera individual – legítima – do indivíduo, mas também para seu uso ativo em favor da garantia da liberdade real de todos.

Com a salutar tensão entre o exercício da democracia representativa e da democracia participativa é de esperar a indução de uma espiral dialética que apresse e otimize a realização do objetivo final da construção de uma Sociedade livre, justa e solidária. Resta ver se a Sociedade brasileira saberá assumir integralmente esse desafio.

Bibliografia

Literatura

ADOMEIT, Klaus. Hans Carl Nipperdey als Anreger für eine Neubegründung des juristischen Denkens, *JZ*, 2006, (15/16): 745-51.

ALEXY, Robert. *Teoria de los derechos fundamentales*. Madrid: Centro de Estudios Constitucionales, 1993.

——. *Theorie der Grundrechte*. 2. ed., Frankfurt am Main: Suhrkamp, 1994.

——. Colisão de direitos fundamentais e realização de direitos fundamentais no Estado de Direito democrático. *RDA*, Rio de Janeiro, jul./set. 1999, (217): 67-79.

BADURA, Peter. *Staatsrecht, Systematische Erläuterung des Grundgesetzes für die Bundesrepublik Deutschland*. 2. ed., München: C. H. Beck, 1996.

——. Arbeitsrecht und Verfassungsrecht. *RDA*, München, 1999, (52): 8-13.

BALAGUER CALLEJÓN. Francisco. A Dimensão Constitucional do Estado Social de Direito na Espanha. *Revista Brasileira de Direitos Fundamentais e Justiça*. Porto Alegre: HS Editora, jan./mar. 2008, (2): 105-31. Tradutor: Hugo César Araújo de Gusmão.

BALERA, Wagner. Gestão democrática da seguridade social. *Revista de Previdência Social*. São Paulo, maio 1989, (102): 283-92.

——. *Sistema de Seguridade Social*. São Paulo: LTr, 2000.

BASTOS, Celso Ribeiro. In: Celso Ribeiro Bastos e Ives Gandra Martins. *Comentários à Constituição do Brasil*. São Paulo: Saraiva, v. V, 1989.

BÖCKENFÖRDE, Ernst-Wolfgang. Demokratie als Verfassungsprinzip. In: Josef Isensee e Paul Kirchhof (Org.), *Handbuch des Staatsrechts der Bundesrepublik Deutschland*. 2. ed., Heidelberg: C. F. Müller, v. I, 1995.

BONAVIDES, Paulo. *Curso de Direito Constitucional*. 8. ed., São Paulo: Malheiros, 1999.

BRITTO, Carlos Ayres. Distinção entre "controle social do poder" e "participação popular". *RTDP*, São Paulo, 1993 (2): 82-8.

BRYDE, Brun-Otto. Grundrechte der Arbeit und Europa. *RdA*, München, Sonderbeilage Heft, 2003.

BROHM, Winfried. Soziale Grundrechte und Staatszielbestimmungen in der Verfassung. *JZ*, Tübingen, 1994, (5): 213-20.

BRÜGGER, Winfried. Konkretisierung des Rechts und Auslegung der Gesetze. *AöR*, Tübingen, 1994, (119): 3-33.

BUARQUE DE HOLANDA, Sérgio. *Raízes do Brasil*. 26. ed., São Paulo: Companhia das Letras, 1995.

CAMINO, Carmen. *Direito Individual do Trabalho*. 3. ed, Porto Alegre: Síntese Ltda., 2003.

CAMPILONGO, Celso Fernandes. Direito de participação no governo e na oposição. *RIL*, Brasília, jan./mar. 1990, (105): 181-90.

CARRION, Eduardo K. M. Conselhos Sociais. In: *Apontamentos de Direito Constitucional*. Porto Alegre: Livraria do Advogado, 1997.

CENEVIVA, Walter. *Direito constitucional brasileiro*. São Paulo: Saraiva, 1989.

CLÈVE, Clèmerson Merlin. O cidadão, a administração pública e a nova Constituição. *RIL*, Brasília, abr./jun. 1990, (106): 81-98.

——. *Atividade legislativa do Poder Executivo no Estado contemporâneo e na Constituição de 1988*. São Paulo: Revista dos Tribunais, 1993.

——. *A Fiscalização Abstrata da Constitucionalidade no Direito Brasileiro*. 2. ed., São Paulo: Revista dos Tribunais, 2000.
Constituição da República Federativa do Brasil.
Constituição do Estado do Rio Grande do Sul – Brasil.
CRETELLA JUNIOR, José. *Comentários à Constituição Brasileira de 1988*. São Paulo: Forense Universitária, v. II, 1988.
——. *Comentários à Constituição Brasileira de 1988*. 2. ed., São Paulo: Forense Universitária, v. VIII, 1993.
DREIER, Horst. Vorbemerkung. In: Horst Dreier, *Grundgesetz. Kommentar*. Artikel 1-19. Tübingen: Mohr Siebeck, v. I, 1996.
——. Subjektiv-rechtliche und objektiv-rechtliche Grundrechtsgehalte. *Jura*, Tübingen, 1994: 505-13.
EHLERS, Dirk. Verwaltung und Verwaltungsrecht im demokratischen und sozialen Rechtsstaat. In: Hans-Uwe Erichsen (Org.), *Allgemeines Verwaltungsrecht*. 11. ed., Berlin/New York: Walter de Gruyter, 1998.
ERICHSEN, Hans-Uwe. *Staatsrecht und Verfassungsgerichtsbarkeit I*. 3. ed., München: C. H. Beck, 1982.
FAORO, Raymundo. *Os Donos do Poder – formação do patronato político brasileiro*. 11. ed., São Paulo: Globo, v. I, 1997.
——. *Os Donos do Poder – formação do patronato político brasileiro*. 11. ed., São Paulo: Globo, v. II, 1997.
FARIAS, Edilson Pereira de. *Colisão de Direitos*. 2. ed., Porto Alegre: Sergio Fabris, 2000.
FERNANDES, Florestan. *A Constituição Inacabada – vias históricas e significado político*. São Paulo: Estação Liberdade, 1989.
FERRAZ, Sérgio. O papel da participação do cidadão no Sistema Constitucional. *RDP*, São Paulo, 1984: 157-61.
FONSECA FRISCHEISEN, Luiza Cristina. *Políticas Públicas – A responsabilidade do administrador e o ministério público*. São Paulo: Max Limonad, 2000.
FREIRE, Gilberto. *Casa-Grande & Senzala*. 28. ed., Rio de Janeiro: Record, 1992.
FROTSCHER, Werner e PIEROTH, Bodo. *Verfassungsgeschichte*. 2. ed., München: C. H. Beck, 1999.
GONET BRANCO, Paulo Gustavo. Aspectos de Teoria Geral dos Direitos Fundamentais. In: Gilmar Ferreira Mendes, Inocêncio Mártires Coelho e Paulo Gustavo Gonet Branco. *Hermenêutica Constitucional e Direitos Fundamentais*. Brasília: Brasília Jurídica, 2000.
GLAESER, Walter Schmitt. Partizipation an Verwaltungsentscheidungen. *VVDStRL*, Berlin, 1973, (31): 179-258.
——. Die Grundrechtliche Freiheit des Bürgers zur Mitwirkung an der Willensbildung. In: Josef Isensee e Paul Kirchhof (Org.), *Handbuch des Staatsrechts der Bundesrepublik Deutschland*. 2. ed., Heidelberg: C.F. Müller, v. II, 1998.
GOHN, Maria da Glória. *Conselhos Gestores e participação sociopolítica*. São Paulo: Cortez, Coleção questões da nossa época, v. 84, 2001.
GOMES CANOTILHO, José Joaquim. *Direito Constitucional*. Coimbra: Livraria Almedina, 1991.
——; VITAL MOREIRA. *Fundamentos da Constituição*. Coimbra: Coimbra Editores, 1991.
GOMES CHIARELLI, Carlos Alberto. *Trabalho na Constituição*. São Paulo: LTr, v. II, 1990.
GRAU, Eros Roberto. *A Ordem Econômica na Constituição de 1988*. 3. ed., São Paulo: Malheiros, 1997.
GRIMM, Dieter. Das Grundgesetz nach 50 Jahren. *DRiZ*, Berlin, abr. 2000: 148-59.
——. *Die Verfassung und die Politik – Einsprüche in Störfallen*. München: Beck, 2001.
GRÖSCHNER, Rolf. Art. 20 (Sozialstaat). In: Horst Dreier, *Grundgesetz. Kommentar, Artigos 20-82*. Tübingen: Mohr Siebeck, v. II, 1998.
GROß, Thomas. Grundlinien einer pluralistischen Interpretation des Demokratieprinzips. In: Redaktion Kritische Justiz (Org.), *Demokratie und Grundgesetz*. Baden-Baden: Nomos, 2000.
GUERRA FILHO, Willis Santiago. O princípio da proporcionalidade em direito constitucional e em direito privado no Brasil. *Mundo Jurídico* (www.mundojuridico.adv.br), maio/2003.
HÄBERLE, Peter. Grundrechte im Leistungsstaat. *VVDStRL*, Berlin, 1972, (30): 43ss.
——. *Die Wesensgehaltgarantie des Art. 19 Abs. 2 Grundgesetz*. 3. ed., Heidelberg: C. F. Müller, 1983.
HABERMAS, Jürgen. *Direito e democracia – entre facticidade e validade*. Rio de Janeiro: Tempo Brasileiro, v. I e II, 1997. Tradutor: Flávio Beno Siebeneichler – UGF.
HAMMER, Felix. Die Verfassung des Deutschen Reichs vom 11. August 1919 – die Weimarer Reichsverfassung. *Jura*, Tübingen, 2000, (2): 57-63.
HECK, Luís Afonso. *O Tribunal Constitucional Federal e o desenvolvimento dos Princípios Constitucionais. Contributo para uma compreensão da Jurisdição Constitucional Federal Alemã*. Porto Alegre: Sergio Fabris, 1995.
HEGEL, Georg Wilhelm Friedrich. *Grundlinien der Philosophie des Rechts*. 5. ed., Hamburg: Philosophische Bibliothek, 1995.
HENNIS, Wilhelm. Integration durch Verfassung. *JZ*, Tübingen, 1999, (10): 485-95.

HESSE, Konrad. Bedeutung der Grundrechte. In: E. Benda, W. Maihofer e H. J. Vogel (Org.), *Handbuch des Verfassungsrechts der Bundesrepublik Deutschland*. 2. ed., Berlin e New York: Walter de Gruyter, 1994.

——. Significado de los derechos fundamentales. In: E. Benda, W. Maihofer, H. J. Vogel, K. Hesse e W. Hayde (Org.), *Manual de Derecho Constitucional*. Madrid: Marcial Pons Ed. Jurídicas y Sociales, 1996.

——. *Grundzüge des Verfassungsrechts der Bundesrepublik Deutschland*. 20. ed., Heidelberg: C. F. Müller, 1999.

——. *Elementos de Direito Constitucional da República Federal da Alemanha*. 20. ed., Porto Alegre: Sergio Fabris, 1998. Tradutor: Luís Afonso Heck.

ISENSEE, Josef. Das Grundrecht als Abwehrrecht u. staatliche Schutzpflicht. In: Josef Isensee e Paul Kirchhof (Org.), *Handbuch des Staatsrechts der Bundesrepublik Deutschland*. Heidelberg: C. F. Müller, v. V, 1992.

JARASS, Hans D. Bausteine einer umfassenden Grundrechtsdogmatik. *AöR*, Tübingen, 1995, (120): 345-81.

——. Vorbemerkung vor Art. 1. In: Hans D. Jarass e Bodo Pieroth, *Grundgesetz für die Bundesrepublik Deutschland*. 5. ed., München: C. H. Beck, 2000.

——. Würde des Menschen, Grundrechtsbindung. In: Hans D. Jarass e Bodo Pieroth, *Grundgesetz für die Bundesrepublik Deutschland*. 5. ed., München: C. H. Beck, 2000.

——. Sozialstaatsprinzip. In: Hans D. Jarass e Bodo Pieroth, *Grundgesetz für die Bundesrepublik Deutschland*. 5. ed., München: C. H. Beck, 2000.

KLOEPFER, Michael. Öffentliche Meinung, Massenmedien. In: Josef Isensee e Paul Kirchhof (Org.), *Handbuch des Staatsrechts der Bundesrepublik Deutschland*. 2. ed., Heidelberg: C. F. Müller, v. II, 1998.

KOLLER, Peter. Grundlagen der Legitimation und Kritik staatlicher Herrschaft. In: Dieter Grimm (Org.), *Staatsaufgaben*. Baden-Baden: Suhrkamp, 1996.

KRAUSE, Peter. Die Entwicklung der sozialen Grundrechte. In: Günter Birtsch (Org.), *Grund- und Freiheitsrechte im Wandel von Gesellschaft und Geschichte*. Göttingen: Vandenhoeck & Ruprecht, 1981.

KREBS, Walter. Grundrechtsträgerschaft. In: von Münch/Kunig (Org.), *Grundgesetz-Kommentar*. 5. ed., München: C. H. Beck, v. I, 2000.

KRELL, Andreas J. Realização dos direitos fundamentais sociais mediante controle judicial da prestação dos serviços públicos básicos (uma visão comparativa). *RIL*, Brasília, out./dez. 1999, (144): 239-60.

——. *Direitos sociais e controle judicial no Brasil e na Alemanha*. Porto Alegre: Sergio Fabris, 2002.

LEDUR, José Felipe. *A Realização do Direito ao Trabalho*. Porto Alegre: Sergio Fabris, 1998.

LEHNERT, Detlef. Wie desintegrativ war die Weimarer Reichsverfassung. *KJ*, Baden-Baden, 1999, (32): 398-409.

LYRA, Rubens Pinto. Os conselhos de direitos do homem e do cidadão e a democracia participativa. *RIL*, Brasília, abr./jun. 1996, (130): 175-82.

LYRA TAVARES, Ana Lúcia. A Constituição de 1988: subsídios para os comparatistas. *RIL*, Brasília, jan./mar. 1991, (109): 71-108.

LOBO TORRES, Ricardo. A metamorfose dos direitos sociais em mínimo existencial. In: Ingo Wolfgang Sarlet (Org.). *Estudos de Direito Constitucional, Internacional e Comparado*. Rio de Janeiro: Renovar, 2003.

LÜCKE, Jörg. Die Drittwirkung der Grundrechte an Hand des Art. 19 Abs. 3 GG. *JZ*, Tübingen, 1999, (8): 377-84.

MACHADO DA ROCHA, Daniel. *O Direito Fundamental à Previdência Social na perspectiva dos princípios constitucionais diretivos do sistema previdenciário brasileiro*. Porto Alegre: Livraria do Advogado, 2004.

MARTINS, Ives Gandra. In: Celso Ribeiro Bastos e Ives Gandra Martins. *Comentários à Constituição do Brasil*. São Paulo: Saraiva, v. VIII, 1998.

MARTINS-COSTA, Judith. Os direitos fundamentais e a opção culturalista do novo Código Civil. In: Ingo Wolfgang Sarlet (Org.). *Constituição, Direitos Fundamentais e Direito Privado*. Porto Alegre: Livraria do Advogado, 2003.

MAURER, Hartmut. *Staatsrecht*. München: C. H. Beck, 1999.

——. *Allgemeines Verwaltungsrecht*. 13. ed., München: C. H. Beck, 2000.

MELLO, Cláudio Ari. Os direitos sociais e a teoria discursiva do direito. *Revista Ajuris*, mar./2002, Tomo I, (85): 86-137.

MENDES, Gilmar Ferreira. *Jurisdição Constitucional*. 3. ed., São Paulo: Saraiva, 1999.

——. Os Direitos Individuais e suas limitações: breves reflexões. In: Gilmar Ferreira Mendes, Inocêncio Mártires Coelho e Paulo Gustavo Gonet Branco. *Hermenêutica Constitucional e Direitos Fundamentais*. Brasília: Brasília Jurídica, 2000.

——. Limitações dos direitos fundamentais. In: Gilmar Ferreira Mendes, Inocêncio Mártires Coelho e Paulo Gustavo Gonet Branco. *Curso de Direito Constitucional*. 2. ed., São Paulo: Saraiva, 2008.

MORAES FILHO, Evaristo. *Introdução ao Direito do Trabalho*. 3. ed., São Paulo: LTr, 1982.

MÜLLER, Friedrich. *Juristische Methodik*. 7. ed., Berlin: Duncker & Humblot, 1997.

MURSWIEK, Dietrich. Grundrechte als Teilhaberechte, soziale Grundrechte. In: Josef Isensee e Paul Kirchhof (Org.), *Handbuch des Staatsrechts der Bundesrepublik Deutschland*. Heidelberg: C. F. Müller, v. V, 1992.

NEVES, Marcelo. Zwischen Subintegration und Überintegration: Bürgerrechte nicht ernstgenommen. *KJ*, Baden-Baden, 1999, (32): 557-77.

NEUMANN, Volker. Menschenwürde und Existenzminimum. *NVwZ*, 1995, 426-32.

PASTORI, Giorgio. Administração Pública. In: Norberto Bobbio, Nicola Matteucci e Gianfranco Pasquino, *Dicionário de Política*. 4. ed., Brasília: Universidade de Brasília, v. I, 1992.

PEREIRA LEITE, João Antônio Guilembernardt. *Curso Elementar de Direito Previdenciário*. São Paulo: LTr, 1977.

PIEROTH, Bodo e SCHLINK, Bernhard. *Grundrechte – Staatsrecht II*. 15. ed., Heidelberg: C. F. Müller, 1999.

——. *Grundrechte – Staatsrecht II*. 21. ed., Heidelberg: C. F. Müller, 2005.

PIEROTH, Bodo. Politische Parteien. In: Hans D. Jarass e Bodo Pieroth, *Grundgesetz für die Bundesrepublik Deutschland*. 5. ed., München: C. H. Beck, 2000.

PONTES DE MIRANDA, Francisco Cavalcanti. *Direito à Subsistência e Direito ao Trabalho*. Coleção dos 5 direitos do homem. Editora e ano da publicação desconhecidos.

PRADO JÚNIOR, Caio. *História Econômica do Brasil*. 9. ed., São Paulo: Brasiliense, 1965.

RACHOR, Frederik. Grundrechte. In: Sven Hartung e Stefan Kadelbach (Org.), *Bürger, Recht, Staat – Handbuch des öffentlichen Lebens*. 2. ed., Frankfurt: Fischer Taschenbuch Verlag, 1997.

REALE, Miguel. *Filosofia do Direito*. 14. ed., São Paulo: Saraiva, 1991.

RÖHL, Klaus F. *Allgemeine Rechtslehre*. Köln: Carl Heymanns Verlag, 1994.

RUPP, Hans Heinrich. Die Unterscheidung von Staat und Gesellschaft. In: Josef Isensee e Paul Kirchhof (Org.), *Handbuch des Staatsrechts der Bundesrepublik Deutschland*. 2. ed., Heidelberg: C.F. Müller, v. I, 1995.

RÜTHERS, Bernd. *Rechtstheorie – Begriff, Geltung und Anwendung des Rechts*. München: C. H. Beck, 1999.

SAAD, Eduardo Gabriel. *Constituição e Direito do Trabalho*. São Paulo: LTr, 1989.

SARLET, Ingo Wolfgang. *A Eficácia dos Direitos Fundamentais*. 5. ed., Porto Alegre: Livraria do Advogado, 2005.

——. Direitos Fundamentais e Direito Privado: algumas considerações em torno da vinculação dos particulares aos direitos fundamentais. In: Ingo Wolfgang Sarlet (Org.). *A Constituição Concretizada – construindo pontes com o público e o privado*. Porto Alegre: Livraria do Advogado, 2000.

——. O Estado Social de Direito, a proibição de retrocesso e a garantia fundamental da propriedade. *Revista Ajuris*, jul./1998, (73): 211-36.

SCHLAICH, Klaus e KORIOTH, Stefan. *Das Bundesverfassungsgericht – Stellung, Verfahren, Entscheidungen*. 5. ed., München: C. H. Beck, 2001.

SCHRÖDER, Meinhard. Die Bereiche der Regierung und der Verwaltung. In: Josef Isensee e Paul Kirchhof (Org.), *Handbuch des Staatsrechts der Bundesrepublik Deutschland*. Heidelberg: C. F. Müller, v. III, 1988.

SCHUPPERT, Gunnar Folke. Bürgerinitiativen als Bürgerbeteiligung an staatlichen Entscheidungen – Verfassungstheoretische Aspekte politischer Beteiligung. *AöR*, Tübingen, 1977, (102): 369-409.

SÉRVULO DA CUNHA, Sérgio. Direito à moradia. *RIL*, Brasília, jul./set. 1995, (127): 49-54.

SILVA, José Afonso da. *Curso de Direito Constitucional Positivo*. 19. ed., São Paulo: Malheiros, 2001.

STEINMEYER, Heinz-Dietrich e WALTERMANN, Raimund. *Casebook Arbeitsrecht*, 2. ed., München: C. H. Beck, 2000.

STEINMETZ, Wilson Antônio. *Colisão de direitos fundamentais e princípio da proporcionalidade*. Porto Alegre: Livraria do Advogado, 2001.

STERN, Klaus. *Das Staatsrecht der Bundesrepublik Deutschland*. München: C. H. Beck, v. II, 1980.

——. *Das Staatsrecht der Bundesrepublik Deutschland*. 2. ed., München: C. H. Beck, v. I, 1984.

——. *Das Staatsrecht der Bundesrepublik Deutschland*. München: C. H. Beck, v. III/1, 1988.

——. *Das Staatsrecht der Bundesrepublik Deutschland*. München: C. H. Beck, v. III/2, 1994.

——. Idee und Elemente eines Systems der Grundrechte. In: Josef Isensee e Paul Kirchhof (Org.), *Handbuch des Staatsrechts der Bundesrepublik Deutschland*. Heidelberg: C. F. Müller, v. V, 1992.

STIEFELMAN LEAL, Roger. Direitos sociais e a vulgarização da noção de direitos fundamentais. Internet, http://orion.ufrgs.br/mestredir/doutrina.htm.

VELASCO, Sírio López. A Teoria da Esfera Pública e a Teoria da Ação Comunicativa em Jürgen Habermas. In: Hildemar Luiz Rech (Org.), *Teoria da Organização nos Clássicos e uma incursão na Filosofia Política contemporânea*. Rio Grande: Ed. da Universidade de Rio Grande, 1991.

VIEIRA, José Ribas. Os direitos individuais, sociais e coletivos no Brasil. *RIL*, Brasília, out./dez. 1989, (104): 275-82.

VIEIRA DE ANDRADE, José Carlos. *Os direitos fundamentais na Constituição Portuguesa de 1976*. 2. ed., Coimbra: Livraria Almedina, 2001.
VOGEL, Joachim. *Juristische Methodik*. Berlin/New York: Walter de Gruyter, 1998.
VON MÜNCH, Ingo. Vorbemerkungen Art. 1 – 19. In: von Münch/Kunig (Org.), *Grundgesetz-Kommentar*. 5. ed., München: C. H. Beck, v. I, 2000.
WALTERMANN, Raimund. *Sozialrecht*. 2. ed., Heidelberg: C. F. Müller, 2001.
ZACHER, Hans F. Das soziale Staatsziel. In: Josef Isensee e Paul Kirchhof (Org.), *Handbuch des Staatsrechts der Bundesrepublik Deutschland*. 2. ed., Heidelberg: C. F. Müller, v. I, 1995.

Matéria jornalística

ASSHEUER, Thomas. Geistige Wiederbewaffnung, *Die Zeit*, 15-11-01, Feuilleton, p. 54.
GRIMM, Dieter. Die Karriere eines Boykottaufrufs, *Die Zeit*, 27-9-01, Politik, p. 11.
Folha de São Paulo de 19-8-01, p. A4.
Folha de São Paulo de 12-5-02, p. A13.
Folha de São Paulo de 20-9-07, p. A4 e A6
Folha de São Paulo de 30-11-07, p. C5.

Outras publicações

Anais da Assembléia Nacional Constituinte de 1987-88 – Brasil.
Anais do II Congresso Nacional de Serviço Social e Seguridade, realizado de 29-10-00 a 01-10-00, em Porto Alegre-RS.
Direito à memória e à moradia: realização de direitos humanos pelo protagonismo social da comunidade do Acampamento da Telebrasília. Publicação da Faculdade de Direito da Universidade de Brasília, ano não informado.